全國高等院校古籍整理研究工作委員會直接資助項目（1256）

二十四史研究資料叢刊

隋經籍志考證

〔清〕章宗源 撰
〔清〕王頌蔚 批校
黄壽成 點校

中華書局

圖書在版編目(CIP)數據

隋經籍志考證/(清)章宗源撰;(清)王頌蔚批校;黄壽成點校. —北京:中華書局,2021.3(2023.4 重印)
(二十四史研究資料叢刊)
ISBN 978-7-101-15057-5

Ⅰ.隋… Ⅱ.①章…②王…③黄… Ⅲ.古籍-圖書目録-中國-隋代 Ⅳ.Z838

中國版本圖書館 CIP 數據核字(2021)第 023562 號

責任編輯:陳若一 劉 學
責任印製:管 斌

二十四史研究資料叢刊
隋經籍志考證
〔清〕章宗源 撰
〔清〕王頌蔚 批校
黄壽成 點校
*
中華書局出版發行
(北京市豐臺區太平橋西里 38 號 100073)
http://www.zhbc.com.cn
E-mail:zhbc@zhbc.com.cn
北京新華印刷有限公司印刷
*
850×1168 毫米 1/32 · 14½印張 · 2 插頁 · 241 千字
2021 年 3 月第 1 版 2023 年 4 月第 2 次印刷
印數:2001-3000 册 定價:49.00 元

ISBN 978-7-101-15057-5

目録

目録

點校説明

隋經籍志考證是清乾嘉學派學者章宗源對隋書經籍志所作的考證論著。自漢書藝文志之後，後漢書、三國志、晉書、宋書、南齊書、梁書、陳書、魏書、北齊書、周書，皆無藝文志、經籍志，直至唐太宗命長孫無忌主持修撰五代史志（即隋書十志）才恢復了這一修史的優良傳統。而不論藝文志還是經籍志，都是對一個朝代或一個歷史時期學術史的總結，隋書經籍志正是對東漢以降近六百年學術史的總結，因此該志在正史藝文志、經籍志中具有非常重要的地位，被視爲不朽之作。清代以來，考補疏證隋書經籍志者有多家，其中章宗源隋經籍志考證是較有影響的著述之一。

隋經籍志考證的修撰者章宗源，字逢之，浙江山陰（今浙江省紹興市）人，清史稿有傳。據孫星衍所撰章宗源傳云，章宗源因兄宗瀛在京師任翰林院編修，遂以大興（今北京市大興區）籍參加科舉考試，乾隆五十一年（一七八六）中舉。後因妖僧明心一案受牽連遭貶斥，嘉慶五年（一八〇〇）卒於京師寓所。章氏少聰穎，學識淵博，「不喜好作時文，以對策博贍發科」。中舉後更加好學，「積十餘年，采獲經史群籍傳注，輯録唐宋以來亡佚古書盈數笈。自言欲撰隋書經籍志考證」。章宗源自云撰寫隋經籍志考證輯録已佚之書並以見存諸書，訂正異同文字，〔一〕可稱是其積十餘年之力所成之作。但是此書撰成後秘不示人，少爲人知，全書又被惡人所毁，僅殘存史部。〔二〕錢儀吉從何夢華處抄得殘卷，嘉慶二十三年（一八一八）自京師帶回甘泉家中，其弟錢泰吉聞之借得，請人抄録副本，直至光緒三年（一八七七）才由湖北崇文書局刊刻，計十三卷，此書始行於世。

雖然此書僅殘存史部，但不難從中窺得章宗源於隋書經籍志確實用功頗多。此十三卷中章氏考録典籍達六百一十六部之多，其中一百七十三部僅據一部傳世文獻補，其他四百四十三部則徵引了多種文獻加以考證，一些考證更是援引經、史、子、集四部中多部典籍。

〔一〕見於孫星衍孫淵如詩文集五松園文稿卷一，上海書店一九八九年版，第二六—二七頁。

〔二〕孫星衍孫淵如詩文集五松園文稿卷一，第二六—二七頁；清史稿卷四五八文苑章學誠附章宗源傳，中華書局一九七七年版。

章氏考證頗爲謹細，考訂多涉隋志著録典籍的著述源流。如卷一對通史的考證云：「梁書武帝紀：『帝造通史，躬製贊序，凡六百卷。』吴均傳：『敕使撰通史，均草本紀、世家功已畢，惟列傳未就，卒。』史通内篇曰：『梁武敕其群臣，上自太初，下終齊室，撰成通史六百二十卷。其書自秦以上，皆以史記爲本，而别採他説，以廣異聞。至兩漢以還，則全録當時紀傳，而上下通達，臭味相依。又吴、蜀二主皆入世家，五胡及拓跋氏列於夷狄傳。大抵其體皆如史記。其所爲異者，惟無表而已。』」此外還指陳舊唐書經籍志、新唐書藝文志、宋史藝文志中著録卷數、分類的訛誤。又如卷二，孫盛魏氏春秋考證：「唐志作魏武春秋，『武』字誤。」又檀道鸞續晉陽秋考證云：「舊唐志作注晉陽春秋，『注』當作『續』，『春』字誤增。新志作晉陽秋，脱『續』字，卷同。」僅此一卷章氏就考訂出這些訛誤，這些皆可説明章宗源用功之深，學識之廣博。

章氏之書傳世版本簡單，刻本僅有光緒三年崇文書局本一種，半頁十二行，行二十四字，黑口，四邊雙欄。另有開明書店二十五史補編排印本。

上個世紀五十年代，先父黄永年教授機緣巧合，在蘇州書市以低廉價格收得一部王頌蔚批校崇文書局本隋經籍志考證。

王頌蔚，字芾卿，初名叔炳，號蒿隱，清史稿有傳。他是江蘇長洲（今蘇州）人，王鏊第十三世孫。清光緒庚辰（六年，一八八〇）進士，選庶吉士，曾補軍機章京。雖然他深得晚清重臣潘祖蔭、翁同龢的賞識，可是他平時決不輕易拜訪，登門必是請教學問。王頌蔚精通版本目録之學，長於金石考證，頗有藏書，與晚清著名學者葉昌熾齊名，爲「蘇州三才子」之一。他與精於版本目録之學的葉昌熾、管禮耕等人過從甚密，早年曾一同校定常熟瞿氏鐵琴銅劍樓書目。他一生著述頗多，著有寫禮廎文集、詩集、讀碑記、古書經眼録各一卷，明史考證攟逸四十二卷。

王頌蔚對隋經籍志考證的批校遍布天頭地脚以及字裏行間，可見此爲王氏精心之作。批校涉及和增補著録隋經籍志考證的史籍有一百六十三部，其中尤以地理類爲多，有六十部；簿録類最少，只二部。王頌蔚在批校中既考證了一些史籍的成書過程，又對一些史籍的史料價值加以評述，並訂正了崇文書局本出現的一些譌誤。如卷一謝靈運晉書考證引梁書止足傳序云：「靈運晉書止足傳，凡論晉世文士之避亂者，殆非其人。惟阮思曠遺榮好遁，殆遠辱矣。」王氏改「凡論」爲「先論」，同梁書。又如卷八摯虞文章志考證引後漢書桓榮附彬傳注：「桓麟文見在者十八篇，有碑九首，誄七首，説一首。」「説」上王氏增「七」作「七説」，同後漢書。王頌蔚的批校令章氏考證更趨完善。此外，王頌蔚還於批校中廣徵博引，輯出殘存的典籍佚文，有的甚至有二三十條之多，特别是對徐爰宋書的批校超過五千字，增補著録的永初二年郡國志、晉地道記也有千餘字乃至數千字之數。正如辛德勇先生所言：「此批校本「對於地理古籍批校尤多，還輯録了許多佚文，十分珍貴。」[一]因此，王頌蔚的批校具有很高的價值，對進一步完善隋經籍志考證有難以替代的重要作用。不過，王頌蔚批校雖然訂正了一些崇文書局本中的訛誤，但也新增了個别錯訛，如：王氏補注東觀漢記「永元十三年春正月丁丑」，即誤作「元和」。

此次整理以王頌蔚批校崇文書局本爲底本。由於崇文書局本與二十五史補編本文字差異不多，所以多取他校的校勘方法，利用章氏所徵引的典籍加以校勘，訂正崇文書局本中的訛誤，如：對於劉黄門地理書抄，考證中有云：「禪陵，以漢禪魏，故以名焉。」「禪魏」原誤作「禪位」，據後漢書卷九獻帝紀注所引地記改。崔氏譜，考證中有云：「崔州

〔一〕未亥齋讀書記，華東師範大學出版社二〇〇一年版，第二〇四頁。

平，太尉烈子，均之弟也。」「崔州平」原誤作「崔平」，據三國志卷三五蜀書諸葛亮傳增改。又，殷鈞梁天監六年四部書目録：「唐志：丘賓卿梁天監四年書目四卷。」「四卷」原誤作「四部」，據新唐書卷五八藝文志改。漢雜事有云：「文選東京賦注：諸侯貳車九乘，秦滅九國，兼其車服。故大駕屬車八十一乘。」「貳車」原誤作「屬車」，據文選卷三東京賦注所引漢雜事改。至於王頌蔚批校中的錯訛，本次整理中也加以校正。

這次整理王氏批校本，既是爲了爲廣大學者提供一個較好的整理本，以供學者研治魏晉南北朝及清代學術史之用，同時也是對先父的一種紀念。但是由於我的學術水準有限，與許多前輩、學者的期望有一定差距，故祈請各位前輩、學者不吝指正。

黄壽成

二〇一九年

凡例

〔一〕本書以王頌蔚批校光緒三年湖北崇文書局本爲底本。以二十五史補編本（簡稱補編本）爲對校本，以章氏所引典籍參校，訂正章氏原作的訛誤。

〔二〕鑒于章氏考訂徵引典籍衆多，且引文多節略撮要，因此引號僅示所引各文起訖，爲避免繁瑣，一般只施兩重引號。章氏增添省略之處一仍其舊，不據原典删補。

〔三〕章、王所據之書版本頗有與今通行整理本不一致者，如無礙文意，一般不做校改。

〔四〕王頌蔚批校文字均作楷體並冠以〔王氏〕，以與章氏考證文字區别。原在天頭地脚處，可辨識歸屬者置於相應文字處，其餘逐條列於相應條目之後；行間所批及所做增删等，則以文字簡單説明。批注中偶有「△」等符號，用意不詳，今亦予保留。

〔五〕凡清代避諱字，如「玄」、「弘」、「丘」等，原避諱作「元」、「宏」、「邱」，在第一次出現時加以改正，並出校，以下逕改不再出校。

序

嘉慶戊寅，吾兄衎石自京師歸，篋中攜此書，謂鈔自何夢華元錫，藏書家未有也。余乃囑表兄懷豫堂鈔録副本，以期迫，金岱峰囑其友相助謄寫，逾月而畢。惜僅有史部。三十年來訪求全書，無知之者。道光丁未冬日，朱述之明府假鈔一本，乃從述翁假孫氏五松園文集，録章君傳於册首。此書名與王氏漢書藝文志同，而編次則異，然纂輯古書實昉於王氏也。

戊申三月既望嘉禾甘泉鄉人錢泰吉識於海昌學舍

章宗源傳

章宗源，字逢之，浙江山陰人。以兄編修宗瀛官京師，遂以大興籍中式乾隆丙午科舉人。少聰穎，不喜爲時文，以對策博贍發科，益好學。積十餘年，采獲經史群籍傳注，輯録唐宋以來亡佚古書盈數笈。自言欲撰隋書經籍志考證，書成後，此皆糟粕可鬻之。然編次成帙，悉枕中秘本也。又言：「輯書雖不由性靈，而學問日以進。吾爲此事久之，亦能爲古文、爲駢體文矣。」又以今世所存古書版本，多經宋明人删改，嘗恨曩時輯録已佚之書，不録見存諸書訂正異同文字，當補成之。其已輯各書，編次成帙，皆爲之叙，通知作者體例曲折，詞旨明暢。古書多亡於北宋，故輯書始於王應麟，近代惠徵君棟踵爲之。四庫全書用其法，多從永樂大典寫録編次，刊布甚夥。至於宗源，則無書不具焉。

時都門廣慧寺有妖僧明心者，誑人以符籙，降鬼挾仙，凡言禍福，又賄客僕從，刺探隱事，面發之，示神驗。京朝官之佞佛者大爲扇惑，爭饋貽之。僧益豪横，或占人墳塋作廟基，或權子母取重利。事敗，僧以罪遣歸南中。宗源等以事佛與牽連，罪斥，不能復與會試。僧人潛出，遊齊魯間，就大吏之不潔者。網賄遺，易姓名，捐職丞倅，出入詭秘甚。而宗源等猶信之，持長齋，且寓書屬予去所爲三教論者。予著三教論時，京朝官惑於妖僧日甚，因以曉譬之。大吏某曾倚上官勢，屬予去其文，不得。及得宗源書，戲云：「君以生平輯録書付我，我即去此文，君必秘愛不忍割，是色空之説不足恃也。」然宗源好學之志終不衰，性恬澹，不肯干謁，亦異乎世之所謂禪鑽者。以嘉慶五年月日疾卒於京邸。撰隋書經籍志及雜文若干卷。

舊史氏曰：惜哉章君之好學而惑於釋氏也。既輯録三代、先秦古書，豈不知佛書出東漢、六朝之不足貴，并非西域浮屠之所秉筆耶！及爲妖僧詿誤，猶以素食終身，年未五十而溘逝，釋氏之效安在？或言章君死時，神清明無所苦，此何益？且反常也。孔子大聖，寢疾七日，曾子大賢，反簣未安。徂歿之痛，達人不諱。儒者身備四氣，哀樂反常，豈發皆中節之學乎！傳曰：「未知生，焉知死？」又曰：「大哉死乎！君子息焉，小人休焉。」儒通天人，勿可尚已。

陽湖孫星衍五松園文稿卷一

隋經籍志考證卷一

史部

〔王氏〕案：范書章懷注引書名，俱省文，如謝承書、薛瑩書、劉艾紀、張璠紀之類。

正史

史記一百三十卷目録一卷，漢中書令司馬遷撰。

今存。

史記八十卷宋南中郎外兵參軍裴駰注。

今本一百三十卷，非裴氏之舊，陳振孫所見已然。

〔王氏〕宋書裴松之傳：「子駰注司馬遷史記，行於世。」

史記音義一卷後漢延篤撰。不著録。

史記章隱五卷不著録。

司馬貞索隱後序曰：「後漢有延篤音義一卷，又別有章隱五卷，不記作者何人，近代鮮有二家之本。」愚按：裴駰集解引有史記音隱，「章」乃「音」字之訛。小司馬未見二書，自是亡於隋代，非隋志之闕著也。

史記音義十二卷宋中散大夫徐野民撰。

徐廣，字野民，裴駰集解序曰：「廣研核衆本，爲作音義。」張守節正義曰：「十三卷。唐志同十三。駰爲注，散入百三十篇。」索隱後序曰：「廣作音義一十卷，惟記諸家本異同，於義少有解釋。」

史記音義宋裴駰撰。不著録。

索隱後序曰：「裴駰亦有音義，前代久已散亡。」

史記音三卷梁輕車録事參軍鄒誕生撰。

索隱後序曰：「鄒誕生撰音義三卷，音則尚奇，義則罕説。」釋玄應一切經音義引誕生史記音〔一〕。舊唐志訛作「邵鄒生」。

古史考二十五卷晉義陽亭侯譙周撰。

蜀志譙周傳：周所著有古史考。劉知幾史通摸擬篇曰：「譙周撰古史考，其書李斯之棄市也，云『秦殺其大夫李斯』，以諸侯之大夫名天子之丞相，以此擬春秋，所謂貌同而心異也。」又外篇論古今正史曰：「周以遷書周秦以上或采諸子，不專據正經，於是作古史考二十五篇，皆憑舊典，以糾其繆，今與史記並行於代焉。」愚按：文選王元長曲水詩序注引公孫述竊位，蜀人任永託目盲一事，其書兼及東京，不徒糾遷史之謬。而毛詩正義引「伏羲作瑟」、杜佑通典注引「無句作磬」諸語，既與世本作篇相類，至史記索隱所引周紀不窋、秦紀處父等事，詞意多主辯駁，體裁實異正史。唐志列諸雜史類，得之。

漢書一百一十五卷漢護軍班固撰，太山太守應劭集解。

〔王氏〕後書齊武王縯附傳「初，臨邑侯復好學，能文章」至「皆宗事之」。梁書蕭琛傳「始，琛在宣城」至「乃獻於東宮」，又劉之遴傳「時鄱陽嗣王範」至「今本無此卷」。

今存顏師古注本較應劭本多五卷。唐志兩本並存，而脱「應劭集解」四字。

漢書集解音義二十四卷應劭撰。

唐志同。

〔王氏〕顔師古漢書叙例「有臣瓚者」至「斯不審耳」。

漢書音訓一卷服虔撰。

唐志同。

漢書音義七卷韋昭撰。

「韋昭」，舊唐志訛作「韓韋」。

漢書音二卷夏侯詠撰。

唐志同。愚按：應劭已下四書，劭與服虔、韋昭，漢書師古注皆引其語，惟夏侯詠未見。

漢書音義十二卷國子博士蕭該撰。

隋書蕭該傳：「該撰漢書音義，爲當時所貴。」章懷後漢書隗囂傳、劉伯升傳注引之。

唐志同。

漢書音十二卷廢太子勇命包愷等撰。

唐志同。

漢書集注十三卷晉灼撰。

釋慧遠華嚴經音義引有漢書集注而不題灼名，未知即灼書否。唐志：「十四卷，又音義十七卷。」隋志不著録。

〔王氏〕漢書叙例「漢書舊無注解」至「皆弗之見」。又云：「鄭氏，晉灼音義序云不知其名。」然則灼書有序也。

漢書注一卷齊金紫光禄大夫陸澄撰。

唐志作新注。

漢書注一百二卷陸澄撰，梁有，隋亡。

史通補注篇曰：「陸澄注班史，多引遷書，此缺一言，彼增半句。採摘成注，標爲異説。有昏耳目，難爲披覽。」

漢書續訓三卷梁北平諮議參軍韋稜撰。錢宮詹隋書考異曰：「北平」當作「平北」。

南史、隋韋稜傳：「稜著漢書續訓二卷。」唐志同，二卷。

漢書訓纂三十卷陳吏部尚書姚察撰。

陳書姚察傳：「察著漢書訓纂三十卷。」華嚴經音義引「瑱，謂珠玉壓座爲飾也」。釋玄應一切經音義引「鱓，蛇魚也」。杜佑通典州郡門引「户、扈、鄠，三字一也」，史記正義亦引之。又「蕭何封沛之鄼，夫人封南陽之酇」。太平寰宇記河南道引「函道，地形如函也」。

〔王氏〕後書章帝紀注引：「前書音義：『姚察云，女子謂賜爵者之妻。』史記封禪書：『百户牛一頭，酒十石。』」

論前漢事一卷蜀丞相諸葛亮撰。

唐志：「又音一卷。」

漢書駁議二卷晉安北將軍劉寶撰。

唐志「議」作「義」。

〔王氏〕漢書叙例：「寶，字道真，高平人，晉安北將軍。侍皇太子講漢書，别有駁義。」

〔又〕高帝紀「於是上心善家令言」注引晉太子中庶子劉寶云：「善其發悟己心，因得尊崇父號，非善其令父敬己。」

漢書叙傳五卷項岱撰。

劉昭續漢祭祀志注引項威漢書注。「威」、「岱」相似，易訛。舊唐志五卷，新唐志八卷。

〔王氏〕續志注引項威注「封泰山，告太平」至「而祭也」，三頁。項威曰：「除地爲墠。後改墠曰禪，神之矣。」

〔又〕案：顔師古漢書叙例有項昭。

漢書音九卷孟康撰，梁有，隋亡。

唐志作音義。

漢書注一百一十五卷梁元帝撰，梁有，隋亡。

梁書元帝紀：「帝注漢書一百一十五卷。」金樓子著書篇曰：「注前漢書十二秩。」

漢書決疑十二卷顔延年撰。不著録。

兩唐志皆載之。新唐志題顔游秦，據顔師古傳，則舊志非是。

漢書音義二卷崔浩撰。不著録。

見新唐志。

漢書後序十二卷後漢司隸校尉應奉撰。

後漢書應奉傳：「奉著漢書後序，多所述載。」隋志子部儒家注云：「梁有後序十二卷，應奉撰，亡。」當即范史所稱漢書後序，尋其名義，似宜列諸史部。

漢事十七卷應奉撰。不著録。

章懷應奉傳注：「袁山松書曰：奉又删史記、漢書及漢紀三百六十餘年，自漢興至其時，凡十七卷。」史記索隱匈奴傳引應奉曰：「秦築長城，徒役之士亡出塞外，依鮮卑山，因以爲號。」通典職官門注：「應奉曰：高帝承秦，禮儀多闕，灌嬰服事七年，號大謁者。後人掌之，以姓灌章，列於漢書也。」章懷雷義傳注亦引之。

東觀漢記一百四十三卷起光武記注至靈帝，長水校尉劉珍等撰。

唐志一百二十六卷，書録解題八卷，宋志十卷。其書以新市、平林諸人列爲載記，房喬修晉書，劉淵等載記蓋仿其例。今四庫緝本二十四卷，有天文志、地理志。

〔王氏〕和帝紀：永元十三年春正月丁丑〔二〕，「帝幸東觀，覽書林，閲篇籍」。安帝紀注：洛陽宮殿名曰「南宮有東觀」。

後漢書一百三十卷無帝紀，吴武陵太守謝承撰。

〔王氏〕案：當與謝沈書參看。

新唐志同，又録一卷。舊唐志三十三卷。史無帝紀，惟聞此書。北堂書鈔設官部引承書有風教傳，亦創見也。史通論贊篇：「謝承曰詮。」愚按：文選顔延年北使洛詩注引承書「徐俶戎車首路」，永明九年策秀才文注「陰修敷化二都，威教克平」，劉越石勸進表注「黄他求没將，投骸邊廷」〔三〕，又「王龔幹事，遂陟鼎司〔四〕」，後漢二十八將論注「申屠蟠英姿磊落」，張景陽七命注「士庶流宕他州異境」〔五〕，倶稱「序曰」，蓋承書叙傳中語。今存姚之駰緝本四卷。

〔王氏〕鄭玄傳注：「案：謝承書載玄所注與此略同，不言注孝經，唯此書獨有也。」

〔又〕「永初六年正月甲寅，謁宗廟。」後書安帝紀注。「苞字仲成，東緡人也。」又。「大司農山陽司馬苞爲太尉」注。「苞爲太尉」至「以疾薨」。又，八頁。「抗徐，字伯徐」至「長沙太守」。桓帝紀注，十頁。「謙，字彦信」至「都人也」。獻帝紀注，一頁。「曄，南陽南鄉人，以勁悍廉直爲名」。隗囂傳「更始使執金吾鄧曄」注。「安衆侯劉崇」至「皆其後」，李通傳注，二頁。「寬，少學歐陽尚書」至「未嘗與人爭勢利之事」。劉寬傳注。「典，太尉戒之叔子」，趙典傳注。「典學孔子七經」至「餘人」，又。「典性明達」至「之表」，又。「天子宗典」至「用瓦器」，又。「靈帝即位」至「病卒」，又。「劉瓆，字文理」至「下獄死」。襄楷傳注。

後漢記六十五卷本一百卷，梁有，隋殘缺，晉散騎常侍薛瑩撰。

唐志一百卷，今存姚氏緝本一卷。太平御覽皇王部引光武、明帝、章帝、安帝、桓帝、靈帝六贊。

〔王氏〕「黃巾郭泰等」至「白波賊」。獻帝紀注，一頁。「上以太常樂丞」至「下三公」。續漢書律曆志補注，十三頁。

續漢書八十三卷晉秘書監司馬彪撰。

晉書司馬彪傳：「彪討論衆書，綴其所聞，起於世祖，終於孝獻。爲紀、志、傳，凡八十篇，號曰續漢書。」唐志：「八十三卷，又録一卷。」今存姚氏緝本一卷。魏志武紀注、司馬朗傳注引有司馬彪序傳，當是續漢書分篇。

漢後書十七卷本九十七卷，今殘缺。晉少府卿華嶠撰。

晉書華嶠傳：「初，嶠以漢紀煩穢，有改作之志。會爲臺郎，偏觀秘籍，遂就其緒，起於光武，終於孝獻，一百十五年。爲帝紀十二卷、皇后紀二卷、十典九卷、傳十七卷及三譜、序傳、目録，凡九十七卷。嶠以皇后配天作合，前史作外戚傳以繼末編，非其義也，故易爲皇后紀，以次帝紀。又改志爲典，以有堯典故也。而改名漢後書隋、唐志作後漢書，刊訛。奏之。嶠所撰十典未成而終，何劭奏嶠中子徹使踵成之，未竟而卒。繆徵又奏嶠少子暢爲佐著作郎〔六〕，克成十典。史通書志篇：「華嶠曰典。」永嘉喪亂，經籍遺没，嶠書存者五十原注：一作「三十」。餘卷。」魏收上後魏書十志啓曰：「叔駿嶠字。删緝後劉，紹統司馬彪字。削撰季漢，十志實範遷、固，表蓋闕焉。」史通内篇曰：「班固、華嶠，子長之流也。」又曰：「創紀傳者五家，推其所長，華氏居最。」又外篇曰：「嶠删東觀記，爲漢後書。」愚按：蔚宗撰史，實本華嶠，故亦易外戚爲后紀，而肅宗紀論、二十八將論、桓譚馮衍傳論、袁安傳論、〔王氏〕袁安傳論注：「此論並華嶠之辭也。」劉趙淳于江劉周趙傳序、〔王氏〕序注云：「自此已上並略華嶠之詞也。」史通序例篇曰：「華嶠後漢多同班氏，如劉平、江革等傳。其序先言孝道，次述毛義養親。此則前漢王貢傳體，其篇以四皓爲始也。嶠言辭簡質，敘致温雅，味其宗旨，亦孟堅之亞歟！」班彪傳論，通鑑亦引之。〔王氏〕「傳論注：「以上略華嶠之辭。」章懷並注爲華嶠之辭。王允傳論章懷漏注，以魏志董卓傳注參校，知亦嶠辭。若袁安傳言湯長子成早卒，嶠書作長子平，平弟成，見魏志袁紹傳注。此可考范史之異。至魏志華歆傳注、世説德行篇、方正篇注並引嶠譜敘，史通外篇「省稱曰『譜』」。其言皆華氏事，世説注引孫策略有揚州，盛兵徇豫章，官屬請出郊迎，華歆不聽一事。通鑑考異謂其所説不近人情。蓋即班、馬自敘之例。唐志三十一卷。

〔王氏〕案：後漢書皇甫嵩朱儁傳論「前史著平原華嶠，稱其父光禄大夫表」云云，疑范書所稱前史即據華嶠語。

〔又〕後書章帝紀論曰「魏文帝稱：明帝察察，章帝長者」，章懷太子注云：「以上華嶠之辭。」

〔又〕「拜爲彊弩偏將軍，賜絳衣九百領，以衣中堅同心士。」又，陳俊傳注。「賜俊璽書曰：『將軍元勳大著，威震青、徐，兩州有警，得專征之。』」又。

〔又〕臧宮傳注：「華嶠書『章』字作『韓』。」「使張明」。又。「上璽書勞宮，賜吏士絳縑六千匹。」又。

〔又〕又朱景王杜馬劉傅堅馬傳論曰「中興二十八將」至「志能之士也」。注「已上皆華嶠之辭」。

〔又〕「衍，祖父立，生滿，年十七喪父，早卒，滿生衍。」馮衍傳注。「丹死，衍西歸」至「逐捕」。又。「榮弟子丁鴻學最高」，桓榮傳注。「榮長子雍早卒，少子郁嗣」，又。「帝自制五行章句」，桓榮附傳注。「郁上書乞身」至「行服」，又。「郁六子」至「有才能」，又。「焉長子衡，早卒。中子順，順子典」，又。「典十二」至「一無所受」，又。「十年」，又。「遷平津都尉、鉤盾令、羽林中郎將」，又。「酆生麟」。又。「孝報云三日至矣」。趙孝傳注。「語以避兵道也」。江革傳注。「臨淄令楊音高之」至「以助供養」，又。「終不報書，一無所受」，又。「致羊一頭，酒二斛」。又。「皆使與脱田同罪」，劉般傳注。「蓋延代鮮于褒」至「故滯不得舉」，第五倫傳注。「上復曰聞卿爲市掾」至「是語也」。又「暉年五十失妻」至「遂不復娶」。朱暉傳注。

〔又〕劉昭補注續漢書志序云：「叔駿之書，是謂十典，矜緩殺青，竟亦不成。」

後漢書八十五卷本一百二十二卷，晉祠部郎謝沈撰。

唐志一百二卷，今存姚氏緝本一卷。

〔王氏〕「敬閑居不修人倫」至「光武公車徵，不行」。後漢書郅惲傳注。「蔡邕引中興以來所修者爲祭祀志，即邕之意也。」續漢書祭祀志補注。「上以公卿所奏」至「供饌」，又，三頁。「蔡邕撰」至「其下者」，又天文志補注，二頁。「死者以千數」，又五行志補注。案：此謂安帝永初元年郡國水。「鍾離意譏起」至

「百人」，又，六頁。「赤眉攻雍鄉」，續漢書郡國志補注。「牛蘭山也」，又。「屬國降羌胡，居山田畜」。又。

後漢書外傳十卷謝沈撰。不著録。

晉書謝沈傳：「沈先著後漢書百卷及漢書外傳，皆行於世。」愚按：沈之外傳無逸篇可引，舊唐志稱後漢書外傳，新唐志祇稱外傳。以隋志注云：「本一百二十二卷。」合唐志卷數計之，或外傳二十卷。梁七録所載之本，外傳固附本書。至隋而外傳軼，唐時外傳出，而闕十卷。

後漢南記四十五卷本五十五卷，今殘缺，晉江州從事張瑩撰。

世説言語篇注引：「荀諝典籍文章無不涉，徵聘無所就。」文學篇注：「服虔明左氏傳，作訓解。」初學記地部：「郭丹從武關出，謁更始。」人事部：「和帝四歲，與兄慶出同車，入共室。」又：「陰慶以園田錢財分與二弟。」武功部：「魏應明魯詩，帝賜以劍玦。」居處部：「馬援奏銅馬法，詔名金馬門。」文選干寶晉紀總論注：「蜀有陽平、江關、白水，此爲三關。」北堂書鈔后妃部：「居危能重。」政術部序曰：「赤精漸微。」太平御覽地部：「樊重家素富，閉門成市〔七〕。」職官部：「陳寵爲太守，任功曹王渙。」兵部：「陳蕃欲誅諸黄門，謀泄被害。」宗親部：「北海靖王興爲光武撫育，恩愛如子。」珍寶部：「安帝見銅人，張陵對以秦始皇時所鑄。」共十五事，並題張瑩漢南記。續漢郡國志注、史記集解並引張瑩曰：「勾亶，今江陵也。」唐志五十八卷。

後漢書九十五卷本一百卷，晉秘書監袁山松撰。

晉書袁山松傳：「山松著後漢書百篇。」舊唐志一百二卷，新唐志一百一卷，又録一卷。今存姚氏緝本一卷。愚按：沈約宋書禮志引山松漢百官志，水經注引山松郡國志，史通書志篇言山松有天文志，通志校讎略言有藝文志。弘簡録載梁七録内有後漢書藝文志若干卷〔八〕，不著名山松，證以通志，當即袁氏之志。

〔王氏〕和帝紀注：「袁山松曰：屈原，此縣人，既被流放，忽然暫歸，其姊亦來，因名其地爲秭歸。」「秭」亦「姊」也。此條疑郡國志。又「永初六年正月甲寅，謁宗廟。」安帝紀注。「是時連月火災」至「不省」。桓帝紀注，十一頁。

〔又〕袁山松漢百官志云：「郊祀之事，太尉掌亞獻，光禄掌三獻。太常，每祭祀，先奏其禮儀；及行事，掌贊天子。無掌獻事如儀。」

〔又〕馮異傳注：「袁山松書曰：先時諸將同營，吏卒多犯法。」耿弇傳注：「袁山松書曰：『弇少學詩、禮，明鋭有權謀。』」「袁山松書曰：『使光禄大夫』」至「行在所」，「袁山松書曰：『弇上書曰』」至「上是其計」。

〔又〕劉昭補注後漢書志序云：「沈、松因循，尤解功創，時改見句，非更搜求，加藝文以矯前棄，流書品採自近録。初平、永嘉，圖籍焚喪，塵消煙滅，焉識其限，借南晉之新虚，爲東漢之故實。」據此，謝沈、袁山松書俱有藝文志。

後漢書五十八卷劉義慶撰。不著録。

見唐志。

後漢書九十七卷宋太子詹事范蔚宗撰。

唐志九十二卷，今本帝、后紀十一卷，列傳八十八卷，共九十九卷。蔚宗所撰十志，沈約言宋時已闕，其篇名可見者，百官志見后妃，禮樂、輿服志見東平王蒼傳，天文、五行志見蔡邕傳。

〔王氏〕宋書范曄傳：「左遷宣城太守，不得志，乃删衆家後漢書爲一家之作。」曄獄中與諸甥侄書以自序曰「既造後漢」至「稱情狂言耳」。

後漢書一百二十五卷范蔚宗本，梁剡令劉昭注。

〔王氏〕「集注後漢一百八十卷。」梁書文學昭傳。

梁書〔王氏〕增「文學」。劉昭傳：「昭集後漢同異，以注范蔚宗書，〔王氏〕改「蔚宗」作「曄」。世稱博悉。」愚按：今本范史紀傳九十九卷，外附劉昭補注續漢志三十卷，志乃司馬彪撰，非蔚宗本。史通補注篇曰：「范氏刪後漢，簡而且周，踈而不漏，亦云備矣。而劉昭採其所捐，以爲補注，言盡非要，事皆不急。」此與梁書、隋志皆言昭注范史。惟梁書作一百八十卷，與隋志卷數不合。新唐志有劉熙注蔚宗書一百二十二卷，「熙」乃「昭」字之訛。以唐志卷數計之，紀傳九十二卷，合續志三十卷，恰符百二十二卷之數。據通志選舉略言唐以後漢書並劉昭所注志爲一史，是當時習范史者補習劉志，後人見其合本，遂誤認爲一書。陳振孫言館閣書目以百二十卷併稱蔚宗爲非是。姚察、劉知幾所見已是唐時合併之本。

〔王氏〕後書光武帝紀注：「臣賢案：范曄序例云：『帝紀略依春秋，唯孛彗、日食、地震書，餘悉備於志。』」又引「例曰：多所誅殺曰屠。」疑即序例。

〔又〕安帝紀注：序例曰「凡瑞應，自和帝以上」至「上言也」。八頁。

〔又〕皇后紀：「其職僚品秩，事在百官志。」東平王蒼傳：「乃與公卿共議定南北郊冠冕車服制度，及光武廟登歌八佾舞數，語在禮樂、輿服志。」

〔又〕蔡邕傳：「使中常侍曹節、王甫就問災異及消改變故所宜施行。邕悉心以對，事在五行、天文志。」

〔又〕劉昭補注續漢書志序云：「范曄後漢良史，誠跨衆氏，序或未周，志遂全闕。」又「尋本書當作禮樂志」至「其大旨也」。

後漢書五十八卷劉昭補注，不著録。

見唐志。愚按：此稱「補注」，或即馬彪之志，然卷數與今本不合。

後漢書音一卷後魏太常劉芳撰。

後魏書劉芳傳：「芳撰蔚宗後漢書音一卷。」唐志同。

范漢音訓三卷陳宗道先生臧兢撰。

唐志無「訓」字。

〔王氏〕後漢書光武帝紀注：「臧矜，音作鄒，一建反，云屬襄陽郡。」

〔又〕「矜」、「兢」孰誤，當考。

范漢音三卷蕭該撰。

唐志同。

〔王氏〕光武帝紀注：「俗本多誤作『鄔』，而蕭該音一古反，云屬太原郡。」又：「蕭該音義云：潞屬上黨。」皇后紀贊「祁祁皇孋」注：「蕭該音離。」隗囂傳注：「臣賢按：蕭該音引字詁，鍉即題，音徒啓反。」齊武王縯傳注：「蕭該音『淳』作『諄』者，誤。」又「蕭該音義亦作『墊』。」

後漢書讚論四卷范蔚宗撰。

唐志作「論贊五卷」。

漢書纘十八卷范蔚宗撰。

唐志雜史類有蔚宗後漢書纘十三卷。

後漢書一百卷蕭子顯撰，梁有，隋亡。

梁書蕭子顯傳：〔王氏〕改「顯」作「恪附」。「子顯著後漢書一百卷。據衆家後漢，考正同異，爲一家之言。」〔王氏〕改「據」作「采」，乙「著後漢書一百卷」於「言」下。

魏略三十八卷魏京兆魚豢撰。不著録。

〔王氏〕宋書州郡志襄陽公相，「魚豢云魏文帝立」。

見舊唐志正史類。新唐志五十八卷，入雜史類。史通題目篇曰：「魚豢、姚察「察」宜作「最」。著魏、梁二史，巨細畢載，蕪累甚多，而俱牓之以『略』。」稱謂篇曰：「魚豢、孫盛等没吴、蜀號諡，呼權、備姓名。」又外篇論古今正史曰：「魏時京兆魚豢私撰魏略，事止明帝。」愚按：魏略有紀、志、列傳，自是正史之體。文選景福殿賦注引魏略文紀曰：「靈龜出於神池。」初學記天部引五行志曰：「延康元年，大霖雨五十餘日，魏有天下乃霽，將受大祚之應也。」太平御覽天部同。裴松之魏志注言，魏略以秦朗與孔桂俱在佞倖篇，明帝紀注。〔王氏〕明帝紀，六頁。東里袞見游説傳，三少帝紀注。〔王氏〕高貴鄉公紀，十五頁。以董遇、賈洪、邯鄲淳、薛夏、隗禧、蘇林、樂詳等爲儒宗，王肅傳注，其傳有序。以脂習、王脩、龐淯、文聘、成公英、郭憲、單固七人爲純固傳，王脩傳注。王思、薛悌、郤嘉見苛吏傳，梁習傳注。以蘇林、〔王氏〕改「蘇」作「常」。吉茂、沐並、時苗四人爲清介傳，劉劭傳注。〔王氏〕案「蘇」當作「常」。此見常林傳注，非劉劭也。以孫賓碩、祝公道、楊阿若、鮑出等四人在勇俠傳，賓碩雖漢人而豢編之魏書，蓋以其人接魏，事義相類故也。閻温傳注。列傳以賈逵、李孚、楊沛三人爲一卷，温恢傳注。以徐福、嚴幹、李義、張既、游楚、梁習、趙儼、裴潛、韓宣、黄朗十人共卷，趙儼傳注。〔王氏〕案「趙儼」當作「裴潛」。陳壽志韓宣名都不見，惟魏略有傳。同上。梁書止足傳序曰：「魚豢魏略知足傳：方田、徐於管、胡，則其道本異。」世説文學篇注引天竺城中有臨兒國，通典邊防門注西夜並屬疎勒，二事皆題魏略西戎傳。魏志東夷傳注引魏略西戎傳七事。太平御覽人事部引短人國事，寰宇記引莎車國事，則皆作西域傳。豢之論贊實稱曰「議」，裴注多引其詞，而西戎傳議尤可考見。史通雜説篇注引豢叙遼東公孫之敗，議爲天意數語，是知王隱之稱本於魚豢。史通：「王隱曰議。」

魏書四十八卷 晉司空王沈撰。

晉書王沈傳：「沈與荀顗、阮籍共撰魏書，多爲時諱，未若陳壽之實録也。」史通曲筆篇曰：「王沈魏録，濫述貶甄之銘。」書事篇曰：「若王沈、孫盛之伍，論王業則黨悖逆而誣忠義，叙國家則抑正順而褒篡奪，述風俗則矜夷狄而陋華夏。」又外篇曰：「魏史，黄初、太和中始命衛顗、繆襲草創紀傳，又命韋誕、應璩、王沈、阮籍、孫該、傅玄等復共撰定。其後王沈獨就其業，勒成四十卷。」宋書五行志曰：「王沈魏書志篇闕，凡厥災異，但編帝紀而已。」律志曰：「自楊偉改創景初，而魏書闕志。」愚按：水經渠水、遼水、淮水注並引魏書國志，潁水注「宣王軍次丘頭[九]，王凌面縛水次，故號武丘」一事，復題魏書郡國志。疑沈書固有志篇，特闕五行、律曆也。裴松之魏志武紀注所引多述操令，若庚申、庚戌、丙戌、丁亥令，皆以日紀。又有褒賞令載祀橋玄文，裴注不言魏書，以類推之，當亦是耳。鄧哀王傳注譏其「容貌姿美」一類之言[一〇]，而分以爲三。史通叙事篇亦云。

蜀諸葛傳注：「臣松之以爲亮在渭濱，魏人躡跡，而云嘔血，蓋因亮亡而自誇大也。夫以孔明之略，豈爲仲達嘔血乎？」魏后妃傳注引卞太后二事，又甄后表讓建長秋宮、三公奏文昭后謚法、郭后立謝表、青龍三年哀策〔一一〕。太平御覽皇親部引卞后、甄后、毛后、郭后各一事，而貶甄銘未見。

〔王氏〕「操攻譚不克，乃自執桴鼓，應時破之。」獻帝紀注。

吴書二十五卷韋昭撰，本五十五卷，梁有，今殘缺。

吴志韋曜「昭」避晉諱稱「曜」。傳：「諸葛恪表曜爲太史令，撰吴書，華覈、薛瑩皆與參同。孫皓欲爲父和作紀，曜執以和不登帝位，宜名爲傳。」史通內篇曰：「弘嗣吴史，不紀孫和。」步騭傳：「周昭與韋曜、華覈並述吴書。」薛綜傳：「華覈上書曰：『大皇帝命丁孚、項峻始撰吴書〔一二〕，孚、峻俱非史才，其所撰作不足紀録。至少帝時更差韋曜、周昭、薛瑩、梁廣及臣五人，訪求往事，所共撰立，備有本末。昭、廣先亡，曜負恩蹈罪，瑩出爲將，復以過徙，其書遂委滯未撰。瑩涉學既博，文章尤妙，實欲使卒垂成之功，編於前史之末。』皓遂召瑩爲左國史。」史通外篇曰：「並作之中，曜、瑩爲首。」又曰：「華覈表請召瑩續成前史。其後曜獨終其書，定爲五十五卷。」愚按：昭書名吴，自以吴爲主。然裴松之注所引稱魏爲帝，堅、策、權、皓稱名，文選注、後漢書注皆然。惟陸遜破曹休，「上脱翠帽賜之」，通典禮門注稱權爲「上」。藝文類聚服飾部又言：「上脱金帶賜遜。」太平御覽服章部同。又布帛部：「上賜遜丹繒。」人事部：「馮熙使魏不屈，上嘉之，賜鹽米。」「諸葛恪伐蜀，謝上賜蜀馬。」皆稱吴主爲「上」。竊疑稱名之法，非昭原本。通鑑考異辨張松先見劉備事爲昭之誤，而蜀先主傳注載鄭泉使蜀，謂昭烈自名，未合天下之議，備甚慙恧，意在揚吴抑蜀。則備之稱名，自其史例。唐志卷數及玉海引中興書目，並與史通合，但舊唐志誤入編年類，新志依隋志。吴志言孫和爲傳，自是正史之體。

吴紀九卷晉太學博士環濟撰。

宋書禮志引環氏吴紀孫權追尊父堅爲吴始祖，吴志張紘傳注引張尚對孫皓問詩〔一三〕，御覽羽族部亦引嗣主問張尚「鳥之中大者鶴，小者雀乎」數語。世説政事篇注：「賀邵，祖、父並歷美官。」雅量篇注：「顧劭，爲豫章太守，風化大行。」品藻篇注：「全琮，有德行義概，爲大司馬。」規箴篇注：「孫休，夢乘龍上天，顧不見尾。」排調篇注：「張昭，有才義，仕吴爲輔將軍。」初學記地部：「孫權詔步騭，説北人欲以布囊盛土塞江。」又：「赤烏八年夏，雷擊宫門柱。」居處部：「天紀二年，衛尉岑昏表修百府。」太平御覽兵部：「大帝合肥之圍，谷利助渡津北。」人事部：「上爲太子登選置師傅。」又：「孟仁母爲仁作大被，以致學者。」布帛部：「蜀遣使獻重錦千端。」果部：「黄初三年，魏來求荳蔻。」並題環濟吴紀，孫權、和、休、皓皆稱名，惟御覽所引稱大帝、皇太子、嗣主。唐志十卷，入編年類，通志藝文略從唐志。校讎略曰吴紀九卷，唐志類於編年，是，隋志類於正史，非。

吴録三十卷張勃撰，梁有，隋亡。

史記索隱：伍子胥傳。「張勃，晉人，吴鴻臚儼之子也，作吴録，裴駰注引之是矣。」唐志入雜史類，通志略入編年類。史通書志篇：「張勃曰録。」愚按：水經泿水注引：「鮨魚子朝索食，暮還入母腹。」左傳宣公正義：「武陵沅南縣以南皆有犀。」文選笙賦注：「湘東酃以爲酒有名。」謝靈運登臨海嶠詩注：「剡縣有天姥峰。」張景陽七命注〔一四〕：「吴興烏程縣酒有名。」初學記獸部：「九真郡龐縣多象〔一五〕，生山中，郡内及日南饒之。」並題吴録地理志。藝文類聚、太平御覽、寰宇記所引，其題地理志者尤夥，是知史通之言誤以吴録總名相混，不知録内分篇實仍名「志」也。世説賞譽篇注引吴録士林曰：「吴郡有顧、陸、朱、張，三國之間四姓盛焉。」「士林」二字未詳，或其列傳標目，如魏略儒宗之稱。有志有傳，其體不似編年類。

〔王氏〕宋書州郡志云:「吴録地理無懷安縣名。」

三國志六十五卷叙録一卷,晉太子中庶子陳壽撰,宋太中大夫裴松之注〔一六〕。

舊唐志分著魏三十卷、蜀十五卷、吴二十一卷,惟魏志入正史,蜀、吴二志入編年,甚不可解也。今存。

〔王氏〕宋書裴松之傳:「上使注陳壽三國志,松之鳩集傳記,增廣異聞,既成奏上,上善之,曰:『此爲不朽矣。』」

論三國志九卷何常侍撰。

晉書何琦傳:「公車再徵琦散騎常侍,不行。恒以著作爲事,著三國評論。」

三國志評三卷徐爰撰。

裴松之注臧洪傳、程昱傳、黄權傳、顧雍傳、全琮傳、周魴傳、鍾離牧傳、是儀傳,並引徐衆三國評。唐志雜史類有徐衆三國評三卷,「爰」疑「衆」字之訛。

三國志序評三卷晉著作佐郎王濤撰,梁有,隋亡。

唐志入雜史類。

晉書八十六卷本九十三卷,今殘缺。晉著作郎王隱撰。

〔王氏〕魏書李彪傳「近僭晉之世」至「史官之不遇，時也」。

王隱傳：「父銓，歷陽令，少好學，有述作之志，每私録晉事及功臣行狀，未就而卒。隱博學多聞，受父遺業，西都舊事，多所諳究。太興初，召隱爲著作郎，令撰晉史。時虞預私撰晉書，而生長東南，不知中朝事，數訪於隱，並借隱所著書竊寫之，所聞漸廣。是後疾隱，形於顔色。隱竟以謗免，黜歸於家。貧無資用，書遂不就。乃依庾亮於武昌，供其紙筆，書乃得成，詣闕上之。隱雖好著述，而文辭蕪拙不倫。其書次第可觀者，皆其父所撰；文體混漫，義不可解者，隱之作也。」史通外篇：「隱爲晉書八十九卷，咸康六年始詣闕奏上。」史通論贊篇曰：「王隱曰議。」書志篇曰：「王隱後來，加以瑞異。」稱謂篇曰：「時采新名，列成篇題。若王晉之十士、寒儁，沈宋之二凶、索虜，即其事也。」浮詞篇曰：「隱稱諸葛亮挑戰，冀獲曹咎之利，其事相符，言之讜矣。」曲筆篇曰：「其有舞詞弄札，飾非文過，若王隱、虞預毁辱相凌。」書事篇曰：「王隱、何法盛之徒，專訪州閭細事，委巷瑣言，聚而編之，目爲鬼神傳録。」人物篇曰：「當兩晉殊宅，若何楨、許詢，文雅高於揚、豫。王隱廣列諸傳，而遺此不編，網漏吞舟。」史記索隱曰：「外戚，紀后妃也，后族亦代有封爵故也。漢書編之列傳之中。王隱則謂之爲紀，而在列傳之首也。」愚按：

世説方正篇注引王隱孫盛不與故君相聞議，其體不似史中論贊。文選謝修卞忠貞墓啓注引徵士翟湯數語，則不稱「議」而稱「述」。北堂書鈔設官部引有石瑞記，書鈔引此雖未明稱王隱，而藝文部補注引賈逵墓碑生金事則題王隱石瑞記。補注乃明陳禹謨所撰，明人言固多不可信，而此似有所本。當即史通所謂瑞異，其時張掖玄石圖指爲晉受魏祚之祥，故因以題篇。史通以王隱瑞異與魏收釋老並言，文取相配，故改「石瑞」而稱「瑞異」也。沈約州郡志、酈氏水經注復引隱書地道記，劉昭續漢郡國志注引晉書地道記尤多〔一七〕，然不題名王隱，惟沈、酈稱隱名，故專舉之。是知易志爲記，王隱所撰，非何氏所題。史通題目篇曰：「何氏中興易志爲記。」太平御覽人事部「劉叔龍，赤色大脣，少言語，有大志，自縣小吏至雍州刺史」一事，題名寒儁傳。文學部「王褒讀詩流涕」一事，題名處士傳。處士與十士異。史通以「二凶」對言，取數相配，非「處士」之訛。藝文類聚靈異部：「王矩至長沙，見一人自稱天上京兆杜靈之〔一八〕。」太平廣記載蘇韶、夏侯愷亡後見鬼事，御覽人事部亦引蘇韶事，而廣記似全篇。自是鬼神傳中之詞。其他逸篇，徵引衆家晉史，以王隱爲最多。唐志八十九卷。

又按：北齊書宋顯傳：「顯從祖弟繪，依准裴松之注國志體，注王隱及中興書。」二注皆不見前志著録。

晉書二十六卷本四十四卷，訖明帝，今殘缺。晉散騎常侍虞預撰。

虞預傳：「預雅好經史，憎疾玄虛，其論阮籍裸袒，比之伊川被髮。著書四十餘卷。」史通外篇曰：「若中朝之華嶠、陳壽、陸機、束晳，江左之王隱、虞預、干寶、孫盛，宋之徐爰、蘇寶生，梁之沈約、裴子野，斯並史官之尤美、著作之妙選也。」魏志王粲傳注引預書曰：「嵇康家本姓奚，先自會稽遷於譙之銍縣，改爲嵇氏，取『稽』字之上山以爲姓，蓋以志其本也。一曰銍有嵇山，家於其側，遂氏焉。」今晉書康傳衹載「銍有嵇山」一説。太平御覽皇王部「上雖服膺文藝，而雅有雄霸之量」數語，乃預宣帝紀論。其論阮籍裸袒，則籍傳論也。今晉書皆不取。初學記設官部引：「何楨爲弘農郡守，貢縣吏楊囂於朝。」北堂書鈔設官部：「何楨爲尚書郎，參秘書右丞。右丞之置自楨始也。」是知王隱所不編，預固有傳。唐志五十八卷。

晉書十卷未成，本十四卷，今殘缺。晉中書郎朱鳳撰，訖元帝。

北堂書鈔設官部：「何法盛中興書曰：華譚爲秘書監，時晉陵朱鳳、吴郡吴震二人並有史才，譚薦補著作佐郎。」今晉書華譚傳同。唐志載鳳書十四卷。世説德行篇注引：「宣帝張夫人生梁孝王，柏夫人生趙王倫。」言語篇注：「文王諱昭，宣帝次子。」又：「元帝，謚法始建國都曰元。」汰侈篇注：「彭城穆王權，太始元年封。」文選關中詩注：「趙王倫請三萬人平齊萬年，朝議不許。」安陸王碑注：「前後徙河北諸郡縣居山間，謂之羯胡。」北堂書鈔車部：「咸寧中，詔賜齊王攸之朝車設旗。」太平御覽職官部：「詔以陳騫之子爲通直常侍〔一九〕。」又：「文帝立度支尚書，以司馬孚爲之。」共引鳳書九事。

晉中興書七十八卷起東晉，宋湘東太守何法盛撰。

宋書沈約自叙曰：「沈伯玉與謝超宗、何法盛校書東宮。」陳書何之元梁典序曰：「法盛晉書變帝紀爲帝典，既云師古，在理爲優。」史通論贊篇：「法盛曰述。」書志篇：「法盛曰說。」又曰：「懸象出於天文。」題目篇：「何氏中興，易志爲記。」「記」乃「說」字之訛。表曆篇：「法盛改表爲注，名目雖巧，蕪累亦多。」因習篇曰：「中興書劉隗録稱其議獄事具刑法志，依檢志内，了無其說。」鑒識篇曰：「法盛中興荒莊原注：一作「拙」。少氣。」又外篇曰：「晉江左史，自鄧粲、孫盛、檀道鸞、王韶之已下，相次繼作，遠則偏記兩帝，近則惟叙八朝。至宋湘東太守何法盛始勒成一家，首尾該備。」又云：「東晉之史，作者多門。何氏中興，實居其最。」愚按：藝文類聚、初學記諸書，多引法盛徵祥說。其載麟、鳳、騶虞、甘露、嘉禾等瑞，乃符瑞志體。其陰霖雷震、天鳴山崩、豹尾忘設、鷗集太極等異，乃五行志體。開元占經：「晉咸和二年五月甲申朔，日有蝕之，在東井，女主之象。明年，皇太后以憂崩。」見占經卷十。「井，女主之象」句，又見卷六十二，並題懸象說。題法盛懸象説，是則天文志體。史通所稱刑法志，當作刑法説。北堂書鈔設官部：「齊王攸爲司空行太子太傅事」，題百官公卿表注，又「太子中舍人」、「咸寧加名」、「治文書」三語，題百官公卿志注，此易表爲注之證。文選殷仲文桓公九井詩注引桓玄録，謝靈運述祖德詩、玄暉八公山詩、任彦昇奏彈王源注，並引陳郡謝録。劉越石勸進表注引劉聰録，庾元規讓中書表注引潁川庾録，謝修卞忠貞墓啓注引濟陰卞録。北堂書鈔設官部所引有會稽賀録、瑯琊王録、濟陽江録、陳郡袁録、太原王録、順陽范録。太原、瑯琊二録再見，共書鈔引八事，明陳禹謨補注所引尚不止此，今俱不取。合史通所稱劉隗録、鬼神録，書事篇：王隱、何法盛爲鬼神傳録。此又改傳爲録之證。書鈔政術部庾冰一事題庾冰傳，設官部謝沈一事題謝沈傳，「傳」字俱宜作「録」。蓋典、注、説、録四體，以易紀、表、志、傳也。南史徐廣傳曰：「時高平郄紹亦作中興書，數以示法盛。法盛曰：『卿名位貴達，不復俟此延譽。我寒士，無聞於時，宜以爲惠。』紹不與。至書成，在齋内厨中。法盛詣紹，紹不在，直入竊書。紹還失之，無復兼本，於是遂行何書。」唐志八十卷。

晉書三十六卷宋臨川内史謝靈運撰。

宋書謝靈運傳：「太祖登祚，徵爲秘書監，使整理秘閣書，補足闕文。以晉氏一代竟無一家之史，令靈運撰晉書，粗立條貫，〔王氏〕改「貫」作「流」。書竟不就。」梁書止足傳序曰：〔王氏〕增「謝」。「靈運晉書止足傳：凡〔王氏〕改「凡」作「先」。論晉世文士之避亂者，殆非其人。惟〔王氏〕改「惟」作「唯」。阮思曠遺榮好遁，殆遠辱矣。」史通論贊篇曰：「靈運之虚張高論，玉巵無當，曾何足云！」唐志：「三十五卷，又録一卷。」愚按：文選蕭揚州薦士表注引序曰：「上品無寒門，下品無貴族。」干寶論武帝革命注引禪位表曰：「夫唐虞内禪，無兵戈之事，故曰文德。漢晉外禪，有翦伐之事，故曰順名。以名而言，安得不僭稱以爲禪代耶！」禪位表未詳其義。初學記職官部引志曰：「總掌禁中書記，謂之中書。」又云：「漢成帝以後，無復中書之職。」又云：「秦有太尉掌兵，漢仍修之，或置或省，是古司馬之官，掌九伐之職。」又云：「古者重武事，貴射御，取其捷御如僕，各置一人，尚書六人，謂之八座。」又云：「漢官尚書爲中臺，御史爲憲臺，謁者爲外臺，是謂三臺。」杜佑通典亦引「三臺」之説。器物部：「孝武節奢飾，禁絹扇。」果木部：「元康二年，巴西界竹生花，紫色，結實如麥。」太平御覽皇王部引世祖論，人事部引愍懷妃義不受辱事。

晉書一百一十卷齊徐州主簿臧榮緒撰。

南齊書文學傳：「臧榮緒括東、西晉爲一書，紀、録、志、傳百一十卷。司徒褚淵啓太祖曰：『榮緒深沉典素，追古著書，撰晉史十袠，贊論雖無逸才，亦足彌綸一代。庶得補録渠閣，採異甄善。』」陳書何之元傳曰：「榮緒稱史無裁斷〔二〇〕，猶起居注耳。」史通論贊篇曰：「必擇其善者，臧榮緒亦其次也。」書志篇曰：「司馬彪、臧榮緒，相承載筆，競志五行。」愚按：太平寰宇記山南西道引榮緒地理志曰「漢陰縣屬魏興郡」，北堂書鈔刑法部引榮緒刑德志曰「刑以正刑」，此其志篇之可見者。又按：今晉書李重傳稱重議官階見百官志，司馬彪傳稱彪議南郊見郊祀志，張亢傳亢述曆贊見律曆志，摯虞傳表論封禪見禮志，議玉輅、兩社見輿服志，依檢志内，俱無其文，錢宫詹晉書考異嘗辨之。然據唐會要言，貞觀修晉書，以臧榮緒爲本，則百官、郊祀諸志當是臧氏之志也。書鈔設官部引「興寧二年省司農職〔二一〕，孝武寧康復置」，乃百官志語。文選籍田賦注引「大駕鹵簿，有大輦」，又「鹵簿曰青立車、青安車」，北山移文注「騶，六人」，太平御覽皇親部「帝之姑、姊、妹皆爲長公主，加緑綬」，乃輿服志語。初學記歲時部「熊遠議履端元日」，御覽時序部「元會設白虎樽」事，乃禮志語。紀傳之體，其詞易見，惟録體未詳。唐志卷同。

晉書十一卷本一百二卷，梁有，今殘缺。蕭子雲撰。

梁書蕭子雲傳：〔王氏〕改「雲」爲「恪附」。「子雲以晉代竟無全書，弱冠便留心撰著，至年二十六書成，表奏之，詔付祕閣。」又〔王氏〕增「答敕」。云：「著晉史，至二王列傳，欲作論語草隸，〔王氏〕增「法」。言不盡意，遂不能成，略指論飛白一勢而已。所著〔王氏〕增「晉書」。一百一十卷。」南史同。唐貞觀修書詔曰：「子雲學堙涸流。」愚按：顏氏家訓雜藝篇曰：「蕭子雲每嘆曰：『吾著晉書，刊本作齊書，誤。勒成一典，文章宏義，自謂可觀，惟以筆跡得名，亦異事也。』」太平御覽人事部：「明帝以太常桓榮爲五更，躬軾其閭，親行養老之禮。」乃後漢事而題蕭子雲晉書。唐志九卷。

晉史草三十卷梁蕭子顯撰。

唐志編年類有蕭景暢晉史草三十卷。子顯，字景陽，「暢」乃「陽」字之訛。太平御覽兵部引晉史草曰：「姚略時有賀僧者，不知何人，自云游歷五郡，時人號爲賀五郡。齋戒奉道，爲百姓説吉凶。略死泓立，僧謂泓曰：『宜潔掃一馬廐，開屋設大柳〔三〕。有異馬，其大非常，自遠所來矣。』」題稱蕭子雲，與隋志不合。

晉書一百一十卷梁沈約撰，梁有，隋亡。

宋書自叙曰：（王氏）改「叙」爲「序」。「約嘗以晉氏一代竟無全書，（王氏）删「約」。年二十許，便有撰述之意。泰始初，征西將軍蔡興宗爲啓明帝，有敕賜許，（王氏）增「自此迄今年逾二十」。所撰之書，凡一百二十卷。南史曰一百餘卷。條流雖舉，而采掇未周。永明初遇盜，失第五帙。」（王氏）增「建元四年未終，被敕撰國史」。梁書約傳曰：「約撰晉書一百一十卷。」史通斷限篇曰：「沈録金行，上羈劉主。」採撰篇曰：「沈氏著書，好誣先代，於晉則故造奇説，在宋則多出謗言。」又外篇曰：「近者沈約晉書，喜造奇説。稱元帝牛金之子，以應『牛繼馬後』之徵。」世説文學篇注：「康僧淵，氏族所出未詳，尚書令沈約撰晉書，稱其有義學。」品藻篇注引約書：「王敦憚周顗，見輒面熱。」初學記器物部引：「王羲之在會稽山，爲老姥書竹扇。」北堂書鈔設官部：「裴濳風神高邁，見者改容。」藝文類聚職官部同。太平御覽皇親部引「夏、殷以上，内職無聞，姬氏之隆，婦官爲盛。前漢列級十四。世祖受命，又有美人以比職焉」數語。

東晉新書七卷梁庾銑撰，梁有，隋亡。

南齊書王智深傳：「先是陳郡袁炳有文學，著晉書未成，卒。潁川庾銑善屬文，見賞豫章王，引至大司馬記室參軍，卒。」

〔王氏〕案：梁書處士庾詵傳：「詵所撰晉朝雜事五卷。」

宋書六十五卷宋中散大夫徐爰撰。

〔王氏〕增「恩倖」。徐爰傳：「先是，元嘉中使〔王氏〕增「著作郎」。何承天草創國史。世祖初，又詔〔王氏〕改「詔」作「使奉朝請」。山謙之、〔王氏〕增「南臺御史」。蘇寶生踵成之。六年，又以爰領著作郎，使終其業。爰雖因前作，而專爲一家之書。上表曰：〔王氏〕增「臣聞虞史」至「伏惟」。『皇宋〔王氏〕增「承金行之澆季」至「龍舉」。剸定鯨鯢，天人佇屬。〔王氏〕增「晉禄」至「神工」。而恭服勤於三分，讓德邁於不嗣。〔王氏〕增「其巍巍」至「斯等」。宜依銜書改文，登舟變號，起元義熙，爲王業之始，戰序宣力，爲功臣之斷。其僞玄篡竊，同於新莽，雖靈武克殄，自詳之晉録。及犯命干紀，受戮霸朝，雖揖禪讓之前，皆著之宋策典。〔王氏〕改「典」作「國典體大，方垂不朽」。請外詳議，伏須遵承。』表語南史不載。於是〔王氏〕增「内外博義」。江夏王義恭等三十五人同爰議，宜以義熙元年爲斷。〔王氏〕增「散騎常侍巴陵」。王休若、〔王氏〕增「尚書金部郎」。檀道鸞二人謂宜以元興二〔王氏〕改「二」作「三」。年爲始，〔王氏〕增「太學博士」。虞龢謂宜以開國爲宋公元年。詔曰：『項籍、聖公，編録二漢，前史已有成例。桓玄傳宜在宋典，餘如爰議。』」沈約自叙曰：「何承天始撰宋書，草立紀傳，止於武帝功臣，其所撰志惟天文、律曆，自此外悉委山謙之。謙之病亡，蘇寶生續造諸傳，元嘉名臣皆其所撰。大明中，徐爰因何、蘇所述，勒爲一史，起自義熙初，訖大明末。至於臧質、魯爽、王僧達諸傳，又皆孝武所造。自永光以來，至於禪讓，十餘年内缺而不續，且事屬當時，多非實録。又立傳之方，取捨乖衷，垂之方來，難以取信。」唐志四十二卷。愚按：開元占經引爰書「元嘉十三年，詔太史令錢樂之鑄渾天銅儀。十七年，又被敕作小渾天」一事，今見沈約天文志，而州郡志所稱何志、徐志甚多。律曆志序曰：「天文、五行，徐志肇義熙之元。」南齊書百官志引何、徐宋志「州牧督軍起於魏武」語，太平御覽服章部引志曰：「武弁，世謂之龍冠也。」偏霸部載宋武帝始末，似屬武紀全篇，少帝則僅節引數十語。人事部：「武帝登祚，加顏延之金章紫綬。」初學記人事部。「柳元景少便弓馬〔三〕，夙以勇稱。」治道部：「申恬拜殿中將軍，禁省八載不休。」藝文類聚帝王部、符命部並引武帝符瑞，生有神光。北堂書鈔帝王部引「一世之雄」句。

〔王氏〕宋書州郡志云：「何志訖元嘉二十年。」裴松之傳：「續何承天國史，未及撰述。」何承天傳：「元嘉十六年，除著作佐郎，撰國史。」

〔又〕宋書自序：「宋故著作郎何承天」至「難以取信」。九頁。

〔又〕宋書州郡志：「今以何、徐州郡及地理雜書互相考覈。」又始寧令，何承天志，漢末分上虞立。又廣德令，何志漢舊縣。又寧海令，何志漢舊縣。又永初郡國有襄賁、祝其、厚丘、西隰，何、徐無厚丘，餘與永初郡國同。又何志又有鍾離、雁門、平原、東平、沛五郡。又徐志有南東平郡，領范、朝陽、歷城、樓煩、陰觀、廣武、茌平、營城、臨菑、平原十縣。又南兖州，徐志領郡九，縣三十九，户三萬一千一百一十五，口十五萬九千三百六十二。又「何有肥如、新市，徐與今同也。」又南沛太守，何志云北沛新立，徐云南沛。又永初郡國及徐並又有任城縣。又南豫州，徐志領郡十三，縣六十一，户三萬七千六百二，口二十一萬九千五百。又何、徐又有酇、雍丘二縣。又始新令，何無，徐有。又陽夏令，永初郡國、何並屬南梁，徐屬此。安陽令，永初郡國、何並屬南梁，徐屬此。又義寧長，何無，徐有。又何無陽夏、扶溝，徐無陽夏。又云徐志有邊城。又豫州刺史，何、徐寄治睢陽，而郡縣在淮西；徐又有邊城，何又有初安、綏城二郡，初安領新、懷德二縣，綏城領安昌、招遠二縣，並云新立，徐無。又慎陽令，徐作真陽。又譙郡太守，何志故屬沛。又長垣令，何故屬陳留，徐新配。又下邑令，何云魏立。又南頓令，何故屬汝陽。和城令，何江左立。汝陽令，何故屬汝陰。又陳留太守，何、徐屬豫州。遂興男相，何、徐並有。

廣興侯相，何云江左立。宋令，徐志云宋樂。綏成男相，永初郡國、何、徐並有。沙村長，永初郡國、何、徐並有。温麻令，何、徐並有。逢陵令，永初郡國、何、徐有。何志，廣川，江左所立。何有重合縣。濕沃令，何云魏立。蓨令，何志屬廣川，徐志屬此。何有東垣縣。義陽太守，何志屬荆州，徐則南豫也。鄳令，永初郡國、何並作「鄳」。徐志又有革音縣。永陽男相，徐志有。徐志有安蠻縣，永初郡國、何並無。宜都太守，何志云吴分南郡立。宜昌令，何志晉武帝立。新浦令，何志新立。南浦令，何志吴立。汶陽太守，何志新立。僮陽令，何志新立。沮陽令，何志新立。高安令，何志新立。歸鄉公相，何志故屬秭歸，吴分。江夏太守，永初郡國及何志並治安陸。孝昌侯相，何志無，徐志有。何志又有宋縣，徐無。何、徐並有弋陽縣。徐志有建寧縣。徐志「雍州有北上洛」至「並云安帝立」。十四頁。何志有宜城、鄀、上黄縣，徐志無。「永初郡國有比陽」至「餘並同」。十五頁。何志有棘陽、蔡陽、鄧縣，徐無。山都男相，何、徐屬新陽。永初郡國及何志有朝陽、武當、酇、陰、泛陽、筑、析、脩陽，凡八縣。徐志唯增朝陽。丹水令，何志魏立。何志無新康而有新豐，徐無。何志有槐里、宋寧、宋嘉三縣，而清水、始平與永初郡國同。扶風太守，永初郡國及何志唯有郡。永初郡國、何志雍州並有南上洛郡，寄治魏興。徐志雍州南上洛晉武帝立，北上洛晉孝武立。徐有南、北陽亭、陽安縣。永初郡國及何志並又有陽城、緱氏縣，徐無此二縣，而有僑洛陽。陽城縣。襄鄉，徐志屬義陽。永初郡國及何志並又有易陽、曲周、邯鄲，無酇、比陽，徐無復邯鄲縣。廣平令，徐志，南度以朝陽縣境立。永初郡國又有下蔡、平阿縣，何同。鄀縣令，永初郡國及何志屬襄陽，徐屬此。南天水太守，徐志本西戎流寓。徐志，建昌又有永寧縣。永初郡國又有宕渠郡、北宕渠郡，何、徐並有北宕渠郡，唯領宕渠一縣，何云本巴西流民。鄖鄉令，何志晉惠帝立。廣城令，永初郡國、何、徐並有。上庸令，永初郡國、徐並屬上庸，何無。長樂令，永初郡國、何、徐並屬晉昌，本蜀郡流民。廣昌子相，何志屬上庸，晉成帝立。安晉令，何、徐屬晉昌，本蜀郡流民。延壽令，何、徐屬晉昌，本蜀郡流民。宣漢令，何、徐屬晉昌，本建平流離民。新興太守，永初郡國、何、徐云新興、吉陽、東關三縣，屬晉昌郡。何云晉元帝立，本巴、漢流民。何云巴東夷人。祁鄉令，何志魏立。閬陽令，何志不注置立。樂平令，何志不注置立。何有廣昌。安富令，永初郡國、何、徐並有。北巫令，何志晉武帝立。新安令，永初郡國、何、徐有，何云本建平流民。「何志故屬梓潼」至「置立」。廿三頁。晉壽令，何志晉惠帝立。邵歡令，永初郡國、何、徐並有。興安令，永初郡國、何、徐並有。華陽太守，徐志新立。何、徐又有新歸縣，何云新立。北巴西太守，何志不注置立。何、徐梁州並有北巴西而益州無。永初郡國，領閬中、漢昌二縣。何又有宋昌縣，云新立。徐無宋昌，有宋壽。何、徐並領縣四。北陰平太守，晉太康地志故廣漢屬國都尉，何志屬分立，「何、徐直曰陰平，領二縣與此同。」南陰平太守，徐志無「南」字，云陰平舊民流寓立，唯領懷舊一縣，何無。巴渠太守，何志新立。始興令，何志新立。巴渠令，何志新立。東關令，何志新立。始安令，何志新立。下蒲令，何志無，徐志不注置立。晉興令，何志晉安帝立。懷安太守，何志新立。懷安令，何志新立。義存令，何志新立。宋熙太守，何、徐志新立。興樂令、歸安令、宋安令、元壽令、嘉昌令，何志五縣並新立。白水太守，永初郡國、何並無，徐志仇池氏流寓立，有漢昌縣。南上洛太守，永初郡國、何志並屬雍州，僑寄魏興，徐志巴民新立。何不注陽亭置立。上洛令，何云魏立。農陽長，何作「酆陽」，徐作「豐」。渠陽令，何、徐並作「拒陽」。北上洛太守，徐志巴新立。安康令，何云魏立。秦州刺史，何志晉孝武復立，寄治襄陽。安帝世，在漢中南鄭。略陽太守，何志故曰漢陽，魏分立曰廣魏，武帝更名。臨漢令，何志新立。上邽令，何志流寓割配。南桓陵令，何志唯領桓陵一縣，徐志又有此縣。南太原太守，何志云，故屬并州，流寓割配。南安太守，何志云，故屬天水，魏分立。中陶令，何志魏立。下辯令，徐志故屬略陽，流寓割配，何無此縣。高陸令，何志流寓割配。始平令，何志晉武帝立。而雍州始平郡之始平縣，何云魏立。宋熙令，何無，徐新立。金城太守，何、徐領縣二，户三百七十五，口一千。宋興令，何志新立。新令，何志魏立。鞞縣令，何志晉穆帝度此。伍城令，何志劉氏立。巴西太守，徐志本南陽冠軍流民，寓入蜀漢，晉武帝立。何志梁、益二州無此郡。晉興令，徐志不注置立。懷歸令，徐志不注置立。益昌令，徐志不注置立。永初郡國又有漢德、新興，徐同。徐云，新興義熙九年立；漢德，舊縣。西浦令，徐志義熙九年立。萬安令，徐志舊縣。遂寧太守，永初郡國有，何無，徐云舊立。巴興令，徐志不注置立。晉興令，徐志不注置立。西平令，何志故屬天水，名西縣。寧蜀太守，何無，徐云舊立。永初郡國及徐並有西墊江縣。晏官令，何志魏平蜀立。晉樂令，何志故屬沈黎。下邽令，何志漢舊縣。興固令，何志新立。南漢中太守，徐志北漢中民流寓，孝武大明三年立。南長樂令，徐志與郡俱立。南鄭令，徐志與郡俱立。南苞中令，徐志與郡俱立。南沔陽令，徐志與郡俱立。南城固令，徐志與郡俱立。北陰平太守，徐志本屬秦州，文帝元嘉二十六年度。永初郡國、何志，秦、梁、益並無。南陽令，徐志本南陽白民流寓立。桓陵令，徐志本安固郡民流寓立。順陽令，徐志本南陽民流寓立。武都太守，何志益州無此郡。徐志本屬秦州，流寓立。新城太守，何志新分廣漢立。北五城令，何志新分五城立。懷歸令，何志新立。南新巴太守，何志新立，新巴民先屬梁州，既立割配。新巴令，何志晉安帝立。晉城令，何志晉安帝立。晉安令，何志晉安帝立。漢昌令，何志晉安帝立。桓陵令，何志晉哀帝立。綏歸令，何無此，徐有，不注置立。興樂令，本曰白馬，何志漢舊縣。何志無復南陵，有南漢、建忠。徐無建忠，有永川。何云建忠新立。南漢令，何志晉穆帝立，故屬漢中，流寓來配。建昌令，何新立。「建昌」，疑「建忠」之誤。永川令，徐志新立。南宕渠太守，徐志本南中民，蜀立；永初郡國梁州有宕渠郡，領縣三，與此同，而無「南」字，何同。天水太守，何志益州無此郡。徐志與今同。宋興令，徐志不注置立。東江陽太守，何志晉安帝初，流寓入蜀，今新復舊土爲郡。綿水令，何志晉孝武立。沈黎太守，何無，徐云舊郡。城陽令，徐不注置立。新寧長，何、徐不注置立。新興令，何志不注置立。西平太守，何志晉成帝立，永初郡國、何志並有西寧縣，何云晉成帝立。西平令，何志晉成帝立。温江令，何志晉成帝立。都陽令，何志晉成帝立。晉綏長，何志晉成帝立。義成長，何志晉成帝立。東河陽令，何不注置立。雲南太守，何志劉氏分建寧、永昌立，永初郡國、何並云東古復，何不注置立。西古復長，何不注置立。興古太守，何志劉氏分建寧、牂牱立。騰休長，何志故屬建寧，晉武帝從興古治，遂以屬焉。新豐長，何志不注置立。建安長，何志不注置立。永初郡國又有高要、建陵、寧新、都羅、端溪、撫寧六縣。高要何志無，餘與永初郡國同，徐志無建陵、寧新、撫寧三縣，何、徐二志並有懷熙一縣。思安令，何志屬晉康，徐志度此。封興令，何志屬晉康，徐志度此。蕩康令，何志屬晉康，徐志度此。僑寧令，何志屬晉康，徐志度此。武化令，徐志以前無。何志復龍鄉縣，永初郡國又有封興、蕩康、思安、遼安、開平縣，何志無遼安、開平二縣，餘與永初郡國同。端溪令，何志屬蒼梧，徐志屬此。晉化令，何志不注置立。都城令，何志晉初分建陵立。樂城令，何志無，徐志有。賓江令，何志無，徐志有。說城令，何志無，徐志有。僑寧令，何志云漢舊縣。文招令，何志無，徐志有二文招，一屬綏建，一屬晉康。熙寧令，何志無，徐志有。何、徐志有永城，無平興。何志又有熙寧縣，云新立，徐志無。南興令，何志漢舊縣。臨允令，何志吴度蒼梧。新興令，何志不注置立。博林令，何志不注置立。甘東令，何志不注置立。單牒令，何志不注置立。威平令，何志不注置立。永初郡國有雷鄉、盧平、員鄉、逋寧、開城五縣，何志、徐無雷鄉、員鄉，又有熙平，云新立。安沂令，何志不注置立。豐城令，何志有。蘇平令，何志不注置立。徐曰藉平。牂安令，何志不注置立。夫寧令，何志不注置立。永初郡國有安遠、程安、威定、中胄、歸化五縣。何志無中胄、歸化，餘三縣屬桂林，徐志同。建初令，何志不注置立，徐同。賓平令，何志不注置立。威化令，何志不注置立。新林令，何志不注置立。龍平令，何志不注置立。懷安令，何志吴改。綏寧令，何無，徐有。歸代令，徐志有。中胄令，徐志有。建安令，何無，徐有。何、徐並云龍定。陽平令，何、徐並有，何云新置。安遠令，永初郡國猶屬鬱林，何、徐屬此。程安令，永初郡國屬鬱林，何、徐屬此。威定令，永初郡國屬鬱林，何、徐屬此。平定令，何志有，不注置立。羅州令，何志新立。西鞏令，何志新立。禽鄉令，何志新立。盆允令，永初郡國故屬南海，何、徐同。封平令，何云故屬南海，徐同。初賓令，何志新立。義寧令，何志新立。始康令，何志新立。東莞太守，何志故司監都尉，晉成帝立爲郡。寶安男相，何、徐並不注置立。安懷令，何、徐並不注置立。海豐男相，何、徐並不注置立。海陽令，何志晉初立。綏安令，何志與郡俱立。海寧令，何志與郡俱立。潮陽令，何志與郡俱立。單城令，何志新立。逐度令，何志新立。海鄰令，何志新立。化隆令，何志新立。開寧令，何志新立。綏定令，何志新立。石門長，何志故屬高涼。威覃長，徐志有。何、徐又「又」下當脱「有」字。新招縣，云本屬蒼梧，元嘉十九年改配；徐志晉康復有此縣。化穆令，何志新立。何有覃化縣，徐無。寧化令，徐志新立。威寧令，徐志新立。永建令，徐志新立。招懷令，徐志新立。平興令，徐志新立。初寧令，徐志新立。建寧令，徐志新立。招興令，徐志新立。崇化令，徐志新立。熙穆令，徐志新立。崇德令，徐志新立。高安令，何志晉武帝立。軍安長，何志晉武帝立。武寧令，何志武帝立。寧夷長，何志晉武帝立。九德太守，何志領縣七。九德令，何志吴立。都洨長，何志晉武帝分九德立。西安長，何志晉武帝立。南陵長，何志晉武帝立。越常長，何志吴立。

〔又〕宋書樂志引舊志云：「古樂有籟、缶。今並無。」當是何、徐志文。

〔又〕宋書百官志：北中郎將，「何承天云：並後漢置。」

宋書六十五卷 齊冠軍録事參軍孫嚴撰。

唐志五十八卷。文選袁陽源倣白馬篇詩注引袁淑一事，題作孫巖宋書。初學記地部：「高祖平關洛，致鐘虡舊器南還，一大鐘落水。」又：「漢中城固縣，漢水崩岸，有銅鐘十二枚出自潛壤。」二事並同選注作孫巖。又：「高祖表沙門什法義，於嵩廟壇下得玉璧、黃金。」「宗炳結宇衡山，欲懷尚平之志〔二四〕。」「高祖北伐，沈田子入武關，屯青泥〔二五〕。姚泓率衆奄至青泥關〔二六〕。」又禮部袁淑願上封禪書。太平御覽兵部：「柳元景北討，軍副柳元怙合戰。」人事部：「桓彦宗倜儻不拘小節。」「少帝鳥喙嘶聲。」「宗慤任氣好勇，不爲鄉曲所知。」「劉宣曉天文，夢丸土服之。」「徐湛之室宇田園，貴游莫及。」「宋越父爲蠻所殺，越白日於市口刺之。」宗親部：「許照先諸父肇繫獄，照先饋餉七年。」已上共引十三事，同隋志，作「孫嚴」。

宋書一百卷梁尚書僕射沈約撰。

沈約進書表稱紀、傳合表、志七十卷，史通及唐志並稱一百卷，是此書自隋已改七十卷之舊。今存。

〔王氏〕宋書自序：永明五年春，又被敕撰宋書。六年二月，畢功，表上之，曰：「臣今謹更創立」至「奉書以聞」。

齊書六十卷梁吏部尚書蕭子顯撰。

今本五十九卷。

〔王氏〕梁書蕭子恪附傳：子顯「又啓撰齊史，書成，表奏之，詔付秘閣。著齊書六十卷。」

齊紀十卷劉陟撰。

新唐志作齊書十三卷，舊唐志八卷。史通外篇曰：「齊、梁二代置修史學士，陳氏因循，無所變革，若劉陟、謝昊、顧野王、許善心之類是也。」

齊紀二十卷沈約撰。

梁書沈約傳：「約著齊紀二十卷。」曾鞏南齊書序曰：「始江淹爲十志，沈約又爲齊紀。」唐志入編年類。文選奏彈劉整注引約紀曰：「劉整，宋吴興太守兄子，歷位持節都督交廣越三州也。」通鑑考異昇明元年十二月沈攸之至夏口事，謂約紀誤。又引「桓崇擊魏，大破之」，「詔李安民往迎桓標之衆」，「魏使李道固至齊」，「孔顗上言鑄錢」，「張稷等議立湘東」，共五事。又黄鑾「文勉德」，約紀作「文施德」，「樊諧城」作「樊階城」。太平御覽學部引顧歡悲讀蓼莪之篇，菜茹部引韓靈敏與兄靈珍種瓜事。

齊史十三卷梁江淹撰。梁有，今亡。

南齊書檀超傳：「建元二年，初置史官，超與江淹掌史職。上表立條例，開元紀號，不取宋年。封爵各詳本傳，無假年表。立十志：律曆、禮樂、天文、五行、郊祀、刑法、藝文依班固，朝會、輿服依蔡邕、司馬彪，州郡依徐爰，百官依范蔚宗，合州郡。班固五星載天文，日蝕載五行；改日蝕入天文志。以建元爲始。帝女體自皇宗，立傳以備甥舅之重。又立處士、列女傳，詔内外詳議。王儉議：『金粟之重，八政所先，食貨通則國富民實，宜加編録，以崇務本。朝會志前史不書，乃蔡邕一家之言。宜立食貨，省朝會。五行之本，先乎水火之精，是爲日月五行之宗也。宜憲章前軌，無所改革。又立帝女傳，亦非所安。若有高德異行，自當載在列女，若止於常美，則仍舊不書。』詔：『日月災隸天文，餘如儉議。』」梁書江淹傳：「淹撰齊書〔王氏〕改此四字作「自撰前後集並齊史」。十志。」史通外篇曰：「齊史，江淹受詔撰述，以爲史之所難，無出於志，故先著十志，以見其才。」〔王氏〕梁書江淹傳：「建元初，又爲驃騎建安王記室，帶東武令，參掌詔册，並典國史。」「永明初，遷驍騎將軍，掌國史。」

梁書四十九卷梁中書令謝吴撰，本一百卷。

史通外篇曰：「梁書，武帝時沈約與周興嗣、鮑行卿、謝昊隋志作「吴」。相承撰録，已有百篇。值承聖淪没，並從焚蕩。」唐志有謝昊、姚察梁書三十四卷。昊與姚察合著，恐唐志有誤。通志藝文略訛「謝」作「林」。

〔王氏〕梁書武帝紀中：即位，告類於天曰「皇帝臣諱」。紀又屢稱「晉安王諱」、「湘東王諱」，當是姚思廉因謝吴舊文，吴臣於梁，故不著君名也。

梁史五十三卷陳領軍大著作郎許亨撰。

陳史許亨傳：「亨撰梁史，成者五十八卷。」南史同。隋書許善心傳：「初善心父亨撰著梁史，未就而殁。善心述成父志，修續家書，其序傳末述著作之意，曰：『先君昔在前代，早懷著作，梁書紀傳，隨事勒成及闕而未就者，目録注爲一百八卷。梁室交喪，所撰之書，一時散亡。有陳初建，詔爲史官，依舊目録，更加修撰，且成百卷，已有六帙五十八卷，上秘閣訖。善心早嬰荼蓼，弗荷薪構。大建之末，頻抗表聞。至德之初，蒙授史任，忝職郎署，兼撰陳書，致此書延時，未即成續。禎明二年，以臺郎入聘，值本邑淪覆，一作「流覆」。家史舊書，在後焚蕩，今止有六十八卷在，北史作「止有六卷獲存」。又並缺落失次。自入京以來，隨見補葺，略成七十卷。四帝紀八卷，后妃一卷〔二七〕，后妃次帝紀下、太子録上，序不言其名，未知是紀是録。三太子録一卷，太子稱録，亦許氏之標新。爲一帙十卷；宗室王侯列傳一帙十卷；具臣列傳二帙二十卷；外戚傳一卷，孝德傳一卷，誠臣傳一卷，文苑傳一卷，北史二卷。儒林傳二卷，逸民傳一卷，數術傳一卷，藩臣傳一卷，合一帙十卷；止足傳一卷，列女傳一卷，權倖傳一卷，羯賊傳二卷，逆臣傳二卷，逆臣下，北史有叛臣傳二卷。敘傳論述一卷，合一帙十卷。凡稱「史臣」者，皆先君所言，下稱「名案」者，並善心補闕。別爲敘論一篇，託於敘傳之末。』〔二〕北史善心傳亦載此序。

梁書帝紀七卷姚察撰。

陳書姚察傳：「察所撰梁、陳二史雖未畢功，隋開皇時遣虞世基索本，且進上〔二八〕，今在内殿。梁、陳二史本多是察之所撰。」

〔王氏〕案：今姚思廉梁書列傳第二至第十三、第十九、第二十一、第二十四、第二十七至第二十九、第三十一至第三十四、第三十六、第四十二至第四十五、第四十七，其論語皆稱「陳吏部尚書姚察」，然則此二十餘卷疑皆思廉承父之舊文也。本紀乃思廉自撰，不與察同，故獨無察論語。而察之帝紀既不爲思廉所取材，於是單行於世矣。

通史四百八十卷梁武帝撰。起三皇，訖梁。

〔王氏〕梁書蕭子恪附傳「高祖嘗從容謂子顯曰」至「以爲名對」。四頁。

梁書武帝紀：「帝造通史，躬製贊序，凡六百卷。」〔王氏〕增「文學」。吳均傳：「敕〔王氏〕改「敕」作「尋有敕召見」。使撰通史，〔王氏〕增「起三皇，訖齊代」。均草本紀、世家功已畢，惟

〔王氏〕改作「唯」。列傳未就，卒。」史通内篇曰：「梁武敕其群臣，上自太初，下終齊室，撰成通史六百二十卷。其書自秦以上，皆以史記爲本，而別採他説，以廣異聞。至兩漢以還，則全録當時紀傳，而上下通達，臭味相依。又吴、蜀二主皆入世家，五胡及拓拔氏列於夷狄傳。大抵其體皆如史記。其所爲異者，惟無表而已。」又曰：「魏有中夏，則揚、益不賓，終亦受屈中朝，見稱僞主。爲史者必題之以紀，則上通帝王，牓之以傳，則下同臣妾。梁武通史，定爲吴、蜀世家，持彼僭君，比諸列國，去太去甚，其得折衷之規乎！」因習篇曰：「何法盛劉隗録稱其議獄事具刑法志，依檢志内，了無其説。既而臧氏晉書、梁朝通史，於大連之傳，並有斯言，志亦無文，傳仍虚述。」愚按：後漢書禰衡傳注引通史志曰：「岑牟，鼓角士胄也。」史記五帝紀正義引通史曰：「瞽瞍使舜滌廩，舜告堯二女。二女曰：『時其焚汝，鵲汝衣裳，鳥工往。』舜既登廩，得免去也。」「舜穿井，又告二女，二女曰：『去汝裳衣，龍工往。』入井，瞽瞍與象下土實井，舜從他井出也。」金樓子興王篇亦載堯二女鳥工往、龍工往語，當即襲用通史。唐志一百七卷。

後魏書一百三十卷後齊僕射魏收撰。

今本一百十四卷。

後魏書一百卷著作郎魏彥深撰。

北齊書魏蘭根傳：「彥卿弟澹，撰後魏書九十二卷，甚得史體。」隋書魏澹傳：「澹字彥深，高祖以魏收所撰書褒貶失實，平繪爲中興書事不倫序，詔澹別成魏史。澹自道武下及恭帝，爲十二紀、七十八傳，別爲史論及例一卷，並目録，合九十二卷。澹之義例與魏收多所不同。其一曰：諱皇帝名，書太子字。其二曰：昭成、道武、獻明三世稱謚〔二九〕。其三曰：太武、獻明並皆非命，分明直書，不敢迴避。其四曰：諸國凡處華夏之地者，皆書曰卒。其五曰：紀傳之體，出自尚書，不學春秋。澹又以爲丘明發揚聖旨，言『君子曰』者，無非甚泰；其間尋常，直書而已。今所撰史，竊有慕焉，可爲勸戒者，論其得失；其無損益者，所不論也。澹書甚簡要，大矯收、繪之失。」史通内篇曰：「魏著作撰魏史，於諸帝篇，或雜載臣下，或直言他事，全爲傳體，有異紀文。」本注云：「如彥淵帝紀載沙苑之捷是也。」外篇曰：「隋開皇敕魏澹與顏之推、辛德源更撰魏書，矯正收失。澹以西魏爲真，東魏爲僞，故文、恭列紀，孝靜稱傳〔三〇〕，合紀傳論例，總九十篇。」又曰：「如彥淵之改魏收也，以非易非，彌見其失矣。」「彥淵」唐避諱作「深」。愚按：今魏收書太宗紀，宋人稱此卷是魏澹史。唐志一百七卷，宋志僅存紀一卷，注曰：「本七卷。」「本七卷」語未詳，澮帝紀十二卷。

陳書三卷顧野王撰。不著録。

陳書三卷傅縡撰。不著録。

陳書四十二卷訖宣帝，陳吏部尚書陸瓊撰。

陸瓊傳：「瓊領大著作，撰國史。」史通外篇曰：「陳史，初有吴郡顧野王、北地傅縡，各爲撰史學士，其文、武二帝紀即顧、傅所修。太建初，中書郎陸瓊續撰諸篇，事傷煩雜。」唐志載顧、傅書各三卷。

周史十八卷未成。吏部尚書牛弘撰。

史通浮詞篇曰：「心挾愛憎，詞多出没，若魏收、牛弘是也。」又外篇曰：「宇文周史，大統有秘書丞柳虯兼領著作，直辭正色，事有可稱。至隋開皇中，秘書監牛弘追撰周紀，十有八篇，略叙紀綱，仍皆牴牾。」又曰：「牛弘、王劭並掌策書，載齊言則淺俗如彼，載周言則文雅若此，此非兩邦有夷雅之殊，由二史有虚實之異也。」

齊書一百卷王劭撰。不著録。

隋書王劭傳：「劭初撰齊誌，爲編年體，二十卷，復爲齊書，紀傳一百卷。或文辭鄙野，或不軌不物，駭人視聽，大爲有識所嗤鄙。」據此則劭所著紀傳名齊書，編年名齊誌，隋志闕載其齊書，唐志則正史、古史兩類俱題齊志，無「言」旁。自是重出。史通惟稱齊誌。

【校勘記】

〔一〕「玄」，原避諱作「元」，今改，下同。

〔二〕「永元」，原作「元和」，據後漢書卷四和帝紀改。

〔三〕「劉越石」，原作「阮嗣宗」，按注文在文選卷三七劉越石勸進表，據改，下同。「邊廷」，文選原作「虜廷」。

〔四〕「陟」，原作「涉」，據補編本及文選卷三七勸進表注引謝承後漢書改。

〔五〕「七命」，原誤作「六命」，據文選卷三五七命改。

〔六〕「繆徵」，原作「繆播」，據晉書卷四四華表附嶠傳改。

〔七〕「成」，原作「城」，據太平御覽卷五七地部所引漢南記改。

〔八〕「弘」，原避諱作「宏」，今改，下同。

〔九〕「丘」，原避諱作「邱」，今改，下同。

〔一〇〕「鄧哀王」，原作「鄧克王」；「之言」，原作「言之」，皆據三國志卷二〇魏書鄧哀王傳改。

〔一一〕「三年」，原作「二年」，據三國志卷五后妃傳改。

〔一二〕「項峻」，原作「項竣」，據補編本、三國志卷五三吴書薛琮傳改，下同。

〔一三〕「張紘」，原作「張紭」，據補編本、三國志卷五三吴書張紘傳改。

〔一四〕「張景陽」，原作「張衡」，據文選卷三五七命改。

〔一五〕「龐縣」，原作「龐郡」，據初學記卷二九獸部所引吴録改。

〔一六〕「太中大夫」，原作「中大夫」，據隋書卷三三經籍志二補。

〔一七〕「郡國志」，原作「郡圖志」，據補編本改。

〔一八〕「杜靈之」，原作「社靈之」，據藝文類聚卷七九靈異部所引王隱晉書改。

〔一九〕「通直常侍」，原作「通置常侍」，據太平御覽卷二二四職官部引朱鳳晉書改。

〔二〇〕「裁斷」，原作「論斷」，據陳書卷三四何之元傳改。

〔二一〕「興寧」，原作「熙寧」，據北堂書鈔卷五四設官部所引臧榮緒晉書改。

〔二二〕「柳」，原作「栁」，據太平御覽卷三五九兵部所引晉史草改。

〔二三〕「柳元景」，原作「劉元景」，據太平御覽卷四三五人事部所引徐爰宋書改。

〔二四〕「尚」，原作「向」，據初學記卷五地部所引孫嚴宋書改。

〔二五〕「沈田子入武關屯青泥」，原作「沈由子」，據初學記卷七地部所引孫嚴宋書改補。
〔二六〕「姚泓」，原作「姚宏」，據初學記卷七地部所引孫嚴宋書改。
〔二七〕「一卷」，原作「八卷」，據隋書卷六許善心傳改。
〔二八〕「且」，原作「具」，據陳書卷二七姚察傳改。
〔二九〕「昭成」，原作「昭明」，據補編本、隋書卷五八魏澹傳改。
〔三〇〕「孝静」，原作「孝靖」，據補編本改，下同。

隋經籍志考證卷二

古史 唐志作編年。

紀年十二卷汲冢書，并竹書同異一卷。

唐志十四卷，今存本二卷。

漢紀三十卷魏秘書監荀悦撰。

今存。

〔王氏〕魏志荀彧傳注：「張璠漢紀稱悦清虚沈静，善於著述。建安初，爲祕書監侍中，被詔删漢書，作漢紀三十篇，因事以明臧否，致有典要，其書大行於世。」

荀悦漢紀注三十卷應劭等注。不著録。

見新唐志。

漢紀音義三卷崔浩撰。不著録。

見兩唐志。

後漢紀三十卷張璠撰。

魏志三少帝紀注云：「張璠，晉之令史，撰後漢紀，雖似未成，辭藻可觀。」史通内篇曰：「如張璠、孫盛、干寶、徐廣、裴子野、吴均、何之元、王劭等，或謂之春秋，或謂之紀，或謂之略，或謂之典，或謂之志，大抵皆依左傳以爲的準焉。」又曰：「荀悦、張璠，丘明之黨也。」世説注、後漢書注俱引璠紀。郡齋讀書志曰：「東京史籍，惟璠紀差詳。」唐志卷同。

〔王氏〕「靈帝以帝似己，故名曰協。」續漢書獻帝紀注引張璠記。「將入宫曰」至「長安宫」。又。又「張璠論曰：夫謚者，上之所贈」至「故私議之」。朱暉附傳注。

獻帝春秋十卷袁曄撰〔一〕。

吴志陸瑁傳注云：「袁迪孫曄，字思光，作獻帝春秋。」續漢五行志注引：「建安七年，五色大鳥集魏郡，衆鳥數千隨之。」百官志注：「孫權以步騭行交州刺史。」水經濁漳水注：「司空圍鄴，引漳水以注之，遂拔鄴。」文選西征賦注：「興平二年，車駕東行〔二〕。」又與陳伯之書注引臧洪報袁紹書。三國志注、後漢書注、太平御覽共引數十事。通鑑考異引「劉表上諸葛玄領豫章太守」一句，作袁曄獻帝春秋〔三〕。

〔王氏〕「河南中部掾」至「投河而死」，靈帝紀注，十一頁。「尺口以上男女五十餘人，皆下獄死」，獻帝紀注。「張嘉」，又。「赤氣廣六七尺，東至寅，西至戌地」，又。「宣播」，又。「時省幽、并州」至「雍也」。又。八頁。

〔又〕「帝時召群臣卿士」至「皇帝璽綬」。獻帝紀注，九頁。「靈帝數失子」至「史侯」。靈帝何皇后紀注。「操刑之不濫，君之明也。楊彪獲罪，懼者甚衆。」楊震附傳注。「紹使琳爲書八條，責以恩義，告喻使降。」臧洪傳注。「術從日磾」至「而死」。孔融傳注。「董承之誅」至「於壽春」。荀彧傳注。「初，卓爲前將軍」至「凰耳」，皇甫嵩傳注，五頁。「涼州義從」至「爲『章』」〔四〕，董卓傳注，一頁。「獻帝春秋：『咨』作『資』。後爲孫堅所殺。」又。「獻帝春秋：『磔』作『車』」。又。「車駕出洛」至「敗之」。又，十三頁。

〔又〕「候者得書，紹使陳琳易其辭。」公孫瓚傳注。「融數席方四五里，費以巨萬。」陶謙傳注。「太傅袁隗」至「下獄死」，袁紹傳注，二頁。「紹勸督」至「自若」，又，五頁。「紹合冀州」至「祚國」，又，七頁。「日磾」至「而死」，又，八頁。「使將作大匠」至「鄴侯」，又，八頁。「袁，舜後。黄應代赤，故包有此言。」又。「收彪下獄考實，遂以策罷。」又。「操引軍」至「敖倉」，又，十三頁。「紹令軍中」至「縛之」，又，十四頁。「紹爲人政寬」至「喪親」，又，十五頁。「譚、尚遂尋干戈」至「平原」。又，四頁。「濟引衆」至「北藩」。劉表傳注。「建安七年」至「後池」〔五〕，續漢書五行志補注，六頁。「孫權以步騭行交州刺史。」又，百官志補注。

魏氏春秋二十卷孫盛撰。

晉書孫盛傳：「盛著魏氏春秋。」史通題目篇曰：「孫盛有魏氏春秋，孔衍有漢魏尚書，陳壽、王劭曰志，何之元、劉璠曰典。此又好奇厭俗，習舊捐新，雖得稽古之宜，未達從時之義。」摸擬篇曰：「孫盛魏、晉二陽秋，每書年首，必云『某年春，帝正月』。夫年既編帝紀，而月又編帝名，以此擬春秋，所謂貌同心異也。」魏志武紀注引：「劉備，人傑也，將生憂寡人。臣松之以爲，孫盛著書，多用左氏，以易舊文，後之學者，將何取信？且魏武方以天下勵志，而用夫差分死之言，尤非其類。」又臧洪傳注：「臣松之案，酸棗之盟，止有劉岱等五人而已。魏氏春秋横内劉表等數人，皆非事實。」陳泰傳注：「臣松之案，孫盛言諸所改易，非别有異聞，自以意製，多不如舊。凡紀言之體，當使若出其口。辭勝而違實，固君子所不取。況復不勝，而徒長虚妄哉！」愚按：袁紹傳注引紹檄州郡文，與文選、後漢書所載詞句互有不同。宋書禮志載，景初元年，有司奏以明帝爲烈祖論，通鑑亦取之。太平御覽皇親部「明帝天姿秀出，立髪委地」數語，乃明帝紀論。唐志作魏武春秋，「武」字誤。

魏紀十二卷左將軍陰澹撰。

魏志陳思王傳注引植銅雀臺賦，題陰澹魏紀。愚按：北堂書鈔設官部：「王隱晉書曰：陰澹，弱冠，州請爲治中從事。」又今晉書張軌傳：「軌於永寧初爲涼州刺史，以陰澹爲股肱謀主。」隱逸傳：「索襲不應州郡之命，太守陰澹奇而造焉。」澹，晉代人，故所撰史見引於裴松之。兩唐志訛作隋魏澹，通志藝文略同誤，然隋志題左將軍官，晉書亦未詳。

漢魏春秋九卷孔舒元撰。

晉書孔衍傳：「衍，字舒元。」新唐志雜史類有孔衍漢春秋十卷，後漢春秋六卷，舊唐志六卷外，又有後漢尚書十四卷〔六〕。後魏春秋九卷。後漢書明帝紀注引〔七〕：「帝時升廟立，群臣中庭北面，皆再拜，帝進爵而後坐。」太平御覽兵部：「大駕，公卿奉引，太僕執轡，大將軍陪乘。光武東京郊祀，法駕則河南尹奉引，奉車都尉執轡，侍中參乘。」二事並題漢春秋。魏志武紀注：「天子命公得承制置諸侯守相詔。」三少帝紀注：「詔王肅册命太傅爲丞相，上書辭讓，又加九錫禮，復辭不受。」楚王彪傳注：「賜彪璽書。」蜀志先主傳注：「劉琮乞降。」黄權傳注權答文帝語。劉璋傳注：「許負封雌亭侯。」文選三國名臣贊注：「魏帝討司馬昭。」北堂書鈔武功部：「孫權以妹妻先主。」御覽人事部：「許褚勇力絶人，號曰『癡虎』。」又：「龐淯母娥爲父報讎。」飲食部：「明帝殯郭后如甄后。」共十一事，題漢魏春秋。孔衍或作「演」。

晉紀四卷陸機撰。

唐志作陸機晉帝紀。文心雕龍史傳篇曰：「晉代之書，陸機肇始而未備。」史通内篇曰：「陸機晉書，列紀三祖，直叙其事，竟不編年。年既不編，何紀之有？」曲筆篇曰：「陸機晉史，虚張拒葛之鋒。」又外篇曰：「晉史，洛京時，著作郎陸機始撰三祖紀。」太平御覽職官部、人事部、兵部並引武紀曰：「王濬在巴郡，夢懸四刀於壁上，問主簿李毅。毅賀曰：『三刀爲州，而見四爲益，明府其臨益州乎？』後果爲益州刺史。」藝文類聚軍器部、靈異部，北堂書鈔武功部皆引之。初學記帝王部云：「文帝勢崇乎三分，而身終乎北面，雖曰未暇，王業已固矣〔八〕。」四語乃文紀論。又文部云「三祖實終爲臣，故書爲臣之事，不可不如傳，此實録之謂也。而名同帝王，故自帝王之籍，不可以不稱紀，則追王之義」數語，題陸機限斷議。

晉紀二十三卷干寶撰，訖愍帝。

晉書干寶傳：「寶，字令升，著晉紀，自宣帝訖於愍帝，五十三年，凡二十卷。其書簡略，直而能婉，咸稱良史。」文心雕龍史傳篇曰：「干寶述紀，以審正得序。孫盛陽秋，以約舉爲能。」史通内篇論二體曰：「晉史有王、虞，副以干紀。」又曰：「干寶著書，盛譽丘明，而深抑子長。其義云能以三十卷之約，囊括二百四十年之事，靡有遺也。」又載言曰：「干寶議撰晉史，以爲宜準丘明，其臣下委曲，仍爲譜注。」又論贊篇曰：「必擇其善者，干寶、范蔚宗、裴子野是其最也。」序例篇曰：「惟令昇先覺，遠述丘明，重立凡例，勒成晉紀。鄧、孫已下，遂躡其蹤。必定其臧否，徵其善惡。干寶、蔚宗理切而多功；鄧粲、道鸞詞煩而寡要。」補注篇曰：「掇衆史之所長，補前書之所闕，若裴松之國志注，陸澄、劉昭兩漢書，劉彤晉紀之類是也。」摸擬篇曰：「春秋書他邦皆顯其號。至於魯國，則云『我』而已。干寶撰晉紀，至天子既葬，必云『葬我某皇帝』。且無二君，何我之有？以此擬春秋，所謂貌同心異也。」「左傳曰『邢遷如歸，衛國忘亡』，言上下安堵，不失舊物也。如孫皓暴虐，晉師是討，而干寶晉紀云『吴國既滅，江外忘亡』，豈江外被典午之善政，同歸命之未滅乎？以此擬左氏，所謂貌同心異也。」「君父見害，義當略説，不忍斥言。左傳叙桓公遇害，云『彭生乘，公薨於車』，如干寶叙愍帝殁於平陽而云『晉人見者多哭，賊懼，帝崩』，以此擬左氏，又所謂貌異心同也。」書事篇曰：「干寶之釋五志也，體國經野之言則書之，用兵征伐之權則書之，忠臣、烈士、孝子、貞婦之節則書之，文誥、專對之辭則書之，才力、技藝殊異則書之。」又外篇申左曰：「杜預申以注釋，干寶籍爲師範。」原注云：事具干寶晉紀中。 愚按：干寶論武帝革命及晉紀總論，昭明列於文選。房喬修晉書，全取總論，而微有刪節。魏志三少帝紀注引成濟問賈充曰：「事急矣，若之何？」曹爽傳注：「宣王謂蔣濟曰：『智囊往矣。』」陳泰傳注：「文王謂曰：『玄伯，卿何以處我？』」世説賢媛篇注「王經正直，不忠於我，故誅之。」文選晉紀總論注「諸葛誕貳於我」，皆其摸擬左氏之辭。今晉書景紀曰誅王經，爲其「貳於我也」。 高貴鄉公之弑，通鑑從干寶而著於考異，世説方正篇注亦引之。選注所引有武紀、惠紀、懷紀、愍紀，惟北堂書鈔設官部「傅咸兼司隸數日，三奏免官」一事，題晉總記。唐志編年類有干寶晉紀四十卷，正史類又有干寶晉書二十二卷，自是重出。

干寶晉紀注六十卷劉協撰。不著録。

見唐志。 愚按：梁書（王氏）增「文學」。劉昭傳：「昭伯父肜，集衆家晉書注干寶晉紀（王氏）增「爲」。四十卷。」史通亦作「劉肜」。太平御覽設官部引「李胤母喪〔九〕，拜金紫光祿大夫，給吏卒，門施行馬」一事，題劉彤注。唐志作「劉協」，恐誤。

晉紀十卷晉前將軍諮議曹嘉之撰。

魏志楚王彪傳注：「王隱晉書曰：『吏部郎中李重啓、東莞太守曹嘉，無「之」字，北堂書鈔設官部亦引此事，作「曹嘉之」。良素修潔，先代之後，可以爲員外散騎侍郎。』」世說方正篇注引曹嘉之晉紀「和嶠爲中書令，荀勖爲監，嶠專車而坐」事。賞譽篇注：「劉疇避亂塢壁，吹笳而群胡散去。」又：「蔡謨稱劉王喬爲司徒美選。」文選思舊賦注：「嵇康刑於東市，顧日影彈琴。」顏延年五君詠注：「山濤舉阮咸爲吏部郎，三上，武帝不能用。」劉越石勸進表注：「劉琨封印表畢，對使者流涕，遣之。」張華女史箴注：「華懼后族之盛，作女史箴。」初學記職官部：「荀勖遷尚書令，恚曰：『奪我鳳凰池。』」北堂書鈔天部：「諸葛誕，霹靂震柱，讀書自若。」設官部：「詔荀勖守尚書令。」藝文類聚職官部：「汝南史曜爲山濤所知。」太平御覽職官部：「王戎再至司徒，見者不知是台司。」又：「羊曁爲刺史，牛產犢。及遷官，遺之而去。」人事部：「夏侯玄爲征西，賈充送玄，執手曰：『賈侯』。」共十一事，並作曹嘉之。唐志卷同。

漢晉陽秋四十七卷訖愍帝，晉滎陽太守習鑿齒撰。

晉書習鑿齒傳：「是時桓温覬覦非望，鑿齒著漢晉春秋，以裁正之。起漢光武，終晉愍帝。於三國之時，蜀以宗室爲正，魏武雖受漢禪晉，尚爲篡逆。至文帝平蜀，乃爲漢亡而晉始興焉。引世祖諱炎興而爲禪受，明天心不可以智力强也。凡五十四卷。」唐志卷同晉書。世説文學篇曰：「鑿齒史才不常，爲衡陽郡，於病中作漢晉春秋，品評卓逸。」注引檀道鸞續晉陽秋曰：「鑿齒著漢晉春秋，斥桓温覬覦之心也。」史通論贊篇曰：「孫安國都無足採，習鑿齒時有可觀。」稱謂篇曰：「習談漢主，則謂昭烈爲玄德。原注云：習氏編目叙事，皆謂蜀先主爲昭烈皇帝，至於論中語則呼爲『玄德』。」直書篇曰：「當宣、景開基，曹、馬搆紛，或列營渭曲，見屈武侯；或發仗雲臺，取傷成濟。陳壽、王隱，咸杜口而無言；陸機、虞預，各栖毫而靡述。至鑿齒，乃申以死葛走達之説，抽戈犯蹕之言。歷代厚誣，一朝始雪。考斯人之書事，蓋古之遺直歟！」探賾篇曰：「鑿齒以魏爲僞國者，蓋定邪正之途，明順逆之理耳。而檀道鸞稱其當桓氏執政，故撰此書，欲以絶彼瞻烏，防兹逐鹿。歷觀古之學士，爲文諷上，若豪士作賦，女史獻箴。斯皆短篇小什，可率爾而就。安有變三國之體統，改五行之正朔，勒成一史，傳諸千載，而藉以權濟物議，取誡當時？求之人情，理不當爾。」愚按：魏志三少帝紀注引成濟犯蹕事，「臣松之以爲，鑿齒書雖最後出，然述此事，頗有次第。」惟高貴鄉公之葬，「松之以爲，若但下車數乘，何以爲王禮葬乎？斯蓋惡之過言，不如是之甚者。」蜀志諸葛亮傳注引亮圍祁山，司馬畏蜀如虎。太平御覽兵部同引之。亮據武丈原，至數挑戰，賊不復出，與死諸葛走生仲達，御覽人事部亦引之。皆鑿齒直筆。先主傳注云：「先主雖顛沛險難，信義愈明。」二主妃子傳注云：「先主無權事之逼，而引前失以爲譬，先主從之，過矣。」二事皆鑿齒論，並稱先主。而通鑑引「顛沛險難」數語，則稱玄德。魏劉表傳注：「太祖征柳城，劉備説表襲許。」通鑑：「建安十三年，劉備屯樊。」是其叙事，亦稱備名。劉璋傳注：「曹操暫自矜伐，天下三分，君子知曹操之不能遂兼天下。」藝文類聚祥瑞部：「青龍三年，曹叡崇華殿災。」太平御覽兵部：「曹芳謁曹叡墓於大石山。」皆稱名。至「曹髦見威權日去，自討司馬昭」，世説方正篇、賢媛篇注所引稱名，魏志注語同。而於髦稱帝，於昭稱文王，此昔人徵引互有改易，不盡鑿齒原本。御覽人事部引有側周魯通諸葛論〔一〇〕，通鑑未取。「春秋」，又作「陽秋」，晉避簡文太后諱也。

晉紀十一卷 訖明帝，晉荆州别駕鄧粲撰。

晉書鄧粲傳：「粲以父騫有忠信言而世無知者〔一一〕，乃著元明紀十篇。」文心雕龍史傳篇曰：「按春秋經傳，舉例發凡。自史、漢以下，莫有準的。至鄧粲晉紀始立條例，又撮略漢魏，憲章殷周，雖湘州曲學，亦有心典謨。及安國立例，乃鄧氏之規焉。」世説注引粲紀二十餘事，任誕篇注劉伶裸袒事，今晉書不載。太平御覽人事部：「滇陽令羊嗣，貪而不治，縣功曹吏共逐嗣，以嗣饒鬚，内羊闌中。始興太守尹虞手劍功曹。」原注：「尹虞，字壬卿，長沙人也。」此注未審撰人，羊嗣事今晉書亦無考。又世説賞譽篇注：「咸和中，貴游子弟慕王平子、謝幼輿爲達，卞壼欲奏治之。」按：咸和，成帝年號，是粲所紀，不止訖於明帝。御覽人事部：「張華多鬚，以帛纏之。陸雲見之，笑不能止。」華、雲皆卒於惠帝時，元明紀中不宜載之。唐志粲紀十一卷外，又有粲晉陽秋三十二卷。舊唐志二十二卷。粲不聞撰晉陽秋，當是誤增。朱氏經義考踵唐志之誤。

晉陽秋三十二卷訖哀帝，孫盛撰。

晉書孫盛傳：「盛，字安國，著晉陽秋，詞直而理正，咸稱良史。既而桓溫見之，怒謂盛子曰：『枋頭誠爲失利，何至乃如尊君所説？若此書遂行，自是關君門户事。』其子請刪改之，盛大怒。諸子遂私改之。盛寫兩定本，寄於慕容儁。太元中，孝武帝博求異聞，始於遼東得之。以相考校，多有不同，書遂兩存。」錢宮詹考異曰：「枋頭之役在慕容暐時，儁已先死久矣。」文心雕龍才略篇曰：「孫盛、干寶，文盛爲史，準的所擬，志乎典訓，户牖雖異，而筆彩略同。」史通採撰篇曰：「安國之述陽秋，梁益舊事，訪諸故老。夫以芻蕘鄙説，列爲竹帛正言，而欲與五經方駕，三志競爽，斯亦難矣。」直書篇曰：「孫盛不平，竊撰遼東之本。」愚按：蜀志譙周傳注引桓温平蜀，薦譙秀表，與文選同。吴志孫皓傳注：「王濬收其圖籍、户口，米穀二百八十萬斛，舟船五千餘艘。」今晉書闕載米穀、舟船。世説方正篇注：「諸葛亮遺高祖巾幗，欲以激怒，冀獲曹咎之利。」史通浮詞篇止稱王隱讜言，而不及孫盛，自是所考未精。水經河水注：「杜預造河橋於富平津。」元和郡縣志亦引之。通典禮門傳玄議正朔服色依前代、庾純奏父老不歸養，二事並取晉陽秋論。太平御覽皇王部：「懷帝天姿清劭，少有聲名」，乃懷帝論。「明帝初在東宫，敬禮賢士」，乃明帝論。今晉書惟取懷帝論。又玄石圖有「牛繼馬後」，恭妃通小吏牛金而生元帝，孫盛先有此言，史通獨譏沈約，誤也。唐志二十二卷。文選求爲諸孫置守冢表注引謝詢、張悛事，題晉陽春秋，「春」字誤增。初學記職官部引中興書稱盛著三國陽秋，「三國」二字未詳。

晉記二十三卷宋中散大夫劉謙之撰。

〔王氏〕據宋書劉康祖傳應作「太中大夫」。

宋書劉康祖傳：「康祖弟謙之，好學，撰晉紀二十卷。」世說政事篇注：「許柳從祖約爲逆，後以逆誅。」文學篇注：「謝安議簡文謚法。」方正篇注：「王敦欲廢明帝，温嶠正言。」賞譽篇注：「蕭輪有才學〔一二〕，善三禮，歷常侍、國子博士。」汰侈篇注：「王獻之性甚整峻，不交非類。」言語篇注：「桓玄欲復虎賁中郎將，劉簡之以秋興賦序對。」文選秋興賦注引同。文選干寶晉紀總論注：「應詹表曰：『元康以來，以儒術清儉爲群俗。』『以容放爲夷達。』『望白署空，顯以台衡之量。』尋文謹案，目以蘭薰之器。」北堂書鈔藝文部：「王恭每讀左氏傳至『奉王命討不庭』，輟卷而歎。」設官部：「中書令王獻之卒，以侍中王珉代之。」太平御覽飲食部：「王恭誅〔一三〕，有『昔食麥屑，今食萱豆』童謠。」共十事，並引謙之晉紀。唐志卷同。

晉紀十卷宋吴興太守王韶之撰。

宋書王韶之傳：「父偉之少有志尚，當世詔命表奏，輒自書寫。泰元、隆安時事，小大悉撰録之。韶之因此私撰晉安帝陽秋。既成，時人謂宜居史職，即除著作佐郎，使續後事，訖義熙九年。善叙事，辭論可觀，爲後代嘉〔王氏〕改「嘉」作「佳」。史。」又云：「韶之爲晉史，序王珣貨殖，王廞作亂。」文心雕龍史傳篇曰：「王韶續末而不終。」南史蕭韶傳曰：「昔王韶之爲隆安紀十卷，説晉末之亂。」史通雜述篇曰：「若王韶晉安陸記，此之謂偏記者也。」愚按：世説注、初學記所引並題韶之晉安帝紀，新、舊唐志則稱韶之崇安記。新志入雜史，舊志入編年，皆十卷。今以初學記天部「義熙二年，彩虹出西方蔽月」事，合他書徵引，大抵皆安帝事，故題晉安帝記。義熙改元隆安，唐志諱「隆」，故作「崇」。史通「安陸」，當是「隆安」之訛。世説德行篇注引：「孫恩反，臨海太守辛昺斬首，送之。」今晉書恩傳作（一四）：「恩窮蹙，赴海自沈。」此足考異。藝文類聚人部：「司馬休之敗，奔淮泗，從者作歌。」太平御覽職官部：「李邈微時，爲姜顯所陵。」獸部：「司馬休之加騅馬，號揚武。」竹部：「司馬尚之將士多飢，指筍曰：『且噉此，足解三日。』」香部：「王鎮惡亡，郭宣之晝見來敘舊。」此四事又題續晉安帝紀。騅馬一事，吴淑事類賦獸部注亦引之，題續書林晉安帝紀，「書林」二字未詳。

崇安記二卷周祇撰。不著録。

見兩唐志，舊志入編年，新志入雜史。世説德行篇注：「楊廣，弘農人，楊震後也。」「王恭祖濛，風流標望。父蘊，亦得世譽。」文學篇注：「殷仲堪好學，有理思。」「桓玄善言理，與仲堪終日談論不輟。」任誕篇注：「王廞叛，劉牢之討廞，廞敗。」排調篇注：「破冢，洲名，在華容縣。」尤悔篇注：「殷仲堪遣人齎寶物遺相王寵幸。」共七事，並引周祇隆安記。

續晉陽秋二十卷宋永嘉太守檀道鸞撰。

南史檀超傳：「超叔父道鸞，有文學，撰續晉陽秋二十卷。」史通外篇雜説曰：「王、檀著書，是晉史之尤劣者。方諸前史，其陸賈、褚先生之流歟！道鸞不揆淺才，好出奇語，所謂欲益反損，求妍更嗤者矣。」又云：「劉遺民、曹纘，皆於檀氏春秋有傳，至於今晉書，則了無其名。」愚按：道鸞編年書，不宜言有傳。劉遺民即劉驎之，今晉書列隱逸傳，晉書驎之傳：「字子驥。」世説任誕篇注、太平御覽逸民部、中興書曰：「驎之，一字遺民。」史通誤也。世説德行篇注：「陳仲弓造荀淑，太史奏德星聚。」事在炎漢，而稱道鸞晉史，未詳其義。開元占經所引則皆日蝕、星移之徵。舊唐志作注晉陽春秋，「注」當作「續」，「春」字誤增。

新志作晉陽秋，脱「續」字，卷同。

晉紀四十五卷宋中散大夫徐廣撰。

〔王氏〕宋書徐廣傳：義熙「二年，尚書奏曰」至「使教撰集」，「十二年，晉紀成，凡四十六卷，表上之。」

〔又〕宋書荀伯子傳：「徐廣重其才學，舉伯子及王韶之並爲佐郎，助撰晉史及撰桓玄等傳。」

晉書徐廣傳：「廣，字行思，勒成晉紀，凡四十六卷。」宋書廣傳：「義熙十二年，晉紀成，凡四十二卷。」唐志四十五卷。貞觀修書詔曰：「榮緒煩而寡要，行思勞而少功。」世説政事篇注「王導，阿衡三世」數語，題徐廣歷紀（一五），「歷」乃「晉」字之訛。雅量篇注：「泰元二十年（一六），有蓬星如粉絮。」劉孝標謂「泰元末，惟有此妖」，以證華林園杯勸長星之説爲不足信。後魏書載劉淵南移蒲子，通鑑考異譏魏書夸誕。據水經河水注引廣紀固云「劉淵自離石南移蒲子」，温公失考。初學記服食部「建興元年，京城糧盡，屑麴爲粥，以供帝食」一事，題徐廣晉志。太平御覽飲食部引作「紀」。

晉紀卷亡，裴松之撰。不著録。

宋書裴松之傳：「松之著有晉紀。」貞觀修書詔曰：「干、陸、曹、鄧略紀帝王，鸞、盛、廣、松纔編載紀，其文既野，其事罕有。」北堂書鈔設官部：「江彪三爲選官，少有薦舉。」題松之晉紀。

〔王氏〕傳云：「所著文論及晉紀，行於世。」

續晉紀五卷宋新興太守郭季産撰。

舊唐志作「郭秀彦晉續紀」，新志作「季産」。

晉録五卷不著録。

見唐志。北堂書鈔設官部：「魯芝清約儉嗇，上賜絹三百匹。」「袁奥行誼優異，可從九卿崇重。」「楊泉清操自然，詔拜郎中。」「魯芝素無華宅，使軍兵作屋五十間。」藝文類聚菓部：「咸寧中，嘉瓜同蔕，生於成都。」白帖卷十六：「咸寧二年制，故太保王祥、司空王基〔一七〕，各賜絹五百匹。」共引晉録六事，無撰名。

宋略二十卷梁通直郎裴子野撰。

梁書裴子野傳：「初，子野曾祖松之，宋元嘉中受詔續何承天宋史，未及成而卒。子野常欲繼成先業，及齊永明末，沈約所撰宋書既行，子野更删撰爲宋略二十卷。〔王氏〕下增「其叙事評論多善」。約見而歎曰：『吾弗逮也。』」史通論贊篇曰：「袁宏、裴子野，自顯姓名。」載文篇曰：「歷選衆作，求其穢累，裴子野、何之元抑其次也。」摸擬篇曰：「夫當時所記或未盡，則先舉其始〔一八〕，後詳其末，前後相會，隔越取同。若左氏成七年鄭獲鍾儀獻晉，九年晉歸鍾儀於楚求平是也。至裴子野宋略叙索虜臨江，太子邵使力士排徐湛、江湛僵仆，於是始與邵有隙。其後三年，有徐、江爲元凶所煞。凡列姓名，罕兼其字。前後互舉，觀者自知。如左傳上言羊斟，則下曰臧，前稱子產，則次是國僑是也。至裴子野宋略，上書桓玄，則下有敬道，後叙殷鐵，則先著景仁。以此擬左氏，所謂貌異心同也。左氏與論語，叙人酬對，非煩辭積句，但往復唯諾，則連續而説，去其『對曰』、『問曰』等字。如裴子野宋略云：李孝伯問張暢：『卿何姓？』曰：『姓張。』『張長史乎？』以此擬左氏、論語，又所謂貌異心同也。」人物篇曰：「裴幾原子野字。删略宋史，時稱簡要。至如張禕，陰受君命，戕賊零陵，乃守道不移，飲鴆而死。雖古之鉏麑，何以加諸？鮑昭文學宗府，馳名海内，方於漢代褒、朔之流。事皆闕如，何以申其褒獎？」又外篇曰：「裴删宋史爲二十篇。芟煩撮要，實有其力。而所録文章，頗傷蕪穢。如文帝除徐傅官詔、顔延年元后哀册文、顔峻討二凶檄、孝武擬李夫人賦、裴松之上注國志表、孔熙先罪許曜詞，凡此諸文，是尤不宜載者。」愚按：通典選舉門引鴻臚卿裴子野論，是其論贊，既自顯姓名，並書官爵。所言「宋明帝聰博，好文史，才思朗捷」一篇，文苑英華稱爲雕蟲論。又有總論，究詳宋代始終，至二千四百餘言，亦載於文苑英華，其體蓋仿干寶晉紀總論。太平御覽樂部引「先王作樂崇德，以格神人」論，與通典樂門所載同。資治通鑑取子野論十一事，考異中亦多取宋略。史通所譏不宜載之文，今逸篇中皆未之見。唐志卷同。

宋紀三十卷齊竟陵王司徒參軍王智深撰。不著録。

南齊書文學傳：「世祖敕王智深撰宋紀，智深以貧告於豫章王，王曰：『須卿書成，當相論以禄。』書成三十卷，世祖召見，令拜表奏上。表未奏，而世祖崩。隆昌元年，敕索其書。初，智深爲司徒袁粲所接，及撰宋紀，意常依依。粲幼孤，祖母名其爲愍孫。後慕荀粲，自改名。會稽賀喬譏之，智深於是著論。」愚按水經泗水注：「劉義恭遺嵇玄敬覘候魏軍。」汝水注：「汝南太守周矜起義於懸瓠。」初學記人部：「詔徵士周勣，立學於東陵。」又：「宋明帝姿貌與珪璧等質。」「孔淳之與釋法崇爲得意之交。」居處部：「氐人楊難當居仇池。」器物部：「劉彦範舉兵潛作艦艓。」寶器部：「江湛舉汪微爲吏部郎，不受。」太平御覽禮儀部：「齊宣帝墳塋有雲氣。」服章部：「明帝用冕服詔。」兵部：「孝武使沈攸之伐劉誕，龍驤將軍卜天生推車塞塹。」人事部：「高祖召謝景仁，須至乃飧。」共引智深宋紀十二事。

宋春秋二十卷梁吴興令王琰撰。

初學記器物部：「明帝性多忌諱，亦惡『白』字，古來名文有『白』字，輒加改易。」太平御覽兵部：「龍驤將軍陳伯紹討劉思道，會紹髻解，兜鍪墜，退走見禽。」木部：「義熙八年，太社欓樹生於壇側。」此三事並引王琰宋春秋。唐志卷同。

宋春秋二十卷鮑衡卿撰。不著録。

見唐志。

齊春秋三十卷梁奉朝請吴均撰。

〔王氏〕均著齊春秋三十卷。梁書文學吴均傳。

梁書〔王氏〕增「文學」。吴均傳：〔王氏〕增「先是」。「均表求撰齊春秋，書成三十卷，〔王氏〕删「三十卷」。奏之。高祖以其書不實，使〔王氏〕增「中書舍人」。劉之遴詰問數條，竟支離無對，敕付省焚之。」史通外篇曰：「梁時奉朝請吴均請撰齊史，乞給起居注並群臣行狀，有詔：『齊氏故事，布在流俗，聞見既多，可自搜訪也。』均遂撰齊春秋三十篇。其書稱梁帝爲齊明佐命，帝惡其實，詔燔之。然其私本竟能與蕭氏所撰並傳於後。」又編次篇曰：「春秋嗣子諒闇，未逾年而廢者，既不成君，故不别加篇目。而吴均齊春秋乃以鬱林爲紀，事不師古，何滋章之甚歟！」叙事篇曰：「魏收代史，稱劉氏納貢，則曰『來獻百牢』。吴均齊録，叙元日臨軒，必云『朝會萬國』。夫以吴徵魯賦，禹計塗山，持彼往事，用爲今説，置於文章則可，施於簡册則否矣。」摸擬篇曰：「春秋三傳，各釋經義，如公羊傳屢云『何以書？記其事也』，此則先引經語，繼以釋辭，非史體也。如吴均齊春秋，每書災變，亦曰『何以書？記異也』。夫事無他議，言從己出，輒自問而自答，豈叙事之理邪？以此擬公羊，所謂貌同心異也。」初學記引「宜都王鏗屏風壓背，言談不輟」一事，北堂書鈔設官部引「柳世隆門三台不絶」一事，文選注十二事，太平御覽二十四事。唐志卷同。

齊典五卷王逸撰。

唐志四卷，入儀注類。

齊典十卷

隋志無撰人名。愚按：南齊書檀超傳：「時豫章熊襄著齊典，上起十代。其序云：『尚書堯典，謂之虞書，則附所述，故通謂之齊，名爲河洛金匱。』」未知隋志所載即襄所撰否？唐志雜史類有熊襄十代記十卷。

三十國春秋三十一卷梁湘東世子蕭方等撰。

〔王氏〕御覽百七十六引三十國春秋西涼傳。一頁。

梁書忠壯世子方等傳：「方等撰三十國春秋。」史通稱謂篇曰：「蕭方等存三十國名諡，僭帝者皆稱之以王。變通其理，事在合宜，小道可觀，見於蕭氏矣。」摸擬篇曰：「左傳：楚武王欲伐隨，熊率且比曰：『季梁在，何益？』至蕭方等三十國春秋説朝廷聞慕容儁死，曰：『中原可圖矣！』桓温曰：『慕容恪在，其憂方大！』以此擬左氏，所謂貌異心同也。」外篇雜説曰：「劉敬叔異苑稱晉武庫失火，高祖斬蛇劍穿屋而飛，其言不經，故梁武帝令殷芸編諸小説。及蕭方等撰三十國春秋，乃刊爲正言。」郡齋讀書附志杜延業云：「方等採削群史，以晉爲主，附列二十九國。」愚按：太平御覽時序部：「燕王慕容熙后苻氏，季夏思凍魚膾。」兵部：「蜀王李雄攻譙登於涪城。」又：「秦王堅下書曰：『朕將巡狩會稽。』」又：「夏王勃勃自號真興元年。」又：「吴王皓使劉恪守牛渚。」人事部：「秦王苻堅懸珠簾以朝群臣。」其稱謂可與史通相證。若慕容垂遣其子寶伐魏，戰於參合陂。姚襄至滎陽，與李歷戰於麻田。石勒遣石虎率精騎掩李矩。三事皆見御覽兵部。此皆直稱其名，乃徵引所削，非方等原本，故通鑑問疑亦曰：「今欲將諸國偏據者，皆依三十國春秋書爲某主也。」初學記文部：「王隱始成晉書，家貧無紙，遂南投陶侃於荆州。又江州投庾亮，書始就焉。」今晉書隱傳闕載其投陶侃。居處部：「張華望氣，見氣起斗牛間，雷孔章曰：『其寶劍乎？』」其語與武庫火、劍穿屋相類。新唐志入僞史類，方等名誤削「等」字，隋志刊本又或誤作「萬等」。宋志編年、霸史兩類重出。

戰國春秋二十卷李槩撰。

北齊書李公緒傳：「公緒弟槩，字季節，撰戰國春秋。」愚按：元和姓纂曰：「木，端木之後，避仇改爲木氏，有木槩，著戰國策春秋，「策」字誤增，通志同誤。見七録。」通志氏族略依姓纂稱爲木氏，然他書皆稱李季節。廣韻序有李季節音譜。兩唐志並作李槩，新志列僞史類。

梁典三十卷劉璠撰。

周書劉璠傳：「璠著梁典三十卷。子祥，字休徵，以字行。璠所撰梁典未及刊定，卒，臨終謂休徵曰：『能成我志，其此書乎？』休徵治定繕寫，勒成一家，行於世。」北史璠等傳論曰：「梁氏據有江東五十餘載，挾策紀事，蓋亦多人。劉璠學思通博，有著述之譽，雖傳信傳疑，頗有詳略，而屬辭比事，爲一家之言。」通典邊防門注引劉璠梁典云：「滑國姓嚈噠，後裔以姓爲國號，轉訛又謂之挹怛焉。」太平御覽兵部引：「韋叡將兵仁愛，被服必於儒者。」人事部：「周捨舉徐摛爲晉安王侍讀。」宗親部：「張充少不尚細行，一朝易操，鬱爲名士。」三事皆題劉璠梁典。文選注引二十八事。唐志卷同。

梁典三十卷 陳始興王諮議何之元撰。

陳書何之元傳：「之元以爲梁氏肇自武皇，終於敬帝。其盛衰之跡，足以垂鑒戒，定褒貶。究其始終，起齊永元元年，迄於王琳遇獲，七十五年行事，草創爲三十卷，號曰梁典。其序曰：『案三皇之簡爲三墳，五帝之策爲五典，此典義所由矣。至乃尚書述唐帝爲堯典，虞帝爲舜典，斯又經文明據。若夫馬史、班漢，述帝稱紀，自茲厥後，因相祖習。惟何法盛晉書變帝紀爲帝典，既云師古，在理爲優，故今之所作稱爲梁典。梁有天下，自中大同以前，區寓寧晏。太清以後，寇盜交侵。首尾而言，未爲盡美。故開此一書，分爲六意。以高祖創基，因乎齊末，尋宗討本，起自永元，今以前如干卷爲追述。高祖生自布衣，長於弊俗，爰逮君臨，弘斯政術[一九]，四紀之內，實云殷阜，今以如干卷爲太平。世不常夷，時無恒治，今以如干卷爲叙亂。高祖晏駕，太宗幽辱，撥亂反正，厥庸斯在，今以如干卷爲世祖。至於四海困窮，五德升替，敬皇紹立，仍以禪陳，今以如干卷爲敬帝。驃騎王琳，崇立後嗣，雖不達天命，然是其忠節，今以如干卷爲後嗣主。

至在太宗，雖加美謚，而太寶之號，世所不遵，蓋以拘於賊景故也。承聖繼歷，自接太清，神筆詔書，豈宜輒改，詳之後論，蓋有理焉。夫事有終始，人有業行，本末之間，實資詳悉。又編年而舉其歲次者，蓋以分明而易尋也。若夫獫狁孔熾，鯁我中原，始自一君，終爲二主，事有相涉，言成混漫。今以未分之前爲北魏，既分之後，高氏所輔爲東魏，宇文所挾爲西魏，所以相分別也。重以蓋彰殊體，繁省異文，其間損益，頗有凡例。』」南史何之元傳所載序言甚略。史通雜説注曰：「何之元梁典稱議納侯景，高祖曰：『文叔得尹遵之降而隗囂滅，安世用羊祜之言而孫皓平。』夫漢、晉之君，事殊僭盜，梁主必不捨其謚號，呼以字名，此由須對語儷詞故也。」愚按：文選宣德皇后令注：「高祖起家齊巴陵王法曹。」百僚勸進今上牋注：「高祖，本蘭陵郡縣中都里人也。」石闕銘注：「齊明遺詔授高祖雍州刺史。永元二年，高祖擁南康王寶融，以主號令。三年，義旗發自襄陽；己酉〔二〇〕，檄京師。」此皆追述篇之語。太平御覽人事部引「劉許與阮籍、李緒築室鍾阜之旁，共聽内義，鑽尋經典」一事。地部、宗親部、樂部亦引梁典四事，而脱去撰名，未知爲劉爲何。文苑英華載何之元高祖事論一篇，文近二千言，目録稱爲高祖革命論。唐志卷同。

梁典二十九卷謝吴撰。不著録。

見新唐志。

梁撮要三十卷陳征南諮議陰僧仁撰。

唐志入雜史類。

梁後略十卷姚最撰。

周書儒林傳：「姚最撰梁後略十卷。」唐志作梁昭後略。史通題目篇曰：「魚豢、姚察著魏、梁二史，巨細畢載，蕪累甚多，而俱榜之以略。」「姚察」，當作「姚最」。又外篇曰：「若姚最梁昭後略，此之謂偏記。」又曰：「姚最梁後略稱高祖曰：『得既在我，失亦在予，不及子孫，知復何恨！』夫變我稱予，互文成句，求諸人語，理必不然，此由避平頭上尾故也。」太平御覽兵部：「陸納襲巴陵，乘水攻城，驃騎方食甘蔗，曾無遽色。」又：「太寶元年，與西魏結盟，送質，相約爲兄弟之親。」又：「河東王譽禦蕭方等兵，方等溺於江中。」又：「上自長沙寺移住天居寺，北兵射書城内。」又：「褚羅率其下五百人，乘大艦水戰。」人事部：「賀革因江革言夢湘東王必當璧，遂往荆州。」共引梁後略七事。又兵部君子曰：「普通之末，邊疆告警，寇虜烽煽，撃柝相聞。皇上乃運籌帷中，邁曹王之遠略；決勝千里，超光武之懸謀。故能師不疲勞，獻捷相繼。」此乃姚最論贊。

梁太清紀十卷梁長沙藩王蕭韶撰。

南史蕭韶傳：「韶，初封上甲縣都鄉侯。太清初爲舍人，城陷，奉詔西奔。及至江陵，人士多往尋覓，令韶説城内事。韶不能人人爲説。乃疏爲一卷，客問者便示之。湘東王聞而取看，謂曰：『昔王韶之爲隆安記十卷，説晉末之亂離。今之蕭韶亦可爲太清紀十卷矣。』韶乃更爲太清紀，其諸議論多謝吴爲之。韶既承旨撰著，多非實録，湘東王德之。」史通雜説注曰：「王褒、庾信等事，多見於蕭韶太清紀、蕭大圜淮海亂離志、裴政太清實録、杜臺卿齊記，而令狐德棻了不兼採〔二〕，蓋以其中有鄙言，故致遺略。」通鑑考異多引太清記。太平御覽宗親部引「劉孝儀諸妹，文采艷質，甚於神人」三句。唐志卷同，宋志入傳記類。

淮海亂離志四卷蕭世怡撰。敍梁末侯景之亂。

周書蕭世怡傳不載其著書，惟蕭圓肅傳北史圓肅傳同。稱圓肅撰淮海亂離志四卷。新唐志同四卷，入雜史類，而題名蕭大圜，劉知幾史通同。然大圜本傳亦不載。通志校讎略曰：「海宇亂離志，唐志類於雜史，是。隋志類於編年，非。」舊唐志入編年，亦作「淮海」，惟通志作「海字」。

齊紀三十卷紀後齊事，崔子發撰。

史通外篇曰：「高齊史，自武平後，史官陽休之、杜臺卿、祖崇儒、崔子發等相繼注記，逮於齊滅。」文苑英華蕭潁士贈韋司業書曰：「僕南還士族，有梁支孫，隋代山陰第十一第常侍君，才標清俊。見崔子發齊紀。」通鑑隋高祖曰「朕近覽齊書」，胡三省音注曰：「是時李百藥所撰齊書未出，帝所覽者乃崔子發齊紀也。」

齊紀二十卷杜臺卿撰。不著録。

北史杜臺卿傳：「臺卿著齊紀二十卷。」隋書臺卿傳同。史通叙事篇曰：「齊丘之犢，彰於載識。原注云：臺卿齊紀載識云『首牛入西谷，逆犢上齊丘』也。」唐志編年類有北齊紀二十卷，無撰名，列於王劭志前，當即臺卿之書，脱載其名。

齊志十卷後齊事，王劭撰。

北史王劭傳：「劭，字君懋，撰齊志，爲編年體二十卷。」唐志十七卷。史通論贊篇曰：「王劭意在簡直，言兼鄙野。」題目篇曰：「王邵曰志。」載文篇曰：「邵撰齊、隋二史，其所取也，文皆詣實，理多可信。至於悠悠飾詞，皆不之取。」補注篇曰：「有躬爲史臣，手自刊補，雖志存該博，而才闕倫叙。除煩則意有所恡，畢載則言有所妨。遂乃定彼榛楛，列爲子注。若蕭大圜淮海亂離志、羊衒之洛陽伽藍記、宋孝王關東風俗傳、王邵齊志之類是也。」又云：「若蕭、羊之瑣雜，王、宋之鄙碎，言殊鍊金，事同雞肋。」言語篇曰：「惟王、宋著書，叙元、高時事，抗詞直筆，務存直道，方言世語，由此畢彰。」叙事篇曰：「近有裴子野宋略、王邵齊志，並長於叙事，無愧古人。而世人議者皆雷同譽裴，共詆王氏。夫江左事雅，裴筆所以專工；中原跡穢，王文由其屢鄙。且幾原務飾虛詞，君懋志存實録，此美惡所以爲異也。」曲筆篇曰：「王邵抗辭不撓，可以方駕古人。」摸擬篇曰：「左傳稱：叔輒聞日蝕而哭，昭子曰：『叔其將死乎？』秋八月，叔輒卒。至王劭齊志稱張伯德夢山上挂絲，占者曰：『其爲幽州乎？』秋七月，拜爲幽州刺史。以此擬左氏，所謂貌異心同也。丘明叙晉敗於邲，先濟者賞，而云『上軍、下軍争舟，舟中之指可掬』，夫不言攀舟亂，以刃斷指，而但曰『舟指可掬』，則讀者自覩其事矣。至王邵齊志述高季式破敵於韓陵，追奔逐北，而云『夜半方歸，槊血滿袖』。夫不言奮槊深入，擊刺甚多，而但稱『槊血滿袖』，則聞者亦知其義。以此擬左氏，又所謂貌異心同也。」又外篇曰：「隋王邵、李德林，並少仕鄴中，多識故事。

王乃憑述起居注，廣以異聞，造編年書，號曰齊志，十有六卷。原其序云二十卷，今注世傳者惟十六卷。」又雜説曰：「王邵國史，至於論戰争，述紛擾，賈其餘勇，彌見所長。至如叙文宣逼孝静以受魏禪，二王殺楊、燕以廢乾明，雖左氏載季氏逐昭公，秦伯納重耳，欒盈起於曲沃，楚靈敗於乾谿，殆可連類也。又叙高祖破宇文於邙山，周武自晉陽而平鄴，雖左氏書城濮之役、鄢陵之戰，不是過也。或問曰：王邵齊志多記當時鄙言，是乎？非乎？對曰：古往今來，名目各異。區分壤隔，稱謂不同。如今之所謂者，若中州名漢，關右稱羌。易臣以奴，呼母云姊。主上有大家之號，師人致兒郎之説。凡如此例，其流甚多。必尋其本源，莫詳所出。閲諸齊志，則了然可知。由斯而言，邵之所録，弘益多矣。」又曰：「如梁武居江陵，齊宣在晉陽。或文出荆州，假言宣德之令；或書成并部，虚云孝静之敕。凡此文誥，本不施行，必載之起居，編之國史。豈所謂撮其機要，剪截浮詞者哉？二蕭、陳、隋諸史，通多此失，惟王邵齊志，獨無是焉。」又曰：「如王邵、宋孝王之徒，喜論人帷薄不修，言貌鄙事，訐以爲直，吾無取焉。」忤時篇曰：「王邵直書，見讎貴族。」「劭」，惟史通從「邑」，他多從「力」。困學紀聞謂「王劭直書」二語，據唐文粹「劭」當作「韶」。然以曲筆篇稱劭爲「抗辭不撓」，正與「直書見讎」相類，則亦不得謂作「劭」者誤。

【校勘記】

〔一〕「曄」，原避諱缺末筆，今改，下同。
〔二〕「車駕東行」，原作「東駕車行」，據補編本改。
〔三〕「袁曄」，原作「表暐」，據資治通鑑卷六一東漢獻帝興平二年考異及上文改。
〔四〕「涼州」，原作「梁州」，據後漢書卷七二董卓傳注所引獻帝春秋改。
〔五〕「後池」，後漢書卷一〇四五行志注引獻帝春秋至「隨之」，「後池」爲注引魏志語，王氏誤讀。
〔六〕「後漢尚書」，原作「後漢春秋」，據舊唐書卷四六經籍志改。
〔七〕「後」字原無，其下引文見後漢書明帝紀，據補。
〔八〕「已固矣」，原衍作「固已固矣」，據初學記卷九帝王部所引陸機晉紀删。
〔九〕「胤」，原避諱作「允」，今改，下同。
〔一〇〕「側」，原作「削」，據太平御覽卷四四七人事部所引習鑿齒側周魯通諸葛論改。
〔一一〕「騫」，原作「謙」，據晉書卷八二鄧粲傳改。
〔一二〕「蕭輪」，原作「蕭掄」，據世説新語箋疏卷中之下賞譽篇所引劉謙之晉紀改。

〔一三〕「王恭」，太平御覽卷八五三飲食部引晉紀作「王莽」。
〔一四〕「恩」，原作「息」，據晉書卷一〇〇孫恩傳改。
〔一五〕「紀」，原作「記」，據世説新語箋疏卷上之下政事篇所引徐廣歷紀改。
〔一六〕「泰元」，原作「春元」，據世説新語箋疏卷中之上雅量篇所引徐廣晉紀改。
〔一七〕「故」，原作「改」，據白氏六帖卷二一太保所引晉録改。
〔一八〕「始」，原作「次」，據史通卷八摸擬篇改。
〔一九〕「斯」，原作「戡」，據陳書卷三四何之元傳改。
〔二〇〕「己酉」，原作「以西」，據文選卷五六石闕銘改。
〔二一〕「令狐德棻」，原作「令狐德茶」，據補編本改。

隋經籍志考證卷三

雜史〔一〕

周書十卷汲冢書，似仲尼删書之餘。

逸周書稱汲冢書，其誤始於隋志，今存。

古文瑣語四卷汲冢書。

晉書束皙傳：「汲郡人得竹書，其瑣語十一篇，諸國卜夢、妖怪、相書也。」史通内篇曰：「汲冢瑣語記太丁時事，目爲夏殷春秋。」又云：「瑣語有晉春秋，記獻公十七年事。」水經澮水注：「晉平公夢赤熊闚屏而病。」御覽獸部引之尤詳。藝文類聚后妃部：「周宣王晏起，姜后脱簪珥待罪。」人部：「師曠鼓瑟，知齊侯戲而傷臂。」菓部：「邢史子臣自知死期，並吴亡、宋景之薨。」北堂書鈔后妃部、政術部：「楚矢箕服，是喪王國。」太平御覽皇王部：「宣王元妃生子不恒，朞月而生。」人事部：「齊景伐宋，夢見盤庚，又夢見伊尹，遂不果伐。」刑法部：「晉冶氏女徒夢乘水如河汾，三馬當舞。」服章部：「范獻子卜獵，遺其豹冠。」獸部：「周太子宜臼叱虎，弭耳而服。」羽族部：「有鳥飛從西方來，白質，五色皆備，集平公之庭。」共引瑣語十三事。唐志卷同。

春秋時國語十卷孔衍撰。不著録。

見新唐志。

春秋後國語十卷孔衍撰。不著録。

見新唐志。史通内篇曰：「孔衍以戰國策所書，未爲盡善，乃引太史公所記，參其異同，删彼二家，聚爲一録，號爲春秋後語。除二周及宋、衛、中山，其所留者七國秦、齊、燕、楚、三晉。而已。始自秦孝公，終於楚漢之際，比於春秋，亦盡二百三十餘年行事。始衍撰春秋時國語，復撰春秋後語，勒成二書，各爲十卷，今行於世者，惟後語存焉。其書序云：『雖左氏莫能加。』世人皆尤其不量力，不度德。尋衍之此義，自比於丘明者，謂國語非春秋傳也。必方以類聚，豈多嗤乎！」愚按：元和郡縣志河東道引春秋後語：「智伯決水灌晉陽，城中懸釜而炊。」初學記政理部：「秦穆公將兄三人囚於内宮。」州郡部：「董安于之治晉陽，公宫之垣，皆以荻蒿。」御覽州郡部、百卉部，寰宇記河東道，引之尤詳。白帖卷十：「田嬰嬖妾，五月五日生子文。」卷十四：「秦師臨周，以求九鼎，顔率請救於齊。」皆記戰國時事。「秦穆公」，當是「秦襄王」之訛。他書徵引，亦無一語涉及劉、項。史記索隱燕系家「鹿毛壽」作「厝毛壽」，魏系家中尉「馮琹」作「伏琹」，田敬仲系家大弦濁「以温」作「以春」，蘇秦列傳「合膊」作「合相」，滑稽列傳冠纓「索絶」作「盡絶」。太平御覽州郡部：「蘇秦説魏襄王，曰：『西有長蛇之城。』原注曰：史記作「長城之地」。」學部：「蘇秦夜發書，得周書陰符。原注：戰國策云得太公陰符之謀。」木部：「夫樹楊横之則生，折而樹之又生。原注：戰國策云：「夫楊，横樹之亦生，側樹之亦生。」説不同，故存之也。」此其字句可考國策、史記之異。御覽共引六十餘事。其注文既徵同異，復釋詞義，如州郡部：「殷殷軥軥」注：「車馬聲也，軥，火寵切。」服章部：「魏太子擊逢田子方於朝歌。」注：「朝歌，紂之所都，今衛州地。」疾病部：「君有疾，在腠理。」注：「腠理，皮膚也。」珍寶部：「醮而出不意。」注：「醮，謂祭，盟誓之類也。」未知此注爲衍本注，抑李昉等所增。説文繫傳引「牽受推軵，儀不如秦」二語，通鑑外紀亦引此書。宋志入別史類。

春秋前傳十卷何承天撰。

唐志同。

春秋前雜傳九卷何承天撰。

唐志作春秋前傳雜語十卷。

春秋後傳三十一卷晉著作郎樂資撰。

史通内篇曰：「晉著作郎魯國樂資，追採左傳、太史公書二史，撰爲春秋後傳。其書始以周貞王，續前傳魯哀公，後至赧王入秦；又以秦文王之繼周，終於二世之滅，合成三十卷。」唐志同。水經渭水注、後漢書襄楷傳注並引「秦使者鄭容見華山君，使託以一牘致滈池君」事。史記田敬仲系家索隱：「田午弒田侯及其孺子喜而兼齊，是爲桓侯。」初學記天部：「魏唐睢對秦王曰：『專諸之刺王僚，彗星襲月。』」〔二〕地部：「赧王三十八年，秦始作浮橋於河。」又：「趙襄子游於圃，至於梁，馬卻不肯進，青笄進視梁下，豫讓卻寢。」太平御覽地部：「作宮阿旁，故天下謂之阿旁宮。」兵部：「魏武厲衆五年，秦師臨西河，魏士不待介胄，擊殺秦人數萬。」又：「魯仲連曰：齊閔王將之魯，夷維子執策而從。」人事部：「梁相張儀，齊、楚攻梁，雍沮説齊、楚解兵。」又：「魏嘉問春申君，願以射譬。」共引春秋後傳十事。朱氏經義考引秦穆公囚兄三人及張孟談謂趙襄子語，並誤以孔衍後語入後傳。

戰國策二十一卷高誘撰注。

今本三十三卷。

戰國策論一卷漢京兆尹延篤撰。

史記索隱高祖紀：「商君告歸。告歸，今之歸寧也。」魯鄒列傳：「富比陶、衛。陶，陶朱公。衛，衛公子荆。」匈奴傳：「胡革帶鉤也。」文選求立太宰碑注：「爲王先用填黄泉，爲王作蓐，以御螻蟻。」曹公與孫權書注：「尸，雞中主也。從，牛子也。」史記索隱蘇秦列傳亦引之。檄吴將校部曲注：「係締，猷糾也。」阮籍詠懷詩注：「因是已復有是也。茹谿，谿流所沃者美好也。」並引延篤戰國策注。顔氏家訓書證篇引「雞尸牛從」，謂雞口牛後，俗寫之誤。題稱延篤戰國策音義。唐志作「論」，卷同。

楚漢春秋九卷陸賈撰。

後漢書班彪傳：「漢興，大中大夫陸賈記録時功，作楚漢春秋九篇。」文心雕龍史傳篇曰：「漢滅嬴、項，武功積年，陸賈稽古，作楚漢春秋。」史通内篇曰：「晏子、虞卿、吕氏、陸賈，其書篇第本無年月，而亦謂之春秋。」又曰：「吕、陸二氏，乃子書雜記，而皆號曰春秋。」又外篇曰：「劉氏初興，書惟陸賈而已。子長述楚漢之事，專據此書。譬夫行不由徑，出不由户，未之聞也。然觀遷之所載，往往與舊不同，如酈生之初謁沛公，高祖之長歌鴻鵠，非惟文句有別，遂乃事理皆殊。又韓王名信都，而輒去『都』留『信』，用使稱其名姓，全與淮陰不別。」史記序索隱云：「楚漢春秋，陸賈撰，記項氏與漢高祖及説惠文間事。」又云：「高祖功臣侯者年表，楚漢春秋與史記、漢書不同者，陸賈記事高祖、惠帝時，漢書是後定功臣等列，及陳平受呂后命而定，或已改邑號，故人名亦別。」愚按：水經渭水注：「項王在鴻門，亞父曰：『吾使人望沛公，其氣衝天，五色采相謬，或似龍，或似雲，非人臣之氣，可誅之。』」藝文類聚地部：「沛公遣將軍閉函谷關，亞父至關，不得入，怒曰：『沛公欲反耶！』即令家發薪一束，欲燒關門，關門乃開。」史記劉敬叔孫通傳索隱：「叔孫何云〔三〕：『臣三諫不從，請以身當之。』撫劍將自殺。上離席云：『吾定計不易太子。』」太平御覽兵部、人事部：「上過陳留，酈生求見，使者入通，公方洗足，問何如人？曰：『狀類大儒。』上曰：『吾方以天下爲事，未暇見大儒也。』使者出告，酈生瞋目按劍曰：『入言高陽酒徒，非儒者也。』」又兵部：「高祖向咸陽，南趣宛，匿其旌旗，人銜枚，馬束口，龍舉而翼奮。雞未鳴，圍宛城三匝，宛城降。」史記高祖紀索隱語較略。人事部：「薛人丁固追上，上被髮，顧曰：『丁公何相急之甚？』乃罵而去。上即位，欲陳功，上曰：『使項王失天下，是子也。爲人臣兩心，非忠也。』下吏笞之。」又曰：「項梁陰養士，最高者多力，拔樹以擊地。」又云：「淮陰武王反，上自擊之，張良居守。上體不安，卧輼車中，行三四里。留侯走，東追上，簪墮被髮，及輼車，排户曰：『陛下即棄天下，欲以王葬乎？以布衣葬乎？』罵曰：『若翁天子也，何故以王及布衣葬乎？』良曰：『淮南反於東，淮陰害於西，恐陛下倚溝壑而終也。』」刑法部：「正疆數言事而當，上使參乘，解玉劍以佩之。天下定，以爲守。有告之者，上曰：『天下方急，汝何在〔四〕？』曰：『亡。』上曰：『正疆沐浴霜露，與我從事，而汝亡，告之何也？』下廷尉劓。」服章部：「北郭先生獻帶於淮陰侯，曰：『牛爲人任用，力盡猶不置其革。』」資産部：「項梁陰養士九十人，參木者，所與計謀者也。木佯疾，於室中鑄大錢，以具甲兵。」此十一事並引楚漢春秋，多班、馬所不載。亞父、酈生、丁公事，詞義相殊。困學紀聞所引四事，項羽美人和歌，見史記羽紀正義。高祖封侯，賜丹書鐵券，詞見御覽治道部。東陽侯諫呂太后爲惠帝高墳，見藝文類聚人部。御覽人事部同。下蔡亭長詈淮南王，見文選五等論注。惟史通所稱高祖鴻鵠歌未見徵引。漢書注引「韓申都」作「信都」；高惠高后文功臣表注〔五〕。史記韓彭傳索隱曰：「楚漢春秋韓王信都，恐謬也，諸書不言有韓信都。」「擊項籍，孔將軍居左。」同上表注。

「高祖之臣，别有絳、灌。」禮樂志注、陳平傳注。「舍人謝公，得罪韓信。」韓彭列傳注。史記索隱引晉灼言亦同。「齊人田生，字子春。」荆燕吴傳注。「丁公，薛人，名固。」季布傳注。「鯫生，鯫姓也。」張良傳注，史記集解、索隱並同。「封緤爲憑城侯。」周緤傳注。「叔孫通，名何。」叔孫通傳注，史記索隱同。「會稽假守通，姓殷。」項籍傳注，史記集解同。史記索隱：「樊噲請殺秦王。」高祖紀。「解先生云：『遣守函谷，無内項王。』」同上。「項燕爲王翦所殺。」項羽本紀。「定侯王吸」作「清陽侯王隆」，「陽陵景侯」作「陰陵」，漢興諸侯王表。「南宫侯張耳。」高祖功臣表。「高祖封許負爲鳴雌亭侯。」絳侯周勃系家。「幾是乎」作「豈是乎」，黥布傳。「南昌亭長」作「新昌亭長」，淮陰侯傳。「箄山」作「卑山」，同上。「蒯成侯」作「憑成侯」。傅靳蒯成列傳。「吴太子名賢，字德明。」吴王濞傳。又：「韓生説項王居關中。」裴駰集解案：「楚漢春秋云：説者是蔡生。」皆足考異。文選移書讓太常博士注引云：「漢定天下，論群臣破敵禽將，活死不衰，絳、灌、樊噲是也。功成名立，臣爲爪牙，百世無邪，世世相屬，絳侯周勃是也。」此可作漢書注「高祖臣别有絳、灌」之證。唐志卷同。

漢語卷亡，後漢荀爽撰。不著録。

後漢書荀爽傳：「爽集漢事成敗可爲鑑戒者，謂之漢語。」史記：「文帝遺詔，臨者無踐。」裴駰注：「晉灼曰：漢語作『跣』。」索隱曰：「漢語，書名，荀爽所作。」漢書昭帝紀注：「外人，字少君。」宣帝紀注：「馮殷，字子都。」霍光傳注：「光嫡妻東閭氏，生上官安夫人，昭后之母。」又云：「東閭氏亡，霍光妻顯以婢代立，素與馮殷姦也。」四事皆晉灼引漢語。

古今注八卷 伏無忌撰。

後漢書伏湛傳：「子無忌，自採集古今，删著事要，號曰伏侯注。」章懷注云：「其書上自黃帝，下盡漢質帝，爲八卷，見行於今。」愚按：劉昭續漢志注多引伏侯古今注。禮儀志載光武、明、章、和、殤、安、順、沖、質諸帝山陵，祭祀志載後漢災異，郡國志載户口墾田之數，亦自光武訖質帝。又記後漢官制數事，前代採集，惟引「武帝元封六年五月，旱，女及巫丈夫不入市」，禮儀志注。「天漢四年，令諸侯王大國朱輪，特虎居前，左兕右麋。小國朱輪畫，特熊居前，寢麋居左右」輿服志注。二事，皆記西漢。太平御覽咎徵部引「漢武帝元朔四年雨土」，「昭帝始元二年雨土晝昏」，「元帝建昭四年雨土」三事。後漢書注引光武諸帝諱，「秀」之字曰「茂」，「莊」之字曰「嚴」，「炟」之字曰「著」，「隆」之字曰「盛」，「祜」之字曰「福」，「保」之字曰「守」，「炳」之字曰「明」，「纘」之字曰「繼」，「志」之字曰「意」，「宏」之字曰「大」，「協」之字曰「合」。至和帝〔六〕，「肇之字曰始，音兆。臣賢按：許慎説文『肇音大可反，上諱也。』伏侯、許慎並漢時人，而上諱不同，蓋應別有所據。」初學記服食部、鳥部：「曾參鋤瓜，有三足鳥來萃其冠。」御覽器物部同。後漢蔡邕傳注：「黄帝與蚩尤戰於涿鹿之野，常有五色雲氣，金芝玉葉，因而作華蓋。」此則遠稽上古，故有「古今注」名。唐志三卷，入子部雜家。

越絶記十六卷子貢撰。

今存十五卷。四庫目録曰：「漢袁康撰，其友吴平同定。舊稱子貢作，誤。」

吴越春秋十二卷趙曄撰〔七〕。

今存十卷。

吴越春秋削繁五卷楊方撰。

晉書楊方傳：「方更撰吴越春秋。」唐志五卷。

吴越春秋十卷皇甫遵撰。

唐志作吴越春秋傳。崇文總目曰：「遵合趙曄、楊方二家之書，考定而注之。」宋志入別史類。

吴越記六卷

無撰名，唐志同。

南越志八卷沈氏撰。

宋書沈懷文傳：「懷文弟懷遠〔王氏〕增「爲始興王濬長流參軍至。」撰南越志。」玉海引中興書目曰：「沈懷遠載三代至晉南越疆域事迹。」唐志五卷，入地理類。愚按：水經浪水注、文選西京賦、吴都賦注所引南越志，如鮨魚、鵁鶄、潛牛、江豚、璅⿰王吉、石蛣、蜛蝫、珠鼊諸類，多記異物。太平御覽羽族部、鱗介部、木部、竹部、菜茹部、百卉部所引亦同。若地部、州郡部及太平寰宇記則惟徵引疆域事迹。其言趙佗朝臺，始皇鑿馬鞍山，吴衡毅拒步騭於高安峽，毅投水死，晉陸允開菖蒲澗，孫權鑿趙佗及佗子嬰齊墓，馬援鑄銅船於朱鳶水，此類皆足與正史相證。又寰宇記嶺南道引有續南越志，言「唐天后時，增城縣何氏女服雲母粉，得道於羅浮山」一事，乃唐人續撰。

〔王氏〕「番禺縣之西，有江浦焉。」後漢書西南夷傳注引南越志。

漢靈獻二帝紀三卷漢侍中劉艾撰，殘缺，梁有六卷。

唐志六卷，入編年類。魏志董卓傳注引靈帝紀：「中平五年，徵卓爲少府，卓上書辭。

六年，以卓爲并州牧，卓再違詔敕。」范史爲少府亦在六年，與艾紀異。張楊傳注引西園置八校尉，與山陽公載記相合。蜀志劉焉傳注、吴志孫堅傳注，各引靈帝紀一事。後漢書靈紀注：〔王氏〕增「時」。「巴郡〔王氏〕增「巫人」。張修〔王氏〕批「至」。爲五斗米師。」「中牟令落皓、〔王氏〕增「及」。主簿潘業，臨陣〔王氏〕增「不顧，皆」。被害。」「洛陽上西門外劉蒼〔王氏〕增「妻」。生男，〔王氏〕改「男」作「也」。兩頭共身。」三事並稱劉艾紀。以靈紀注中所引，故省「靈帝」二字。魏志武紀注引獻帝紀：「建安元年，又領司隸校尉。」董卓傳注載「卓謀立陳留王，欲稱尚父」數事。其言楊彪議天子不宜浮河東下，劉艾亦謂「臣前爲陜令，知其危險」，是艾之自紀也。賈詡傳注引李傕、郭汜事，與後漢獻紀注、董卓傳注所引，互有詳略。文選登孫權故城詩注引「太史丞許芝奏當塗高代漢」一事。

獻帝傳卷亡，不著録。

魏志武紀注引建安二十一年詔詞、延康元年禪代衆儀[八]。文紀注：「秦朗父宜禄。」明紀注：「青龍二年，山陽公薨。」袁紹傳注沮綬爲紹所辟，綬説紹迎天子，諫紹攻許數事。續漢禮儀志注：「興平元年正月，帝加元服。」水經渭水注：「董卓發卒築郿塢。」後漢書董卓傳注：「馬平取羌女，生騰。」藝文類聚服飾部：「尚書令王允與太史令王立，日爲帝誦孝經。」並引獻帝傳，無撰人名。惟初學記鳥部引「興平元年，益州蠻夷獻鸚鵡，詔付安西將軍楊定，令歸本土」一事，題劉艾漢帝傳。愚按：漢志有高祖傳、孝文傳，艾既爲獻作紀，又更爲傳，其名蓋仿於此。太平御覽車部引獻帝傳：「董卓以地動問蔡邕，邕言：『公乘青蓋車，遠近以爲非宜。』」與魏志注所引獻帝紀同。

山陽公載記十卷樂資撰。

史通雜述篇曰：「若陸賈楚漢春秋、樂資山陽公載記，此之謂偏記者也。」新唐志十卷，入編年類。舊唐志作山陽義紀，無卷數。魏志袁紹傳注引：「審配戰敗，逃於井，獲之。」與獻帝春秋同。蜀志馬超傳注：「超與劉備言，嘗呼備字，張飛請示之以禮，超遂不復呼備字。」臣松之按：袁暐、樂資等諸所記載，穢雜虚謬。」愚按：後漢書靈紀注載西園八校尉。〔王氏〕批「小黄門蹇碩」至「統於蹇碩」。獻紀注郭汜攻李傕：〔王氏〕增「時」。「弓弩併發，矢〔王氏〕增「下如雨」。及御所止殿前帷簾。」其言可與劉艾靈獻紀互證。又：侍中「臺崇」作「壺崇」。馮異傳注「鬬頓王」作「碓王」，〔王氏〕刪「鬬」，改二「王」作「字」。董卓傳注「段珪」作「殷珪」。可考范史之異。太平御覽儀飾部：「袁術聞孫堅得傳國璽，拘堅夫人而奪之。」文選藉田賦、恨賦注：「賈翊鳴鼓雷震，黄塵蔽天。」並稱山陽公載記。

〔王氏〕「時買官，二千石二千萬」至「西園立庫以貯之」。靈帝紀注，五頁。「時帝在南塢，傕在北塢」至「强之乃行」，獻帝紀注，五頁。「臺崇」，又。「時許靖在巴郡」至「之謂乎」，又，八頁。「劉備在蜀聞之，遂發喪。」又，「曹操殺皇后伏氏」注。

漢末英雄記八卷王粲撰，殘缺，梁有十卷。

新唐志：漢書英雄記十卷。

九州春秋十卷司馬彪撰。記漢末事。

晉書司馬彪傳：「彪作九州春秋。」史通内篇曰：「當漢氏失馭，英雄角力，司馬彪録其行事，爲九州春秋，州爲一篇，合爲九卷。尋其體統，亦近代之國語也。」書録解題曰：「漢末州部之亂，司、冀、徐、兖、青、荆、揚、涼、益、幽，凡盜賊僭叛皆書之。」以陳氏言則不僅九州。司，即續漢志首載之司隸，不在九州之數。魏志董卓傳注：「卓夜遣兵出西城門，明日陳旌鼓而入，宣言云西兵復入。」袁紹傳注：「紹勸何進誅黄門常侍。」賈詡傳注：「閻忠説皇甫嵩。」文選辯命論注引「將軍威德震本朝，風聲馳海外」二句。證以范蔚宗書皆取九州春秋。惟彪言孔融「但能張磔網羅，其自理甚疏」諸語，魏志崔琰傳注。過爲貶議，故蔚宗不取。若章懷注所載：平漢「大計」作「大洪」，司隸「掾哉」作「緣城」，固「苦晒」作「苦蝤」，朱儁傳注。「孔伷」作「孔胄」，「田儀」作「田景」，董卓傳注。通鑑考異「耿武」作「耿或」，「嚴綱」作「劉綱」，皆與蔚宗異。白帖卷二十九引劉表攻西鄂事，題魏九州春秋，「魏」字誤增。唐志九卷。宋志霸史類九卷，別史類十卷，自是重出，而十卷之本與隋志合。

九州春秋抄一卷劉孝標注，不著録。

見通志略。按：太平御覽兵部引九州春秋：「袁紹遣朱靈攻李雍。」注曰：「靈，字文專。」又：公孫瓚曰：「今吾諸營樓樐千里。」注曰：「樐即櫓字，見説文。釋名曰：櫓，露也，上無覆屋也。」此注未知即孝標撰否。

魏武本紀四卷梁並曆五卷。

藝文類聚服飾部：「上儉率，茵縟取温，無有緣飾。」太平御覽學部：「吾讀介推之避晉封，申包胥之逃楚賞，未嘗不廢書而歎。」二事並引魏武本紀。唐志雜史類魏武本紀年曆五卷，編年類又有魏武本紀四卷。舊唐志三卷。自是重出。然紀並曆爲五卷，與梁七録合。

魏陽秋異同八卷孫壽撰。不著録。

見唐志。按：魏志武紀注「太祖私入中常侍張讓室」一事，題孫盛異同雜語。北堂書鈔武功部亦作「孫盛」。夏侯玄傳注：「玄在囹圄，鍾會欲狎而友玄，玄正色曰：『鍾君何相逼如此也？』」呂虔傳注王祥孝後母事。蜀志姜維傳注「維得母書，令求當歸。」世説識鑒篇注「太祖問許子將：我何如人？」假譎篇注「武王少好俠，放蕩不修行業，常私入張讓宅」三事，並題孫盛雜語。省「異同」二字，然入張讓宅事與武紀注同，自是一書。又武紀注引「寧我負人，無人負我」語，作孫盛雜記，「記」乃「語」字之訛。又魏志武紀注引孫盛異同評，言劉備先破公軍，孫權後攻合肥，謂吳志爲是。又孫盛評曰：「夏侯惇恥爲漢官，求受魏印。桓階方惇〔九〕，有義直之節。郭頒世語階勸王正位之語，妄也。」太平寰宇記河北道五郡孝子事，亦引孫盛雜語。御覽兵部公孫瓚爲遼東屬國長史事，又稱三國異同傳。唐志「孫壽」當是「孫盛」之訛。通志略入編年類。

吳曆六卷胡沖撰。不著録。

見唐志。三國志注引三十餘事，後漢書袁術傳注引「孫堅執張咨，斬之」一事，吳志孫堅傳注同。文選奏彈曹景宗注引「諸葛恪作東關，丁奉等破北軍。」辨亡論注：「曹公出濡須，孫權以水軍圍取。」太平御覽偏霸部亦引濡須事。通鑑考異諸葛恪以張約、朱恩等密書示滕允事，從吴曆。又引太平元年正月，立太祖廟。吴志三嗣主傳注亦引之。通志略入編年類。

〔王氏〕宋書五行志：太和六年正月戊辰朔，日有蝕之。見吴曆。

删補蜀記七卷王隱撰，不著録。

見唐志。按魏志注龐德傳、蜀志注後主傳、諸葛亮傳、關羽傳、許靖傳、秦宓傳、譙周傳、黄權傳、姜維傳、楊戲傳，並引王隱蜀記。郭沖五事，即此書所載。

蜀世譜卷亡，孫盛撰，不著録。

蜀志注二主妃子傳、費詩、張嶷、吕凱傳，並引盛蜀世譜。後漢書蠻夷傳注引不韋縣一事，與吕凱傳注同。

魏世譜卷亡，不著録。

文選陸士衡答賈長淵詩注、太平御覽皇王部，引魏世譜，無撰人名。

晉世譜卷亡，不著録。

世説注言語篇、政事篇，引晉世譜，無撰名。

漢尚書十卷孔衍撰。不著録。

見唐志。

後漢尚書六卷孔衍撰。不著録。

見唐志。

魏尚書八卷孔衍撰，梁十卷。

唐志作後魏尚書十四卷，「後」字誤增。史通内篇曰：「晉廣陵相魯國孔衍，以爲國史所以表言行，昭法式，至於人理常事，不足備列。乃删漢魏諸事，取其美詞典言足爲龜鏡者，定以篇第，纂成一家。由是有漢尚書、後漢尚書、魏尚書，凡爲二十六卷。」愚按：隋志注云：「魏尚書，梁十卷。」合兩漢十六卷，與史通正符。新唐志十四卷，「四」字亦誤增。

後漢尚書十四卷張温撰。不著録。

見舊唐志。按：新唐志載後魏尚書十四卷，與孔衍卷數不符，而與張温合，或「後魏」乃「後漢」之訛，而脱著温名。

魏晉世語十卷晉襄陽令郭頒撰。

魏志三少帝紀注引：正元二年，大將軍奉天子征毌丘儉〔一〇〕，至項，儉既破，天子先還。「臣松之檢諸書都無此事。郭頒撰魏晉世語，蹇乏全無宫商，最爲鄙劣，以時有異事，故頗行於世。干寶、孫盛等多採其言以爲晉書，其中虛錯如此者，往往有之。」劉放傳注引「放與孫資勸帝召宣王至京師」事，通鑑考異曰：「依郭頒世語。」諸葛誕傳注「黃初末，吴人發長沙王芮冢」事，水經湘水注亦引之。世説方正篇注「夏侯玄至廷尉」事，孝標按：「郭頒，西晉人，時世相近，爲魏晉世語，事多詳覈。」賢媛篇注「王經正直不出，因沈、業申意」，孝標按：「傅暢、干寶所記，經實忠貞於魏，而世語既謂其正直，復云因沈、業申意，何其相反乎？」魏志三少帝紀注、通鑑考異並引經因沈、業申意句。舊唐志作魏晉代語，避唐「世」字諱。新唐志作「代説」，「説」字誤。

漢末傳卷亡，不著録。

北堂書鈔武功部：「蜀丞相亮出軍圍祁山，糧盡引去，張郃追之，伏弩射郃死。」衣冠部：「先主取成都，大會作樂，取劉璋所藏金玉、寶玦賜功臣。」二事並引漢末傳，無撰名。

愚按：太平御覽兵部引袁希之漢表傳三事，郭典爲鉅鹿太守，與董卓攻黃巾賊。又費褘持節誘納降附，歲首行酒被刺，薨。又丞相亮圍祁山事。其載丞相圍祁山與書鈔同，疑漢表傳即漢末傳。唐志袁希之漢表十卷，脱「傳」字。

魏末傳二卷梁又有魏末傳，並魏氏大事六卷，亡。

無撰名。魏志明紀注引「明帝從文帝獵，詔使射鹿子」事。藝文類聚獸部、御覽皇王部、皇親部、資産部、世説言語篇注俱引之，大同小異。曹爽傳注「何晏婦金鄉公主，即晏同母妹」，「臣松之按：魏末傳此搢紳所不忍言，雖楚王之妻嫂，不是過也。設令此言出於舊史，猶將莫之或信，況底下之書乎！案諸王公傳，沛王出自杜夫人所生，晏母姓尹。公主若與沛王同生，焉得與晏同母？」初學記帝戚部、藝文類聚儲宮部、御覽皇親部，皆引金鄉公主事。諸葛誕傳注：誕殺樂綝〔二〕，表曰「聖朝明臣，臣即魏臣；不明臣，臣即吳臣」諸語，「臣松之以爲魏末傳所言率皆鄙陋。」

晉諸公讚二十一卷晉秘書監傅暢撰。

晉書傅暢傳：「暢作晉諸公叙讚。」魏志三少帝紀注：「王沈、王業將出，呼王經，經不從，曰：『吾子行矣。』」世説賢媛篇注謂傅暢、干寶二家所記，深得之。干寶晉記：「王經正直，不忠於我，故誅之。」通典職官門注：「汝南王亮爲大司馬，正旦大會，乘車入殿。」又：「陳騫爲大司馬，賜衮冕之服。」二事皆今晉書所闕。水經穀水注都水使者陳狼鑿運渠事，題傅暢晉書。左傳莊公正義：「司隸傅祇於王愷家得鴆鳥，奏燒於都街。」題晉語諸公讚，「語」字誤增。他書徵引或稱傅暢晉讚，省「諸公」二字。唐志二十二卷。

晉後略記五卷晉下邳太守荀綽撰。

晉書荀綽傳：「綽撰晉後書十五篇。」舊唐志作晉後略記，新唐志作晉後略，皆五卷。世説賞譽篇注：「劉漠以清識爲名。」術解篇注：「杜夔、荀勖定鍾律。」水經穀水注：「陸機爲都督，敗於鹿苑。」太平御覽地部：「張方圍京邑，決千金堨。」皇親部：「賈后詣金墉城，食金屑而死。」又：「賈后殺楊庶人，信妖巫，殯之，施諸厭勝。」又：「張后於武帝受禪，追尊爲太后。」職官部：「武含以母誨，辭常侍，爲吏部郎。」服用部：「張方兵入洛，割御室流蘇帳爲馬韉。」布帛部同。資産部：「成都王圍京邑，城中賣死驢馬肉，雜人肉賣之。」菜茹部：「成都王圍京邑，城中以陳韭菜爲御膳。」共引晉後略十一事。宋志史鈔類，荀綽晉略九卷。

王閎本事卷亡，不著録。

太平御覽人事部：「閎爲瑯琊太守，張步欲誅之，閎墮車折齒，移病歸，遂得免。」

徐江州本事卷亡，不著録。

世説賞譽篇注：「徐寧，字安期，初爲輿縣令，桓彝與結交，謂庾亮曰：『爲卿得一佳吏部郎。』累遷江州刺史。」

石崇本事卷亡，不著録。

藝文類聚服飾部：「崇有珊瑚如意，長三尺二寸。」

晉書鈔三十卷梁豫章内史張緬撰。

梁書張緬傳：「緬鈔晉書衆家異同，爲晉鈔三十卷。」北齊書宋顯傳曰：「後魏時，張緬晉書未入國史。」史通雜説曰：「臧氏晉書稱苻堅之僭號也，雖疆宇狹於石虎，至於人物則過之。張勔「勔」字疑誤。抄撮晉史，不求異同，而備揭此言，不從沙汰。」唐志卷同。

〔王氏〕梁書本傳：「緬少勤學，尤明後漢及晉代衆家。客有執卷質緬者，隨問便對，略無遺失。」

宋中興伐逆事二卷

無撰名。唐志入故事類。

宋拾遺十卷梁少府卿謝綽撰。

史通書事篇曰：「謝綽拾沈約之遺。」忤時篇曰：「休文所缺，荀綽裁其拾遺。」「荀綽」乃「謝綽」之訛。又書志篇「百官、輿服，謝拾孟堅之遺。」乃言謝承、謝沈後漢書志，非言謝綽也。唐志作宋拾遺録。初學記地部引：「張永開玄武湖，得新威斗。」職官部：「太祖稱王華、王曇首、殷景仁、劉湛一時之秀，同管喉舌。」禮部：「桓温葬姑執青山，平墳不爲封域。」器物部：「戴明寶兒爲五色珠簾。」服食部：「王悦爲吏部郎，鄰省有會同者遺悦餅一甌，不受。」北堂書鈔武功部：「檀道濟白服在軍，爲虜所憚。」太平御覽人事部：「何尚之、顔延年，並短小似猴。」禮儀部：「太祖召顔延年，訪覓在酒肆。」病疾部：「宗慤表言貧賤時疾病，夢見童子，青衣，與王母符，服之。」共引九事，作宋拾遺記。唐六典注千牛刀一事，作宋拾遺録。

左史六卷李槩撰。

唐志同。

魏國統二十卷梁祚撰。

後魏書儒林傳：「梁祚撰並陳壽三國志，名曰國統。」世説容止篇注：「劉伶肆意放蕩，以宇宙爲狹。」初學記人部：「曹公敗於張繡，典韋力戰，大罵而死。」又：「山濤在總角中，耆老見者，箕踞斂衽。」文部：「孫權夢北面頓首於天帝，見人以筆點其額。」太平御覽兵部：「孫權賜甘寧酒米，寧以米賜帳下，酌酒，飲其都督，銜枚出斫敵。」人事部：「顧雍諫孫權，以公孫淵未可信。」又：「黄權對文帝曰：『臣降吴不可，歸蜀無路，是以歸命。』」又：「太祖過故人伯奢，道逢二人笑曰：『觀君有奔懼之色。』」又：「崔周平兄元平爲議曹〔一三〕，以忠直稱。」又：王昶戒兄子曰：「救寒無如重裘，止謗莫若自修。」四夷部：

「西夷有異犀，三角，以爲簪，消除凶逆。」又：「西南夷有大湖，名禁水。水中有物，嘖嘖作聲，名曰鬼彈。」又：「西南有夷名曰濮，重譯乃通。」共引梁祚魏國統十三事。新唐志作魏書國紀，「書」字誤增，「紀」宜作「統」。舊唐志作國紀，脱「魏」字。皆十卷，入編年類。通志略作魏國紀，誤認爲後魏，遂與盧彦卿後魏紀、元行沖魏典並列。

梁帝紀七卷

無撰名。按：正史類有姚察梁帝紀七卷，此恐重出。

梁太清録八卷

史通雜説注曰：「王褒、庾信等事，多見於裴政梁太清實録。」太平御覽人事部：「梁太清實録曰：『中宗諱繹，字世誠，聲若撞鐘，辯如河瀉。』」舊唐志梁太清實録八卷，新唐志十卷，並入實録類，無撰名。

梁末代記一卷

無撰名。唐志入編年類。

梁皇帝實録三卷周興嗣撰，記武帝事。

梁書周興嗣傳：「興嗣撰皇帝實録。」唐志二卷，入實録類。

梁皇帝實録五卷梁中書郎謝吳撰。記武帝事。

唐志入實録類。

棲鳳春秋五卷臧嚴撰。

唐志入編年類。

〔王氏〕嚴，梁書文學有傳。

史要十卷漢桂陽太守魏颯撰。約史記要言，以類相從。

唐志作史記要傳，「魏」作「衛」。

典略八十九卷魏郎中魚豢撰。

舊唐志五十卷。愚按：魚豢魏略祇記曹魏，故以魏名。若典略所載，惟裴松之國志注、章懷後漢書注，專引漢末及三國事。至史記索隱，蘇秦傳。言蘇氏兄弟有蘇辟、蘇鵠。初學記地部：「湯東觀洛，黄魚躍於壇。」文部：「端木賜對齊景公曰：師仲尼。」獸部：「神馬，河之精；代馬，陰之精。」藝文類聚禮部：「孔子習禮樹下，桓魋使人拔其樹。」職官部：「契爲司徒，百姓親和，夔主賓客，遠人畢至。」雜文部：「張儀爲檄，告楚相曰：『吾不盜汝璧，我且盜汝城。』」鳥部：「鸞鳥者，神靈之精。」北堂書鈔帝王部：「子陵俱卧耳。」又：「帝堯駕白馬。」政術部：「西門豹治鄴，董安于治晉陽。」設官部：「禹爲司空，定九州。」文選魏都賦注：「浪井者，弗鑿而成。」别賦注：「衛夫人南子在錦帷中。」太平御覽地部：「蘇秦下在窟中説，鬼谷泣下。」兵部：「蘇秦説韓王曰：『韓强弓勁弩，皆射六百步外。』」人事部：「蘇秦説秦王，書十上而説不行。」禮儀部：「建武三十年〔三〕，有司奏封禪，詔曰汙七十二代編録。」又：「秦襄王母别葬杜東，漢有天下，宣帝於旁起陵邑。」樂部：「百里奚妻鼓瑟，爲慍伏雞之歌。」服章部：「項羽與沛公飲，范增舉佩玉示羽。」工藝部：「荆軻與魯句踐博，争道。」布帛部：「孔子至衛，見南子。」資産部：「荆軻與高漸離爲友。」獸部：「兔者，明月之精。」藥部：「白丹者，山陵之精。」此類紀載既廣，體裁亦雜，與魏略斷代爲書者，一爲正史，一爲雜史。隋志闕著魏略，新唐志闕著典略，惟舊唐志兼載之。明人續太平廣記誤以唐丘悦三國典略丘悦三國，乃關中、鄴都、江南，非魏、蜀、吴三國也。合之魚豢。近杭大宗諸史然疑，又誤以魏略、典略爲一書。

〔王氏〕續漢書禮儀志補注引魚豢曰：「孝明以正月旦，百官及四方來朝者，上原陵朝禮，是謂甚違古不墓祭之義。」疑亦典略文。

史漢一本作「史記」。要集二卷晉祠部郎王蔑撰。抄史記，入春秋者不録。

唐志同。

三史略二十九卷吴太子太傅張温撰。

唐志作三史要略三十卷。

史記正傳九卷張瑩撰。

唐志同。

後漢略二十五卷張緬撰。

唐志作後漢書略二十五卷，編年類又有緬後漢略二十七卷，自是重出。太平御覽州郡部：「閬州古有隆城，堅險，因置隆州。尋又立盤龍郡，以郡中盤龍山爲名。」此題後漢要略。一作「後魏」，「魏」字疑誤〔二四〕。人事部：「馬騰，扶風馬援後也。長八尺餘，身體洪大，而性質厚，人多敬之。」此題後漢典略，皆不著張緬名。

〔王氏〕梁書本傳：「緬少勤學，尤明後漢及晉代衆家。客有執卷質緬者，隨問便對，略無遺失。緬抄後漢衆家異同，爲後漢紀四十卷。」

漢皇德記三十卷漢有道徵士侯瑾撰。起光武，至沖帝。

後漢書文苑傳：「侯瑾案漢記撰中興以後行事，爲皇德傳三十篇。」宋書大且渠傳：「元嘉十四年，茂虔表獻漢皇德傳二十五卷。」太平御覽皇王部：「安帝崩，北鄉侯即尊位。十月，北鄉薨。未即帝位，不成君，故以王禮葬。」人事部：「蓋晉，燉煌人，天性皎潔，自小不過人飯，傭書得錢，足供而已，不取其餘。」禮儀部：「章帝遣使者奉太牢，祠唐堯於陽城雲臺。」獸部：「世祖遣鄧禹西征，送之於道，既返，因於野田獵。路見二老翁，即禽並西指，言此中多虎，大王勿往也。」四事引漢皇德傳。又資産部：「侯瑾，字子瑜，燉煌人，少孤貧，恒傭作爲資，暮輒爇薪讀書。」此稱漢皇德頌。唐志入編年類。

洞記四卷韋昭撰。記庖羲已來，至漢建安二十七年。

吴志韋曜傳：「曜上辭曰：『昔見世間有古曆注，其所紀載既多虛無，在書籍者亦復錯謬。因尋按傳記，考合異同，採摭耳目所及，以作洞紀，起於庖羲，至於秦漢，凡爲三卷。當起黄武以來，別作一卷，事尚未成。』」史通内篇曰：「若諸子小説、編年雜記，如韋昭洞紀、陶弘景帝代年曆，皆因表而作，用成其書。」陸德明莊子説劍篇釋文：「周赧王十七年，趙惠王之元年。」初學記樂部、北堂書鈔樂部：「紂無道，比干極諫，知必死，作秣馬金闕之歌。」太平御覽皇王部：「自天地剖判，君人宰世，可得而言者，惟庖犧畫卦，神農作稼，黄帝輿服，最爲昭顯，其餘非書記所述，難可紀焉。」又：「天皇十二頭，一姓十二人。古人質，以頭爲數，猶鳥獸以頭計也。」「地皇十二頭。」並引韋昭洞記。又作洞曆記。開元占經引十八事，皆紀周漢日蝕星變事。唐志卷同。

帝王年曆五卷 陶弘景撰。不著録。

見唐志。

帝王世紀十卷 皇甫謐撰。起三皇，盡漢、魏。

晉書皇甫謐傳：「謐撰帝王世紀。」尚書堯典正義曰：「晉書皇甫謐傳云：『姑子外弟梁柳得古文尚書，故作帝王世紀，往往載孔傳五十八篇之書。』」今晉書謐傳無此語，當是逸晉書。玉海「書目曰：晉正始初，安定皇甫謐以漢紀殘缺，博案經傳，旁觀百家，著帝王世紀並年曆，合十二篇。起太昊帝，訖漢獻帝。」史通論贊篇曰：「皇甫謐、葛洪，列具所號。」續漢志注云：「蔡邕分星次與皇甫謐不同，謐所列在郡國志。」史記索隱五帝紀。云：「皇甫謐號『玄晏先生』，今所引者是其所作帝王代紀也。」又云：補三皇紀。「按神農之後，凡八代事，見帝王代紀及古史考[一五]。然古典亡矣，譙、謂譙周。皇二氏皆前代博聞君子，考按古書，而爲此説，豈至今鑿空乎？」愚按：周易繫辭正義引謐紀太皞、神農、黄帝、少皞、帝嚳、堯、舜事，禮記正義、初學記帝王部、藝文類聚帝王部並引之，而太平御覽皇王部所引尤詳。左傳昭公正義引窮桑少皞之號，神農本起烈山。其言放勳、重華、文命爲堯、舜、禹名。尚書正義從之。惟取易卦以制象九事，謐皆以爲黄帝之功。易正義云：「若如所論，則堯舜無事，易繫何須連言？則皇甫之言未可用也。」藝文類聚職官部：「穆王命伯臩「臩」，古「冏」字。爲太僕，今尚書君牙、伯冏二篇是也。」此與書序不同。書序：「命君牙爲大司徒，作君牙。命伯冏爲周大僕正，作冏命。」後漢書野王二老傳注鳴條之地，謐謂孔安國書注之説爲近。御覽州郡部載謐所記都邑，其書徵引春秋傳、世本、戰國策、國語、秦本紀、漢地理志，體裁主於考證。若仲丁徙囂，河亶甲居相，祖乙圯於耿，謐皆用書序。至葛伯仇餉，初征自葛，則稱古文仲虺之誥。又謐言封帝摯於高辛氏，本於東海衛宏所傳。二語見御覽皇親部。衛宏從杜林受古文尚書，謐得其傳，則不徒資諸梁柳矣。篇終論贊稱「玄晏先生曰」，「羈勒英雄，鞭驅天下。」乃漢高論贊。「平暴反正，遂建中興。」乃光武論贊。二事見御覽皇王部，列「玄晏」號。是可與史通相證。初學記帝王部引魏武進爵，魏文受禪。御覽皇王部引高貴鄉公爲成濟所害，陳留王就國治鄴。正符隋志「盡漢魏」之語。宋人書目謂訖漢獻帝，誤也。唐志卷同，宋志九卷，入編年類。考御覽諸書所引，似謐記乃分類爲篇，體裁惟在博考。故隋、唐志並入雜史，宋志恐誤。後魏書元延明傳稱延明注帝王世紀，前志未見著録。

年曆六卷皇甫謐撰。不著録。

見唐志。藝文類聚天部：「日者，衆陽之宗，陽精外發，故日以晝明，名曰『曜靈』。」「月，群陰之宗，光内日影以宵曜，名曰『夜光』。」二事引皇甫謐年曆。太平御覽天部同。

帝王本紀十卷來奧撰。

唐志同。按：玉海引沈約謚例序曰：「吴興人乘奧撰帝王世紀，其一篇是謚法。今代所異者。」又曰：「采乘奧帝王世紀謚法篇之異者以爲書。」隋、唐志皆作來奧本紀，未識孰是。奧書有謚法篇，則亦分類爲篇也。

續帝王世紀十卷何茂材撰。

舊唐志作「何集」，新唐志作「何茂林」。太平御覽兵部：「慕容超與晉人戰於臨洺，大敗，其將封融奔晉。」人事部：「張天錫疾篤，二姬自殺，錫葬以夫人禮。」二事引何集續帝王世紀。

帝王要略十二卷環濟撰。紀帝王及天官、地理、喪服。

唐志同。按文選别賦注：「間色有五，紺、紅、縹、紫、流黄也。」御覽布帛部引此二句，上又有「正色有五，青、赤、黃、白、黑也」。潘安仁爲賈謐贈陸機詩注：「韠以象裳色。」御覽服章部云：「凡韍以韋爲之，以象裳色，增以畫文。夏山，取仁可依；殷火，取其光明；周龍章，取其變化。」陳太丘碑注：「侍中，古官，風后爲黃帝侍中，周時號曰常伯，秦復古。」左傳昭公正義：「自營爲厶，八厶爲公，言正無私也。大夫者，夫之言扶也，大能扶成人也。士者，事也，言能理庶事也。」並引環濟要略。無「帝王」二字。初學記職官部、武功部，北堂書鈔封爵部、設官部，諸書徵引，皆記官爵、服章，至帝王、地理所紀，未見逸句。又按：隋志經部禮類有環濟喪服要略一卷，雖此書分篇，必別有單行本，故入經部，非重出也。

周載八卷東晉臨賀太守孟儀撰。略記前代，下至秦。本三十卷，今亡。

唐志作孟儀注周載三十卷。陸游南唐書曰：「後主嘗得周載，江東初無此書，人無知者，以訪徐鍇，一一條對，無所遺忘。」初學記人事部：「衛靈公與夫人夜坐，有車當闕無聲，夫人曰：『必蘧伯玉也。』公使問之，果是。」太平御覽人事部：「薄疑者，衛之居士也。衛嗣君延之以爲相，辭曰：『疑之母與疑議家事，既定，又決之所幸蔡嫗，故事多不就。今人主皆有蔡嫗，安得不敗？』君曰：『寡人聞命。』遂相之，委以政事。」又：「悼公時，晉智伯欲謀襲衛，乃遺衛君野馬四、白璧一，以結好。」共引孟儀周載三事。

漢書鈔三十卷晉散騎常侍葛洪撰。

唐志同。西京雜記序曰：「洪家世有劉子駿漢書一百卷，無首尾題目，但以甲乙丙丁紀其卷數。」

史記鈔十四卷葛洪撰。不著録。

見唐志。

後漢書鈔三十卷葛洪撰。不著録。

見唐志。

拾遺録二卷〔一六〕僞秦姚萇方士王子年撰。

唐志同。

王子年拾遺記十卷蕭綺撰。

唐志作蕭綺録，今存。

華夷帝王世紀三十卷楊曄撰〔一七〕。

唐志三十七卷。

正史削繁九十四卷阮孝緒撰。

顔氏家訓書證篇曰：「正史削繁音義音蒜顆爲苦戈反。」唐志惟十四卷。

童悟十二卷

無撰名。唐志十三卷，入儀注類。

合史二十卷蕭肅撰。不著録。

見新唐志，又録一卷。舊唐志脱撰名。

關東風俗傳六十三卷宋孝王撰。不著録。

見唐志。北齊書循吏傳：「宋世良從子孝王，求入文林館不遂，因非毁朝士，撰別録二十卷。會齊平，改爲關東風俗傳，更廣見聞，勒成三十卷，上之。言多妄謬，篇第冗雜，無著述體。」史通書志篇曰：「宋孝王關東風俗傳有墳籍志，其所録皆鄴下文儒之士，讎校之司。所列書名，惟取當時撰著。」通典食貨門載「北齊時授田無法，宋世良天保中獻書，請以富家牛地先給貧人」，又「豪族種類不同，心意亦異，宋世良獻書，請令散配郡國無士族之處」二事。唐六典注：「宋孝王問先達司馬膺之後魏、北齊赦日建金雞事。」並引關東風俗傳。

先聖本紀十卷劉縚撰。

南史劉昭傳：「昭子縚著先聖本紀十卷。」太平御覽人事部：「伊尹耕於有莘之野，王馳往見之。彭氏子諫曰：『君無辱車乘。』王黜彭氏子。」又木部：「許由欲觀帝意，曰：『余坐華堂森然，有松生於户，雲生於牖。』藝文類聚木部亦見。並引先聖本紀。文選王文憲集序、馬汧督誄、竟陵王行狀注引「子産治鄭二十年〔一八〕，卒，國人哭於巷，婦人哭於機」一事，作劉縚聖賢本紀。

年曆帝紀三十卷姚恭撰。

唐志二十六卷。

帝録十卷諸葛耽撰。不著録。

見新唐志，舊志作「諸葛忱」。

乘輿飛龍記二卷鮑衡卿撰。不著録。

見唐志。南史梁鮑泉傳：「時有鮑行卿，以博學大才稱，撰乘輿飛龍記二卷。」舊唐志入編年類，新唐志入雜史類，並作「鮑衡卿」。

歷代記三十二卷

無撰名，唐志作庾和之撰，三十卷。北堂書鈔天部：「石遵襲位，鄴中暴風震雷，雨雹如斗，金石皆消。」御覽天部、咎徵部同。太平御覽地部：「吳建衡二年，有神人乘白鹿從山出，因名神人山。」二事並引歷代記。

隋書六十卷未成，秘書監王劭撰。

北史王劭傳：「劭在著作將二十年，專典國史，撰隋書八十卷。多録口敕，又採迂怪不經之語及委巷之言，以類相從，爲其題目，詞義繁雜，無足稱者，遂使隋代文武名臣列將善惡之迹，湮没無聞。」隋書王劭傳同。史通内篇曰：「劭録開皇、仁壽時事，編而次之，以類相從，各爲其目，勒成隋書八十卷。尋其義例，皆準尚書。」又曰：「君懋隋書，雖欲祖述商周，憲章虞夏，觀其體制，乃似孔氏家語、臨川世説，可謂畫虎不成反類犬也。」宋天聖二年校隋書序曰：「隋書自王劭以類爲篇，至於編年、紀傳，並闕其傳。」

【校勘記】

〔一〕「雜史」，原無，據隋書卷三三經籍志及本書體例補。

〔二〕「魏唐雎」句，見於太平御覽卷五天部，章氏誤引。

〔三〕「叔孫何」，原作「蕭何」，據史記卷九九叔孫通傳索隱所引楚漢春秋改。

〔四〕「何」，原作「河」，據太平御覽卷六四八刑法部所引楚漢春秋改。

〔五〕「后」，原作「侯」，據漢書卷一六高惠高后文功臣表改。

〔六〕「和帝」，原作「章帝」，據後漢書卷四和帝紀注所引古今注改。

〔七〕「趙曄」，原作「趙曅」，據補編本及上文改，下同。

〔八〕「延康」，原作「延安」，據三國志卷二魏書文帝紀注所引獻帝紀改。

〔九〕「桓階」，原作「桓楷」，據補編本、三國志卷一魏書武帝紀注所引孫盛評改。

〔一〇〕「毌」，原作「毋」，據三國志卷四魏書三少帝紀注所引魏晉世語改，下同。

〔一一〕「欒綝」，原作「欒琳」，據補編本、三國志卷六魏書二八諸葛誕傳注所引魏末傳改。

〔一二〕「周」，影宋本太平御覽卷四八一所引梁祚魏國統同。補編本與文淵閣本御覽作「州」。

〔一三〕「三十」，原作「二十」，據太平御覽卷五三六禮義部所引典略改。

〔一四〕「誤」，原闕，據補編本補。

〔一五〕「紀」，原作「記」，「古史考」，原作「古史」，據史記卷一五帝紀索隱所引帝王世紀改補。

〔一六〕「二」，原作「三」，兩唐志同。今據隋書卷三二經籍志改。

〔一七〕「曄」，原作「暐」，據隋書卷二八經籍志改。

〔一八〕「二十年」，原作「三十年」，據文選卷四六王文憲集序注、卷六〇齊竟陵文宣王行狀注改。

隋經籍志考證卷四

霸史

霸史唐志作僞史。史通因習篇曰：當晉宅江淮，實膺正朔，嫉彼群雄，稱爲僭盜。故阮氏七録，以田、范、裴、段諸史，劉、石、苻、姚等書，别創一名，題爲「僞史」。及隋氏受命，海内爲家，國靡愛憎，人無彼我。而世有撰隋書經籍志者，其流别群書，還同阮録。按國之有僞，其來尚矣。如杜宇作帝，勾踐稱王，孫權建鼎峙之業，蕭詧爲附庸之主。而揚雄撰蜀記，子貢著越絶，虞裁江表傳，蔡述後梁史。考斯衆作，咸是僞書，自可類聚相從，合成一部，何止取東晉十有六家而已乎？

趙書十卷一曰二石集，記石勒事。僞燕太傅長史田融撰。

史通外篇曰：「後趙石勒命其臣徐光、宗歷、傅暢、鄭愔等撰上黨國記、起居注、晉書石勒載記曰：「命記室佐明楷、程機撰上黨國記，中大夫傅彪、賈蒲、江軌撰大將軍起居注，石泰、石同、石謙、孔隆撰大單于志。」趙書，其後又令王蘭、陳晏、程陰、徐機等相次撰述。至石虎，並令刊削，使勒功業不傳。其後燕太傅長史田融、宋尚書庫部郎郭仲産、北中郎參軍王度追撰二石事，集爲鄴都記、趙記等書。」又雜説注曰：「田融趙史謂勒爲前石，虎爲後石。」愚按：開元占經載：「前石時，有星隕魏郡鄴縣。」又：「前石時，臨涇縣馬生角。」又：「前石時，安定太守上言蛇與鼠鬥於郡門。」北堂書鈔禮儀部：「前石有佛圖澄，號曰『大和尚』，道法大行。」太平御覽人事部：「前石數游獵，每亟馳騁，主簿程琅諫，前石馳逐自若。草間有瓦木，馳馬逐之，馬即死，前石亦危殆。」又云：「石肇，前石之昆弟也。前石既貴，肇在軍中，人送詣前石，前石哀之，拜建威將軍。」刑法部：「後石率精騎五千襲趙續，一戰擒續。」又車部：「後石遠獵，車千乘，轅長三尺。」布帛部：「前石死，大臣子弟六十人爲挽郎，引錦一疋。」咎徵部：「前石時，有婦人震死，瘞之三日，霹靂重出之。」蟲豸部：「前石時，白羌婦産卵大如盂。」並引趙書，皆稱前石、後石。其稱石勒、石虎者，當是徵引所改，今不採。一切經音義曰：「麥麩，諸書所無，惟趙書有人姓姚名麩，作此字也。」唐志作田融趙石記二十卷，又二石記二十卷。舊唐志入編年類。

〔王氏〕「後趙書：黎陽民」至「休祥」，御覽三百六十一，四頁。此須考後趙書。「王洛生」至「而死」，三百七十八，七頁。「趙書曰：汲桑」至「服之」〔一〕，三百八十六。五頁。「劉靈」至「馳馬」，又，三百九十四。又「趙書曰：石虎」至「而死」，三百八十七，三頁。「趙書曰：石勒」至「宜斬」，三百九十二，三頁。

二石傳二卷晉北中郎參軍王度撰。

新唐志：「王度、隨翽二石僞事六卷，二石書十卷。」

二石僞治時事二卷王度撰。

開元占經：「石混説：建武時，有馬四目，繫著殿中十餘日〔二〕，突去〔三〕，不知所在。」太平御覽兵部：「郭權降石虎，虎曰：『卿，健將也。』因與共言事。」又：「劉曜攻金墉城，石勒軍卒至，交戰，擒曜。」又：〔王氏〕三百七十一。十一頁。「石虎攻中山，得鄭略之妹爲妾。鄭讒崔氏，虎射崔，中腰而覆。」禮儀部：「佛圖澄死終年，冉閔開棺視之，惟杖鉢存焉。」服用部、器物部同。羽族部：「石混降，説鄴中有鳳凰將九雛，在延明門外石西道。」共六事，作二石僞事省「治時」二字。北堂書鈔儀飾部：「石虎二年，遷都鄴宫，照一大鏡，不見頭。」又：「佛圖澄死後開棺，惟見金杖。」二事作二石遺事。

漢之書十卷常璩撰。

顔氏家訓書證篇曰：「蜀李書一名漢之書。」史通外篇曰：「蜀初號曰成，後改稱漢。李勢散騎常侍常璩撰漢書十卷，後入晉秘閣，改爲蜀李書。」陸氏經典釋文序録：「蜀才姓范，名長生，一名賢，隱居青城山，自號蜀才，李雄以爲丞相。」藝文類聚鳥部：「武皇帝雄泰成三年，白烏赤足來翔，范賢曰：『必有遠人懷惠。』果關中流民請降。」太平御覽人事部：〔王氏〕三百六十二。「賈夷，字景叔，梓潼人。少仕晉，中原喪亂，歸國。武帝素聞夷名重，皇子雅生，因名賈夷。」又：〔王氏〕三百六十三。「武帝雄，字仲儁。相工相之曰：『位必過三公不疑。』有劉化者，道術士也，每語鄉里：『李仲儁有大貴之表，終爲人主也。』」〔王氏〕御覽三百六十六引蜀書「武皇帝李雄美容貌」一條與此略同，又作蜀書，蓋脱「李」字。又：「武帝母方娠，夢雙蛇自門升天，一蛇斷。」〔王氏〕鮑刻作李蜀書，蓋誤刻。三百九十八，二頁。珍寶部：「武帝諸將進金銀，或以得官。楊褒諫，帝謝之。」咎徵部：「哀帝即位，有白氣一道帶天，望氣者言宫中有伏兵。」共七事，皆稱蜀李書。新唐志有蜀李書九卷，舊志入編年類。又有漢之書十卷，重出。

華陽國志十二卷常璩撰。

今存。

燕書二十卷記慕容儁事，僞燕尚書范亨撰。

史通外篇曰：「前燕有起居注，杜輔全録以爲燕紀。後燕建興元年，董統受詔草創後書，著本紀並佐命功臣、王公列傳，合三十卷。慕容垂稱其叙事富贍，足成一家之言。但褒述過美，有慚董史之直。其後申秀、范亨各取前後二燕，合成一史。」水經河水注引燕書：「太子寶自河西還師參合，三軍奔潰。」濁漳水注：「王猛與慕容評相遇於潞川，評障固山泉，鬻水軍，入絹匹，水一石〔四〕。」濕水注：「建興十年，慕容垂自河西還，築燕昌城。」共三事。通鑑考異所引燕書有武宣記、文明記、征虜仁傳、慕容翰傳，太平御覽天部所引有烈祖後記，此其分篇之可見者。其不題紀傳者不取。又御覽人事部云：「烈祖崩，晉人喜曰：『中原可圖矣！』桓温曰：『慕容恪尚在，其憂方重耳。』」史通稱三十國春秋載此言，不知燕書同載之。唐志、宋志皆二十卷，舊唐志入編年類，誤。

〔王氏〕「秋七月丁卯」至「應也」，御覽百七十五，二頁。「鮮于休」至「曹屬」，二百四十九，四頁。「申弼」至「稱善」，三百六十七，八頁。「孟高」至「殺之」，四百十七，六頁。「皇甫真」至「軍資」。四百二十六，七頁。

南燕録五卷記慕容德事，僞燕尚書郎張詮撰。

北堂書鈔地理部：「慕容德時王瓚得古銅鐘四枚，獻之，賜爵關内侯。」太平寰宇記河南道：「慕容德以潘聰爲徐州刺史，鎮莒城。又以桓遵爲徐州刺史，亦理此。宋武北伐，遵舉城降。」二事並引南燕録。初學記職官部：「慕容德以封嵩、韓諄爲僕射，以嵩弟融、諄弟軌爲中郎將。」御覽人事部：「慕容納沈静深邃，外訥内敏。」二事並作張詮南燕書。唐志作張詮南燕書十卷，舊唐志入編年類。

南燕録六卷記慕容德事，僞燕中書郎王景暉撰。

初學記地部：「王景暉南燕書曰：姚秦皇初三年，歲在丁酉，於長安渭濱得赤璽，上有文字，曰『天命燕德』。」新唐志作景暉南燕録，舊唐志作「景暄」，入編年類。史通外篇曰：「南燕有趙郡王景暉，嘗事德、超，撰二燕起居注。超亡，事於馮氏，官至中書令，乃撰南燕録六卷。」

燕志十卷記馮跋事，魏侍中高閭撰。

初學記居處部：「慕容熙造逍遥宫。」太平御覽天部：「太平十五年，自春不雨。至於五月，有司奏右部王荀妻産妖，乃暴荀妻於社，大雨普洽。」兵部：「光始五年，慕容熙與苻后征高麗，爲衝車馳道以攻之。」人事部：「李陵居長谷之東〔五〕，先主與高雲遊讌往來〔六〕，每憩其家，陵與妻王氏每夜自齎酒饌而至。」三事引高閭燕志，新唐志同，舊唐志編年類有燕志十卷，無撰名。

秦記十一卷宋殿中將軍裴景仁撰，梁雍州主簿席惠明注。

宋書沈曇慶傳：〔王氏〕增「時，殿中員外將軍」。「裴景仁，助戍彭城，本傖人，多悉戎荒事，曇慶使撰秦記十卷，叙苻氏〔王氏〕增「僭僞」。本末，其書傳於世。」史通叙事篇曰：「按裴景仁秦記稱，苻堅方食，撫盤而詬。王劭齊志述受紇洛干感恩，脱帽而謝。及彥鸞撰以新史，重規刪其舊録，乃易『撫盤』以『推案』，變『脱帽』爲『免冠』。夫近世通無案食，羌俗不施冠冕，直以事不類古，改從雅言，欲學者何以考時俗之不同，察古今之有異？」又外篇曰：「河東裴景仁正車頻秦書訛僻，刪爲秦記十一篇。」世説排調篇注：「苻朗降謝玄，用爲散騎侍郎。善識味，著苻子數十篇，蓋老莊之流也。」太平御覽人事部：「姚萇圍苻堅，遣僕射尹緯詣闕陳事。堅曰：『卿，宰相才也。』」（王氏）三百七十七。二事題裴景仁秦書。初學記地部：「苻健至長安，賈玄等上尊號，設壇城南渭水之陽。」又：「苻健皇始四年，山雞來，入人家棲宿，養子而去。」御覽地部：「皇始五年，鳳凰降渭濱。」三事題裴景仁苻書。御覽人事部：「苻堅幸太學，博士盧壺曰（七）：『韋逞母宋傳其父業，得周官音義，可授後生。』於是就宋立講室，隔紗幔而授業焉。」初學記人部同。此作景仁前秦記。藝文類聚人部：「苻堅祖洪見堅狀貌，欲令頭堅腹軟，字之曰堅頭。」（王氏）御覽三百六十四同。草部：「苻洪之先居武都，家生蒲，長五丈，狀如竹，咸異之，謂之蒲家，因以氏焉。洪後以讖文改姓苻氏。」木部：「初，長安謠云『鳳凰止阿房』，至慕容沖入阿房而居焉。沖小字鳳凰。」服飾部韋逞母授經事，並題秦記，不著景仁名。御覽人事部：「邵弘言稱名稱字之法。」又：「司馬勳殺趙琨而棄其尸，琨子焕求父尸不得〔八〕，有群鳥悲鳴，尋鳥向山而得父尸。」〔王氏〕「秦記曰：苻健」〔九〕至「父尸」。四百十一，二頁。又：「姚萇大破苻登，置酒高會，曰：『吾不如王兄者四。』」又：「桓温問楊亮曰：『姚襄何如人？』答曰：『天下傑也。』」服章部：「皇始四年，新平縣有長人見。」工藝部：「吕光破龜兹，獲鳩摩羅什。」飲食部：「苻朗善别味。」共七事，亦引秦記，不著撰名。姚和都亦撰秦紀，字從「系」，景仁記從「言」。諸書徵引不著景仁名者，皆作「記」，自係景仁之書。且韋逞母授經、苻朗别味二事，與著景仁名所紀正同。舊唐志「席惠明」作「杜惠明」，入編年類。新唐志亦作「杜」，入僞史類。

〔王氏〕「秦記苻朗」至「遠矣」，御覽三百八十七，四頁。

秦紀十卷記姚萇事，魏左民尚書姚和都撰。

〔王氏〕後秦記：「姚襄」至「問也」。御覽二百四十九，九頁。秦記：「後帝泓」至「者也」三百六十二，九頁。

後秦記：「姚襄垂臂過膝。」三百六十九。

史通外篇曰：「後秦扶風馬僧虔、河東衛隆景，並著秦史。及姚氏之滅，殘缺者多。泓從弟和都仕魏爲左民尚書，又追撰秦紀十卷。」

涼記八卷記張軌事，僞燕右僕射張諮撰。

唐志十卷，舊志「張諮」作「張諮」。史通外篇曰：「前涼張駿十五年，命其西曹邊瀏集内外事，以付秀才索綏作涼國春秋五十卷。又張重華護軍參軍劉慶在東苑〔一〇〕，專修國史二十餘年，著涼記十二卷。」世説言語篇注引張天錫二事，作張資涼州記。愚按：涼國春秋，隋、唐志皆不著録。張諮涼記，史通亦闕載。

涼書十卷記張軌事，僞涼大將軍從事中郎劉景撰。

後魏書劉昞傳：「昞著涼書十卷。」「昞」，隋志作「景」，避唐嫌名。史通外篇曰：「建康太守索暉、從事中郎劉昞，各著涼書。」

西河記二卷記張重華事，晉侍御史喻歸撰。

元和姓纂曰：「東晉有喻歸撰西河記三卷。」廣韻作二卷，「喻」作「諭」。唐志闕撰名。初學記州郡部：「姑藏，匈奴故曰蓋臧城也。城不方，有頭尾兩翅，名蓋烏城。」太平御覽州郡部：「洪洞縣地固重複，控據要險，故曰洪洞焉。」羽族部：「涼州罪人將刑，有白雉鳩飛於人邊，長鳴伏地。刺史張義免其坐。」鱗介部：「張駿立，謙光殿成，後池水中有五龍見，水通變緑色。」布帛部：「西河無蠶桑，婦女著碧襭裙，上加細布裳。」北堂書鈔衣冠部亦引之。

秦書三卷秦馮翊車頻撰。不著録。

史通外篇曰：「前秦史官初有趙淵、車敬、梁熙、韋譚，相繼著述。苻堅嘗取而觀之，見苟太后幸李威事，怒而焚之，滅其本。後著作郎董誼追録舊語，十不一存。及宋武帝入關，曾訪秦國事，又命梁州刺史吉翰訪諸仇池，並無所獲。先是秦秘書郎趙整參撰國史，值秦滅，隱於商洛山，著書不輟。有馮翊車頻助其經費。整卒，翰乃啓頻，纂成其書。以元嘉九年起至二十八年方罷，定爲三卷。而年月失次，首尾不倫。」世説識鑒篇注引：「苻堅本姓蒲，祖父洪詐稱讖文，改曰苻。」與裴景仁秦記同，而增「詐稱」。書法：「苻堅背赤色隱起，若篆文。」御覽人事部亦引之。「堅六歲戲於路，司隸徐正見而異焉。」御覽人事部作徐統。賞譽篇注：「釋道安爲慕容晉所掠，竺法汰渡江，至揚土。」水經渭水注：「苻堅建元十四年，高陸縣民穿井得龜，大二尺六寸。」濟水注：「苻堅時，沙門竺僧朗從隱士張巨和遊〔一〕。」北堂書鈔武功部：「苻登刻兜鍪作『死休』字，示士必死爲度。故戰所向無前。」又：「苟萇圍襄陽〔二〕，作飛雲車攻城，克之。」二事御覽兵部引同。「苻堅立，有黄雲五色，迴繞臺觀，時以爲景雲。」御覽天部曰：「時以爲瑞，賜民酺五日。」〔王氏〕御覽八。七頁。初學記武功部：「苻堅使熊邈造金銀細縷鎧，金爲綖以縲之。」藝文類聚山部：「慕容評拒王猛，恒賣水與軍人，衆思爲亂，猛因敗之。」人部：「苻堅時，民歌曰『長安大街，兩邊種槐。』」開元占經載苻生壽光三年、苻堅建元八年、九年星變，並引車頻秦書。「頻」或作「潁」。

太平御覽引十九事。

〔王氏〕「苻堅」至「丈餘」，御覽三百七十三，七頁。「苻堅」至「蓋郎」，三百七十七，三頁。「苻堅」至「國東」，三百八十，七頁。「苻堅六歲」至「知也」。三百八十二，三頁。

〔又〕「苻堅」至「神夢」，御覽二百三十九，六頁。「苟萇」至「剋」，三百三十六，四頁。「苻堅」至「縲之」，三百五十五，九頁。「苻登」至「無前」，三百五十六，六頁。「苻堅母」至「生堅」，三百六十，七頁。「苻堅時，四夷」至「名也」，三百六十三，三頁。「苻堅生」至「篆文」，三百六十九，三頁。「苻堅生」至「苻氏」，三百七十一，八頁。「堅背」至「苻氏」。又。

涼記十卷記呂光事，僞涼著作佐郎段龜龍撰。

史通外篇曰：「段龜龍記呂氏。」唐志十卷。初學記人部：「呂篡遊獵，侍御使王回控馬諫。」政理部：「呂光時，燉煌太守獻同心梨。」武部：「咸寧二年〔一三〕，發張駿陵，得鞭，飾以珊瑚。」引段龜龍涼記三事。或作西涼記，或作涼州記。藝文類聚諸書所引亦或作涼州記。

〔王氏〕「呂光左肘」至「霸也」，御覽三百六十九，八頁。「隱王」至「而死」，三百七十二，二頁。並引段龜龍涼州記。「呂光」至「凡人」，三百七十七，引涼州記，四頁。「隱王」至「而死」，三百八十一，引段龜龍涼州記。三頁。「武王呂光」至「所宗」〔一四〕，三百八十五，引涼州記，八頁。

涼書十卷高道讓撰。

後魏書高謙之傳：〔王氏〕删改作「魏書高崇附傳」。「謙之，字道讓，以父舅氏沮渠蒙遜曾據涼土，國書漏闕，謙之乃修涼書十卷。」

涼書十卷沮渠國史。

宋書大且渠傳：「元嘉十四年，茂虔表獻涼書十卷。」史通外篇曰：「宗欽記沮渠氏。」

拓跋涼録十卷

無撰名。舊唐志入編年類。史通外篇曰：「失名記秃髮氏。」

燉煌實録十卷劉景撰。

宋書大且渠傳：「元嘉十四年，茂虔表獻燉煌實録十卷。」後魏書劉昞傳：「昞著燉煌實録二十卷。」史通論贊篇曰：「劉昞曰奏。」雜述篇曰：「郡書，如常璩之詳審，劉昞之該博，能傳不朽，見美來裔。」又外篇曰：「燉煌僻處西域，求諸人物，自古闕載。既而劉昞裁書，則磊落英才，粲然盈矚。」續漢五行志注：「張衡對策曰：『水者，五行之首，滯而逆流者，君恩不下逮而教逆也。』」又：「嘉平元年，蛇長六尺，夜於御前，當軒而坐。」白帖卷三十一：「有盜發王禁冢，見禁與人樗蒲，賜盜者飲。」太平寰宇記：「涼州牧李暠微服出城，逢一虎在道邊，遥呼暠爲西涼君。」太平御覽兵部：「宋質直破虜，有威名，兒啼，恐之即止。」人事部：「汎溽博學，善屬文。弱冠，屢陳損益。」又：「董巽有才，太守京兆諒舉巽功曹。諒卒，巽送喪遇寇，叩頭救請。」又：「索苞征伐克敵，勇冠三軍。」宗親部：「氾固推家財百萬與寡弟婦，二百萬與兄子。」樂部：「索承宗、伯夷成善鼓筝悲歌〔一五〕，時人號曰『雍門周』。」資産部：「張存善針，存有奴好逃亡，存宿行針縮奴脚，欲使則針解之。」羽族部：「侯瑾，字子瑜，解鳥語。」太平廣記夢類載：「張駿夢一人，鬢眉皓白，自稱子瑜。」「索充夢一虜，脱上衣來詣充。」「宋桶夢一人著衣，桶一手把兩杖，極打之。」共引燉煌實録十六事。唐志二十卷，舊唐志入雜傳類。

十六國春秋一百卷魏崔鴻撰。

今存明人輯本，卷數同。

戰國春秋二十卷李槩撰。

古史類已見，此重出。

漢趙記十卷和苞撰。

史通外篇曰：「前趙劉聰時，領左國史公師淵撰高祖本紀及功臣傳二十人〔一六〕，甚得良史之體。淩修譖其訕謗先帝，聰怒而誅之。劉曜時，平輿子和苞撰漢趙記十篇，事止當年，不終曜滅。」又忤時篇曰：「劉、石僭號，方策委於和、張。」張名未詳。初學記居處部：「劉聰嘉平三年，陳元達極諫，聰怒，將斬之，元達叫曰：『臣所言者，社稷之計。』聰免之。於是易李中堂爲愧賢堂。」太平御覽兵部：「麟嘉三年，太子粲討趙同、郭默於洛陽。光初二年，石勒造攻車飛梯，攻平陽小城。今上擊之，勒師潰。」人事部：「今上殺梁緯，緯妻辛氏乞就辟有司，以事地下舅姑。上曰：『貞婦也。』」又：「王廣女爲父報讎，自殺。」又：「隴上語曰『隴上壯士有陳安』。」禮儀部：「盜發上洛男子張盧冢，盧得蘇。」共引和苞漢趙記七事。愚按：苞稱劉聰名，稱曜爲今上，粲爲太子，是其史例。唐志十四卷，舊唐志入編年類。

天啓紀十卷記梁元帝子諝據湘州事。

唐志作守節先生天啓記，舊唐志入編年類。

鄴洛鼎峙記十卷不著録。

見唐志，無撰名。舊唐志入編年類。太平御覽宗親部：「盧道虔後妻元氏升堂講老子道德經，虔弟元明隔紗帷以聽之。」此引鄴洛鼎峙記。

苻朝雜記一卷田融撰。不著録。

見新唐志。

【校勘記】

〔一〕「曰」字原無，據太平御覽卷三八六人事部所引趙書補，以下諸句皆同。

〔二〕「繫」，原作「録」，據開元占經卷一一八馬休徵所引二石僞事改。

〔三〕「突去」，原作「哭去」，據開元占經卷一一八馬休徵所引二石僞事改。

〔四〕「一石」，水經注卷一〇濁漳水注所引燕書作「二石」。

〔五〕「居」，原作「君」，據太平御覽卷四七五人事部所引燕志改。

〔六〕「先主」，原作「先生」，據太平御覽卷四七五人事部所引燕志改。

〔七〕「盧壺」，原作「盧壺」，據太平御覽卷四〇四人事部所引前秦記改。

〔八〕「煥」，原作「瓊」，據太平御覽卷四一一人事部所引秦記改。

〔九〕「苻健」，原作「苻堅」，據太平御覽卷四一一人事部所引秦記改。

〔一〇〕「菀」，原作「莞」，據史通外篇古今正史篇改。

〔一一〕「竺」，原作「築」，據水經注卷八濟水所引秦書改。

〔一二〕「苟萇」，原作「苻萇」，據北堂書鈔一二六卷武功部所引秦書改。

〔一三〕「咸寧二年」，原作「咸寧三年」，據初學記卷二二武部所引涼記改。

〔一四〕「所宗」，文淵閣本太平御覽卷三八五人事部所引涼州記同，影宋本御覽作「稱之」。

〔一五〕「箏」原作「瑟」，據太平御覽卷五七六樂部所引燉煌實録改。

〔一六〕「淵」，補編本同，史通卷十二古今正史作「彧」。

隋經籍志考證卷五

起居注

穆天子傳六卷汲冢書。郭璞注。

今存。

漢獻帝起居注五卷

無撰名。魏志武紀注、文紀注、董卓傳、邴原傳注，蜀志先主傳注，續漢禮儀、祭祀、五行、百官、輿服志注，後漢書獻紀、董卓傳注，初學記職官部，並引獻帝起居注，共數十事。「王允奏：侍中、黄門比尚書，不得出入，不通賓客」一事，太平御覽職官部亦引之。通典禮門注「舊典，市長執雁，建安八年始執雉」一事，與續漢注合。唐志卷同。

〔王氏〕「傳傕首到許，有詔高懸之」，獻帝紀注。「家户開」至「其家」，董卓傳注，九頁。「傕等各欲」至「不見用」，又，九頁。「傕性」至「諸巫」，又，十一頁。「初，天子」至「萬歲」。又，十一頁。

〔又〕「宋貴人名都，常山太守泓之女也。見獻帝起居注。」董卓傳注，二二頁。「舊時宫殿」至「足觀」。又，十二頁。

〔又〕「建安二十二年」至「不復行」〔一〕，續漢書禮儀志補注，一頁。「建安十八年」至「給之」。又，二頁。「舊典，市長執雁，建安八年始令執雉。」又。

〔又〕「建安八年，公卿迎氣北郊，始復用八佾。」又，祭祀志補注。

〔又〕「建安十九年夏四月，旱。」又，五行志補注。「七月，大水，上親避正殿。八月，以雨不止，且還殿。」又，案此十八年事。

〔又〕「中平六年」至「五縣也」，又，郡國志補注，七頁。「初平四年」至「屬縣」。又，四頁，廿三卷。

〔又〕「建安八年」至「書佐四人」，續漢書百官志補注，二頁。「建安八年」至「自林始」，又，四頁。「帝初即位」至「自此始也」，又，三頁。「諸奄人」至「以下」，又。「邵卒官，贈執金吾。」又。案此謂當書「左僕射榮邵」。「建安十八年三月」至「五郡」，又，一頁。「帝在長安」至「租稅」。又，八頁。「中平六年，令三府長史兩梁冠，五時衣袍，事位從千石、六百石。」輿服志補注。「時六璽不自隨，及還，于閣上得。」又。

晉泰始起居注二十卷李軌撰。

蜀志諸葛瞻傳注：「詔曰：『諸葛亮在蜀，盡其心力，其子瞻臨難死義，天下之善一也。』其孫京隨才署吏，後爲郿令〔二〕。」藝文類聚菓部、太平御覽果部：「泰始二年六月，嘉柰一蒂十五實，或七實，生於酒泉。」並引晉泰始起居注。唐志同。

晉咸寧起居注十卷李軌撰。

〔王氏〕宋書州郡志：「起居注：咸寧三年，以齊東部縣爲長廣郡。」藝文類聚服飾部、鳥部：「太醫司馬程據上雉頭裘一領，詔曰：『此裘非常衣服，消費功用，其於殿前燒之。敕内外有造異服，依律治罪。』」此題晉咸寧起居注。初學記服食部、北堂書鈔衣冠部、太平御覽服章部並引之，太醫司馬脱「醫」字。唐志二十二卷。

晉泰康起居注二十一卷李軌撰。

南齊書州郡志：「北徐州，鎮鍾離。晉太康二年起居注：『置淮南鍾離。』」初學記職官部：「秘書丞桓石綏啓校定四部書目，詔遣郎中四人各掌一部。」藝文類聚食物部詔曰：「尚書令荀勖既久疾羸毁，可賜乳酪，太官隨日給之。」北堂書鈔飲食部：「賜石蜜五升。」太平御覽職官部：「詔故司空王基夙爲先帝授任，基子沖尚書郎，雖在清途，猶未免楚撻，其以沖爲治書侍御史。」兵部：「詔曰：『諸王中尉及諸軍皆典兵，以備不虞，乃有著甲戰衣木履持長矛者，此爲兒戲，而無相彈憚也。』」車部：「齊王歸藩，詔賜香衣輦一乘〔三〕。齊王出鎮，詔賜青油雲母犢車。」器物部：「齊王出藩，詔賜榼欙杯盤各有差。」飲食部：「尚書郭奕有疾，日賜酒米、猪羊肉。」石崇母疾，日賜清酒、粳米、猪羊肉。」並引太康起居注。「泰」作「太」。唐志二十二卷。

永平元康永寧起居注六卷梁有，今亡。

唐志有永平起居注一卷。

晉惠帝起居注二卷梁有，今亡。

宋書蔡廓傳：「式乾殿集，諸皇子悉在三司上。」魏志張燕傳注：「門下令史張林飛與趙王倫爲亂，位至尚書令，封郡公。尋爲倫所殺。」並題陸機晉惠帝起居注。魏志趙儼傳注：「裴頠雅有遠量，當朝名士，民之望也。」世説言語篇注：「裴頠字逸民，河東聞喜人，司空秀之少子也。」文學篇注：「頠著二論以規虚誕之弊，文詞精富，爲世名論。」賞譽篇注：「頠理甚淵博，贍於論難。」北堂書鈔儀飾部：「愍懷太子賜典兵中郎將複紵襪一緉。」武功部：「王浚乘勝追石超軍於斥丘，超持重不與戰，以鹿角爲營。」一云「以鹿角步要爲營」。太平御覽皇親部：「拜皇孫臧爲臨淮王，尚爲襄陽王。又詔臧爲太孫。臧廢，到銅駞街，宫人皆哽咽，路人抆淚焉。桑復生於兩廂，長丈餘，太孫廢乃枯。」又：「惠帝詔以太常成粲爲太孫太傅，前城門校尉梁柳爲太孫少傅。」又：「惠帝使使持節策命愍懷太子前妃爲皇太孫太妃，是日也，告於太廟。」服章部：「愍懷以體上白絹單衣一領，因士寄與妃。」又：「帝至温謁陵，無履，取左右履著，下拜。」服用部：「有雲母幌。」廣韻亦引此句。又：「帝至朝歌，無被，中黄門以兩幅布被寄帝。」共引惠帝起居注十三事，不著撰名。

晉武帝起居注卷亡，不著録。

北堂書鈔設官部：「司馬璞貞固和祥，有識見才幹，以爲冗從僕射。」太平御覽皇親部：「詔曰：『今出掖庭才人、妓女、保林已下二百七十餘人。』」職官部：「豫州刺史胡威，忠素質直，思謀深沉，其以威爲監軍，刺史如故。」又：「東安王世子瑾，貞固和祥，有識見才幹，以爲冗從僕射。」此事與書鈔當是一事，書鈔作名璞，須考。並引晉武帝起居注。

晉康帝起居注卷亡，不著録。

北堂書鈔設官部、太平御覽職官部：「晉康帝起居注曰：『尚書，萬事之本，朕所責成也。而廩秩儉薄，甚非治體。今雖軍國多費，不爲元凱惜禄，其依令僕給尚書各親信五十人廩賜。』」

晉孝武起居注卷亡，不著録。

藝文類聚儲宫部：「上臨軒，設懸而不樂，遣司空謝琰納太子妃王氏。」御覽皇親部引有詔語。賜文武布絹，百官詣上東門上禮。」太平御覽皇親部：「納采，聘太子妃，百官會於新安公主第，秘書監王操之爲主人。」並引晉孝武起居注。

晉永安起居注卷亡，不著録。

初學記服食部：「晉永安起居注曰：太康四年，有司奏鄯善國遣子元英入侍，以英爲騎都尉，佩假歸義侯印，青紫綬各一具。」愚按：隋、唐志無晉永安起居注，所記又太康事，恐誤。

晉建武大興永昌起居注九卷梁有二十卷。

唐志二十二卷。太平御覽服用部：「晉建武起居注曰：立敬后廟，薦席不用緑緣。」職官部：「晉大興起居注曰：元年置通直散騎侍郎四人。」又：「元帝依故事，召陳郡王隱待詔著作，單衣介幘，朔望朝著作之省〔四〕。」儀飾部：「晉永昌起居注曰：元帝使司空王導拒王敦，詔曰：『吾征東時節給司空。』」

晉咸和起居注十六卷李軌撰。

唐志十八卷。藝文類聚菓部：「六年，寧州上言甘露降城北園奈桃樹等。」太平御覽器物部：「有司奏魏氏故事，正旦賀，公卿上殿，虎賁六人隨上，以斧柄柱衣裾。上令宜依舊爲儀注，謂曰：『此非前代善制，其除之。』」羽族部：「二年正旦，饗萬國，有五鷗集太極殿前。」並引晉咸和起居注。

晉咸康起居注二十二卷

唐志同。藝文類聚歲時部：「十二月庚子，詔曰：『正會日，百僚增禄，賜醽酒，人二升。』」布帛部：「詔臨邑王范柳所貢絳綾，是其所珍，可籌量增賜。」器物部：「詔賜遼東使段遼等琉璃盌。」御覽器物部又曰：「詔賜鸜鵒杯。」木部：「侍御史秦武奏：平陵前道東杉樹一株萎死，請收陵令推劾。」並引晉咸康起居注。

晉建元起居注四卷

唐志同。

晉永和起居注十七卷梁有二十四卷。

唐志二十四卷。初學記樂部：「詔太史，解士非祠典，可給琵琶箜篌也。」白帖同。寶器部：「廬江太守路永表言：於穀城北見水岸紫赤光，得金一枚，狀如印齒。」御覽珍寶部同。並引晉永和起居注。

晉升平起居注十卷

新唐志同，舊唐志闕著録。

晉隆和興寧起居注五卷

唐志同。

晉咸安起居注三卷

唐志同。

晉泰和起居注六卷梁十卷。

唐志同。

晉寧康起居注六卷

唐志同。

晉泰元起居注二十五卷梁五十四卷。

唐志五十二卷。世説賞譽篇注：「法汰卒，烈宗詔曰：『法汰師喪逝，哀痛傷懷，可贈錢十萬。』」太平御覽車部：「司隸校尉劉毅奏護軍羊琇私角弩四張〔五〕，又乘羊車〔六〕，請免官治罪。詔如所奏。」並引晉泰元起居注。

晉隆安起居注十卷

太平御覽果部：「晉隆安起居注曰：『武陵臨沅縣安石榴子大如碗，其味不酸，一蒂六實。』」

晉元興起居注九卷

唐志同。

晉義熙起居注十七卷梁三十四卷。

唐志三十四卷。藝文類聚舟車部、北堂書鈔舟部：「盧循新作八槽艦九枚，起四層，高十餘丈。」太平御覽天部：「十四年，相國表曰：『間者平長安，獲張衡所作渾儀、土圭、歷代寶器，謹遣奉送，歸之天府。』」服章部：「安帝自荊州至新亭，詔曰：『諸侍官戎行之時不備朱服，悉令袴褶從也。』」器物部：「詔林邑王范明達獻金盤一副，蓋百副。」果部：「二年正月，吳令顧修期上言：西鄉有柿樹，殊本合條，依舊集賀。詔停之。」菜茹部：「十年，有司奏太常謝澹遣四人還家種葱菜，免官。」香部：「倭國獻貂皮、人參等，詔賜細笙、麝香。」並引晉義熙起居注。書鈔衣冠部百官衣袴褶事在義熙元年。又藝文部：「何無忌在祕閣，求賜祕書，詔與一十卷。」儀飾部：「兼黄門郎徐應楨出爲散騎，著屐出省閤，有司奏免官。」

晉元熙起居注二卷

唐志同。

晉起居注三百一十七卷 宋北徐州主簿劉道會撰，梁有三百二十二卷。

唐志「道會」作「道薈」，三百二十卷。愚按：昔人徵引晉代起居注，其不著年號而統稱晉者，逸篇最多，證以隋、唐志所載，蓋原本卷數至三百餘卷，宜徵引之多也，北堂書鈔、太平御覽尤多引之。其書自武帝至安帝，總記兩晉，當是合諸家而成一書。如太醫司馬上雉頭裘事，白帖卷十一。與咸寧起居注同。荀勖羸毁賜乳酪事，白帖卷十六。王沖爲治書御史，書鈔設官部。桓石綏啓校定四部書，書鈔同上。與太康起居注同。正旦饗萬國，有鷗鳥五集殿。御覽時序部。寧州上言甘露降，藝文類聚菓部。與咸和起居注同。相國表獲張衡渾儀、土圭，歸之天府，書鈔儀飾部。與義熙起居注同。若泰始元年太常諸葛緒、博士祭酒劉熹議郊祀，御覽宗親部。晉書禮志闕載。泰始三年拜崇陽園妾李琰爲修華，王宣爲修容，徐琰爲修儀，吴淑爲婕妤，趙琰爲充華，御覽皇親部。晉書后妃傳闕載。太康元年以廬陵縣都尉之陽都縣來入，太平寰宇記江南西道。晉書地理志不載。咸和元年詔曰「作瑯邪王大車斧六十枚，侍臣劍八枚，將軍手擊四枚」，御覽兵部。晉書諸王傳不載。咸和八年，有司奏庭燎，舊在端門内，依舊門内施，藝文類聚火部、御覽火部。晉書成帝紀及禮志俱不載。永和中，廷尉王彪之與揚州刺史殷浩書，論元日合朔不可廢，御覽時序部。較晉書禮志爲詳。殿中將軍，孝武太元中募選名家以參顧問，始用瑯琊王茂之奏也，書鈔設官部。晉書職官志無殿中將軍，孝武紀亦不載。廷尉監陸鸞上表求增築訊堂，圖先賢像，詔許之，通典職官門注、御覽職官部。晉書刑法志不載。至於命官詔詞，房喬史例多從删削，而荀顗爲司徒，曹志闡宏胄子，書鈔設官部。鄭袤爲司空，皇甫謐爲中庶子，御覽職官部。本傳所載詔詞當即資於此書。惟泰始八年詔曰：「議郎山濤，志爲簡静，淩虚篤素，立身行己，足以勵俗，其以濤爲吏部尚書。」書鈔設官部。晉書濤傳與此詔不同。元和姓纂有尚書令浦選，此人名晉書未見。

〔王氏〕趙起居注，宋書大且渠蒙遜傳：「茂虔又求晉、趙起居注雜書數十種，太祖賜之。」

流別起居注三十七卷。

唐志四十七卷。

晉崇寧起居注十卷不著録。

見唐志。

晉宋起居注鈔五十一卷梁有，隋亡。

唐志有何始真晉起居無「注」字。鈔五十一卷，晉起居注鈔二十四卷。二書俱不言宋。

宋永初起居注三卷

唐志六卷。

宋景平起居注三卷

唐志同。

宋元嘉起居注五十五卷梁六十卷。

文苑英華裴子野宋略總論曰：「曾祖宋中大夫西鄉侯，以文帝之十二年受詔，撰元嘉起居注。」初學記職官部：「尚書左丞袁璠啓領曹郎中荀萬秋，每設事緣私遊，肆其所之，請免萬秋官。」武部：「御史中丞劉楨奏前廣州刺史韋朗，於所部作牛皮鎧六領，請免朗官。」器物部：「以日出入定晝夜，今減夜限，日出前日入後各二刻半以益晝。」又：「劉楨奏韋朗作銀塗漆屏風二十三牀、緑沈屏風一牀、新白莞席三百二十二領、銅鏡臺一具，請免朗官。」藝文類聚舟車部：「有司奏餘姚令何玢之造作平牀一乘、舴艋一艘，精麗過常，請免玢之官。」内典部：「師子國遣使奉獻，詔答曰：『此小乘經甚少，彼國所有皆可悉爲寫送之。』御覽四夷部又云：「聞彼鄰多有師子，此獻未覩，可悉致之。」又阿羅單國王遣使云：『雪山雪水流注百川，一切衆生咸得受用。』」祥瑞部：「元年七月，有白鷰集於齊郡，九月乃去。」北堂書鈔天部：「盱眙王彭兄弟三人欲葬二親，天旱，穿井無水，彭號天無計，竈前忽然生水。」歲時部：「尚書郎樂詢以爲治曆之官，當覈晷度。」政術部：「王韶之奏彈著作郎王燮，御史中丞劉武之奏彈强弩將軍陶文朗。」太平御覽兵部載謝靈運自理表。服章部：「治書侍御史朱興啓彈朝請向騰之。」四夷部：「天竺國、毗迦梨國王遣使上表。」「阿羅單國王遣使奉獻。」並引宋元嘉起居注。人事部：「汝陽太守王道標作木人二枚，高八尺，著郡門。有犯事者使拳擊木人，倒者免罪。」此題文帝元嘉起居注。服用部：「御史中丞荀伯子奏左衛將軍何尚之公事每罩笠，有虧體制。」此題宋元嘉十年起居注。又：「阿羅單國奉孔雀蓋一具」，題元嘉二十九年起居注。書鈔儀飾部亦引之，無「二十九年」字。唐志七十一卷。

宋孝建起居注十二卷

〔王氏〕宋書州郡志引起居注（或即下宋起居注。）：「元嘉十一年，以南兖州東平之平陸併范，壽張併朝陽，平原之濟岷、晉寧併營城，高康併茌平。」

通典樂門：皇帝出入奏永，送神奏肆夏。並引孝建起居注。唐志十七卷。

宋大明起居注十五卷梁三十四卷。

唐志十五卷。

〔王氏〕宋書州郡志：「起居注或即下宋起居注，孝武大明五年，分廣陵爲沛郡，治肥如縣。」起居注，「大明八年，省光城左郡爲縣。弋陽。」

宋景和起居注四卷梁有，隋亡。

唐志有宋景平起居注三卷。

宋泰始起居注十九卷梁二十三卷。

初學記職官部、太平御覽職官部：「宋泰始起居注：二年詔曰：『王言之職，總司清要，中將軍丹陽尹王景文，風尚宏簡，情度淹粹，忠規茂績，實宣國道，宜兼管内樞，以重其任，可中書令。』」

宋起居注不著録。

〔王氏〕「元嘉十六年，割梁州宕渠郡度益州。」宋書州郡志。「文帝元嘉十二年，於劍南立北巴西郡，屬益州。」又。「本屬梁州，元嘉十六年度。」又南漢中太守。以上三條並單稱起居注。「新巴民流寓，文帝元嘉十二年，於劍南立。」又南新巴太守。「本屬梁州，元嘉十六年度。」又，南宕渠太守。

初學記禮部云：「今太廟太極，既以隨時。明堂之制，國學之南，地實京邑，爽塏平暢，足以營建。」服食部：「泰始二年，御史中丞羊希奏山陰令謝沈親憂未除，常著青絳襠衫，請免沈官。」寶器部：「泰始二年，嘉蓮一雙，駢花並實，合樹同莖。」鳥部：「元嘉十三年，陽羨縣民送白烏，皓質潔映，有若輝璧。」太平御覽職官部：「元嘉中，以散騎常侍荀伯子爲太子僕。」「永初中，以徐珮爲太子後衛率。」兵部：「劉道符露布曰：『七月二十五日，部率衆軍虎士攻城，逆賊程天祚等窮迫乞降。』」又：「泰始二年，有司奏賊帥劉胡等從南城蘭道來攻營。」服用部：「河西王沮渠蒙遜獻青頭黛百斤。」四夷部：「孝建二年七月二十日，盤盤國王遣使奉獻金銀、琉璃、諸香藥等物。八月二十日，陁利國王遣使表獻方物。」果部：「元嘉十八年，有司奏揚州刺史王濬州治後池有兩蓮駢生。十六年，華林有雙蓮同榦。」並引宋起居注。愚按：此書不著年號，總記宋事，似仿劉道會晉起居注之例，然隋、唐志皆不著録，無從考其卷數。御覽服用部又引劉楨奏韋朗事，與元嘉起居注同。

齊永明起居注二十五卷梁有三十四卷。

南齊書文學傳：「王逡之兼著作，撰永明起居注。」唐志二十五卷。

〔王氏〕宋書自序：「永明二年，又忝兼著作郎，撰次起居注。」

梁大同起居注十卷

太平御覽休徵部：「九年，金芝二十八莖生平水署，少府卿蕭介以聞。」寰宇記江南西道：「九年，鴻臚卿上表，傳詔往姑熟翰辟山，採石墨於大石之内，獲錢四枚。」並引梁大同起居注，皆紀九年事。唐志有大同七年起居注十卷。

梁天監起居注卷亡，不著録。

太平御覽地部：「廬陵太守王希晪於玉笥山獲劍二口。」寰宇記劍南西道：「十六年，連理竹生益州郫縣王家園外。」江南西道：「五年，王希晪於高昌縣獲龍泉光劍二口。」嶺南道：「交州刺史表言，林邑王范纘云晝觀望天風，知中國有聖主，乞内附爲臣，兼獻白猴一頭。」並引梁天監起居注。

梁起居注卷亡，不著録。

〔王氏〕梁書裴子野傳：「高祖以爲著作郎，掌國史及起居注。」又王僧儒傳：「直文德省，撰中表簿及起居注。」

太平御覽休徵部：梁起居注曰：「大同六年九月，始平獻嘉禾一莖七穗。」

別起居注六百卷梁徐勉撰。不著録。

梁書徐勉傳：「勉常以起居注煩雜，乃加删爲別起居注六百卷。」南史勉傳：「勉作流別起居注六百六十卷。」隋志：「流別起居注三十七卷。」列於宋起居注前，且卷數懸殊，自與勉撰各爲一書。但梁書去「流」字，當是脱落。金樓子聚書篇曰：「爲揚州刺史時，就吴中諸士大夫寫得起居注，又得徐勉起居注。」

後魏起居注三百三十六卷

後魏書高祖紀：「太和十四年二月戊寅，初詔定起居注。」王遵業傳：「遵業與崔鴻同撰起居注。」李伯尚傳：「伯尚撰太和起居注。」房景先傳：「景先撰世宗起居注。」周道和傳：「道和修起居注。」北齊書魏收傳：「陽休之父固，爲北平太守，以貪虐爲李平所彈獲罪，載在魏起居注。」唐志二百七十六卷。

陳永定起居注八卷

陳書劉師知傳：「初，世祖敕師知撰起居注，自永寧「寧」，南史作「定」。二年秋至天嘉元年冬，爲十卷。」

陳起居注四十一卷不著録。

見唐志。

後周太祖號令三卷

周書文帝紀：「大統七年，太祖奏行十二條制，恐百官不勉於職事，又下令申明之。」愚按：張軌、柳虯、薛寘列傳並言修起居注〔七〕，而隋、唐志皆不著録，此號令三卷似宜列諸律令，而入起居注類，未詳其義。

隋開皇起居注六十卷

唐六典注曰：「漢獻帝及西晉以後諸帝皆有起居注，並史官所録。自隋置爲職員，列爲侍臣，專掌其事，每季爲卷，送付史官。」唐志：隋開皇元年起居注六卷。

南燕起居注一卷

隋志曰：「僞國起居，惟南燕一卷，不可别出，故附之於此。」史通外篇曰：「南燕有趙郡王景暉，嘗事德、超，撰二燕起居注。」

漢武帝有禁中起居注，

西京雜記序曰，葛洪家有漢武帝禁中起居注一卷。

後漢明德馬后撰明帝起居注，

文選赭白馬賦注：「案漢明帝起居注云：帝向太山，至滎陽，有烏鳴軛，中郎將王吉引弓射殺之，將以示帝，曰：『烏鳴軛，彎弓射，洞胸腋，陛下壽萬歲，臣受二千石。』乃賜帛二百匹。」

漢時起居注，似在宫中，爲女史之職。

通典職官門曰：「王莽時，又置柱下五史，秩如御史，聽事侍傍，記其言行，此又起居之職。」

今存者，有漢獻帝及晉代已來起居注，皆近侍之臣所録。

通典曰：「自魏至晉，起居注則著作掌之，其後起居皆近侍之臣録記也。録其言行與其勳伐，有其職而無其官。」唐六典引魏起居注：青龍中，議秘書丞郎宜居三臺上。

近代以來，别有其職。

通典曰：「後魏始置起居令史，每行幸宴會，則在御左右，記録帝言及宴賓客訓答。後又别置修起居注二人，以他官領之。北齊有起居省。後周有外史，掌書王言及動作之事，以爲國志，即起居之職。又有著作二人，掌綴國録，則起居注、著作之任，自此而分也。」

【校勘記】

〔一〕「行」，原無，據後漢書卷九四禮儀志注所引獻帝起居注增補。

〔二〕「鄙」，原作「郡」，據三國志卷三五蜀志諸葛瞻傳注所引晉泰始起居注改。

〔三〕「香衣輦」，原作「衣香輦」，據太平御覽卷七七四車部所引太康起居注改。

〔四〕「朔」，原作「翔」，據太平御覽卷二三四職官部所引晉太興起居注改。

〔五〕「角弩四張」，原作「用四宏」，據太平御覽卷七七五車部所引晉泰元起居注改。

〔六〕「又」，原作「文」，據太平御覽卷七七五車部所引晉泰元起居注改。

〔七〕「蚪」，原作「蚪」，據周書卷三八柳蚪傳改。

隋經籍志考證卷六

地理

山海經二十三卷郭璞撰。

今存。

水經三卷郭璞注。

舊唐志郭璞撰，新唐志作「桑欽」。

黄圖一卷記三輔宫觀、陵廟、明堂、辟雍、郊畤等事。

今本六卷。

地理風俗記卷亡，應劭撰。不著録。

水經河水注：「燉，大也。煌，盛也。酒泉，其水甘若酒味故也。張掖，言張國臂掖以威羌狄。」温水注：「鬱，芳草也。鬱人所貢，因氏郡矣。」御覽香部同。太平寰宇記河北道：

「中人城西北有左人亭，鮮虞故邑。」並引應劭地理風俗記。

洛陽記四卷

無撰名。水經穀水注：「千金堨，魏時更修。」文選東京賦注：「太谷，舊名通谷。」後漢書堅譚傳注：「建始殿東有太倉，倉東有武庫。」通典職官門注：「千金堤，陳勰所置。」初學記地部：「漢洛陽四關，東成皋關〔一〕，南伊闕關，西函谷關，北孟津關。」北堂書鈔酒食部：「乾脯山，於上曝脯，因以爲名。」太平御覽地部：「關塞在河南縣。」並引洛陽記，不著撰名。

〔王氏〕「嘉德殿在九龍門内。」後漢書楊震附傳注。「建始殿東有太倉，倉東有武庫，藏兵之所。」又，堅鐔傳注。「太學在洛城」至「邕名」，又，蔡邕傳注，五頁。「南宮有崇德殿、太極殿，西有金商門。」又。「洛陽城南面有四門，從東第三門。」董卓傳注。

洛陽記一卷　陸機撰。

「機」，唐志作「璣」。水經穀水注：「九江直作圓水，水中作圓壇三破之，夾水得相逕通。」文選閒居賦注：「洛陽三市：大市、馬市、縣市。」後漢書光武紀注：「太學在〔王氏〕增「洛陽城故」。開陽門外，〔王氏〕增「去宮八里」。講堂長十丈，廣三丈。」藝文類聚居處部：「洛陽城，周公所制，東西十里，南北十三里。」太平御覽居處部：「洛陽南宮有承風觀，北宮有曾喜觀，城外有宣陽、千秋、鴻地等觀。」寰宇記河南道：「宮牆西有二銅井。」並引陸機洛陽記。

〔王氏〕「上商里在洛陽東北，本殷頑人所居。」後漢書鮑永傳注。

洛陽宮殿簿一卷

唐志三卷。世説巧藝篇注：「陵雲臺上壁方十三丈，高九尺。」文選東京賦注：「北宮有雲龍門、神虎門。」藝文類聚居處部：「明光、徽音、式乾、暉章、含章、建始、仁壽、宣光、嘉福、百福、芙蓉、九華、流圃、華光、崇光，並殿名。」初學記居處部：「有魏太極、九龍、芙蓉、九華、承光諸殿。」後漢書劉寬傳注：「華光殿在華林園内。」寰宇記河南道：「西宮臨章殿有瓊華池。」並引洛陽宮殿簿。此書徵引尚多，今約舉各書一事，以從大略，後倣此。

〔王氏〕雒陽宫閣簿：「德陽宫殿南北行七丈，東西行三十七丈四尺。」

洛陽宮舍記卷亡，不著録。

文選東都賦注洛陽有雲龍門，有端門，耤田賦注有閶闔門，初學記居處部有萬春、千秋門，並引洛陽宮舍記。太平御覽珍寶部：「宮中有林商等觀〔二〕，皆雲母置窗裏，日照之，煒煒有光。」此稱洛陽宮殿記。

洛陽故宮名卷亡，不著録。

水經穀水注：「有朱雀闕、白虎闕、蒼龍闕、北闕、南宮闕，又南宮有謻臺、臨照臺。」文選求爲諸孫置守冢人注：「馬市在城東，吴、蜀二王館與相連。」劉公幹贈徐幹詩注：「洛陽宮有東掖門、西掖門。」初學記居處部：「洛陽南宮有玉堂前殿、黄龍殿、翔平殿、竹殿。」藝文類聚居處部：「侍中廬在南宮中。」太平御覽居處部：「有卻非殿、銅馬殿、敬法殿、清涼殿，有飛兔門、含章門、建禮門、廣懷門。」並引洛陽故宮名。續漢禮儀志注：「洛陽宮德陽殿南北行七丈〔三〕，東西行三十七丈四尺。」此稱洛陽宮閣傳。〔王氏〕案光武紀注作洛陽宮閣名。百官志注：「爲蒼龍闕門。」引洛陽宮門名。後漢書光武紀注：「有卻非殿。」初學記居處部：「洛陽宮有嘉德殿。」藝文類聚居處部：「洛陽有望舒涼室。」並稱洛陽宮殿名。後漢書安帝紀注：「南宮有東觀。」引洛陽宮閣名。〔王氏〕按紀注作洛陽宮殿名。

〔王氏〕洛陽宮殿名，南宮有玉堂前、後殿。靈帝紀。

〔又〕「華光殿在崇光殿北。」楊震附傳注引洛陽宮殿名。「永安宮周迴六百九十八丈，故基在洛陽故城中。」獻帝紀注引洛陽宮殿名。

洛陽圖一卷晉懷州刺史楊佺期撰。錢氏考異曰：「按晉無懷州，當是雍州之譌。」

新唐志作洛城圖，舊唐志作洛陽圖。文選閒居賦注：「城南七里名洛水，洛水之南名曰伊水。」續漢郡國志注：「鹽池，〔王氏〕增改作「河東鹽池長七十里，廣七里。」水氣紫色，有別御鹽，四面刻如印齒文章，字妙不可述。」寰宇記河南道：「北山連嶺修亘四百餘里，實古今東洛九原之地也。」並引楊佺期洛陽記。後漢書儒林傳序注：「石經〔王氏〕增「文都似」。碑，高一丈許，廣四尺，駢羅相接。」藝文類聚居處部：「淩雲臺，登之見孟津。」並稱楊龍驤洛陽記。據晉書，佺期嘗爲龍驤將軍，故有此稱。又文選東京賦注：「濯龍，池名。」應貞華林園集詩注：「華林園，魏明帝起名。」此引洛陽圖經。太平御覽居處部：「鞏在洛水之間。」寰宇記河南道：「金鏞城内有百尺樓。」此引洛陽地圖。皆不著撰名。張彥遠歷代名畫記曰楊佺期撰洛陽圖，一名楊宮圖狀。

洛陽記卷亡，華延儁撰。不著録。

北堂書鈔樂部：「端門内有大鐘，正朝大會擊之，聲聞二十里。」初學記橋部：「城西車馬橋，去城三十里。」後漢書〔王氏〕增「靈思何」。皇后紀注：「城内有奉常亭。」太平御覽服用部：「城十八觀，皆籠雲母幌。」寰宇記河南道：「謻門，即漢之東門。」並引華延儁洛陽記。

洛陽記一卷戴延之撰。不著録。

見唐志。

後魏洛陽記五卷不著録。

見唐志。

〔王氏〕又桓譚傳注引楊衒之洛陽記曰：「平昌門直南，大道東是明堂，大道西是靈臺。」案：此當是洛陽伽藍記文。

漢宫閣簿三卷不著録。

見唐志。文選上林賦注：「長安有東陂池、西陂池。」引漢宫殿簿。

漢宫殿名卷亡，不著録。

後漢書鍾離意傳注：「北宫中有德陽殿。」〔王氏〕增「逸民。」逢萌傳注：「東都門〔四〕，今名青門也。」太平御覽居處部：「長安有宣平、覆盎、萬秋、宣德、元城、青綺、仁壽等門。」藝文類聚、初學記居處部並引之。「洛陽有泰夏、閶闔、西華、萬春、蒼龍、長秋、景福、丙舍、鴻都、濯龍等門。」又：「神明臺，高五十丈，上有九室。」並引漢宮殿名。文選西都賦注：「長安有合歡殿、披香殿、鴛鸞殿、飛翔殿。」後漢書班固傳注作漢宮閣名。藝文類聚居處部：「洛陽故北宮有九子坊。」並稱漢宮闕名。初學記居處部：「長安有駁娑宮、宜春宮，有玉堂殿、銅柱殿。」並稱漢宮閣名。三輔黃圖：「未央宮有宣明、長年、温室、昆德四殿。」又：「温室殿在未央宮。」並引漢宮閣記。

漢宮闕疏卷亡，不著録。

文選西都賦注：「長安立九市，其六市在道西，三市在道東。」〔王氏〕後漢書班彪附傳注：「漢宮闕疏：長安九市，其六在道西，三在道東。」三輔黃圖：「長安城第二門名城東門。」史記呂太后紀索隱：「四年，築城東面。五年，築北面。」並引漢宮闕疏。漢書郊祀志注：「神明臺，高五十丈，上有九室。」史記孝武紀索隱作漢宮闕疏。後漢書光武紀注：「靈臺，高三丈，十二門。」〔王氏〕增「天子曰靈臺，諸侯曰觀臺。」班彪附傳注：「昆明池有二石人，牽牛、織女之象。」並稱漢宮閣疏。史記高祖紀索隱：「枳道亭，東去霸城觀四里。」稱漢宮殿疏。藝文類聚、初學記居處部所引亦稱漢宮殿疏。北堂書鈔舟部：「武帝昆明池作豫章大船。」稱漢宮室疏。

晉宮閣名卷亡，不著録。

水經穀水注：「金鏞有崇天堂。」「開陽門，故建陽門也。」詩豳風正義：「華林園中有車下李三百一十四株、薁李一株。」文選靈光賦注：「華林園萬年樹十四株。」謝玄暉直中書省詩注同。按此書多記華林園樹木。藝文類聚菓部、木部，御覽木部、菓部所引多類此。初學記居處部：「有堯母堂、永光堂、長壽堂，洛陽有承明門、崇禮門。」御覽居處部所引多類此。並引晉宮閣名。「閣」或作「闕」。又選注「名」或作「銘」，乃字誤。北堂書鈔舟部：「靈芝池内有鳴鶴舟、指南舟。」藝文類聚舟車部：「天淵池中有紫宮、升進、躍陽、飛龍等舟。」初學記器物部、御覽舟部同。並引晉宮閣記。太平寰宇記河南道：「宣武觀，在大夏門内東北上。」此稱晉宮闕簿。

河南十二縣境簿卷亡，不著録。

水經穀水注：「河南縣，城東十五里有千金堨。」又：「九曲瀆在河南鞏縣西，西至洛陽。」伊水注：「廣成澤在新城縣界黄阜西北。」初學記居處部：「晉有平樂、鹿子、桑梓諸苑。」原注：晉宮閣名並列。又曰：「洛陽城西有桑梓苑。」御覽居處部句上有「曰河南縣有鹿子苑」一句。太平寰宇記河南道：「藺觀在廣陽門。」並引河南十二縣境簿。文選閒居賦注：「城南五里，洛水浮橋〔五〕。」阮嗣宗詠懷詩注：「城東首陽山，上有首陽祠。」宋孝武宣貴妃誄注：「洛陽縣東城第一建春門。」並引河南郡縣境界簿。

〔王氏〕馬融傳注：河南郡境簿云：「洛陽縣南大石山中有雜樹木，有祠名大石祠，山高二百丈。」

三輔宫殿名卷亡，不著録。

藝文類聚居處部、太平御覽居處部：「未央宫有麒麟殿、椒房殿。」又：「長樂宫前殿、宣德殿、通光殿、高明殿。」並引三輔宫殿名。又：「長樂宫有臨華臺、神仙臺。」並引三輔宫殿簿。

建康宫殿簿卷亡，不著録。

史通雜述篇曰：「若潘岳關中，陸機洛陽、三輔黄圖、建康宫殿，此之謂都邑簿者也。」太平御覽居處部引建康宫殿簿十餘事，其言陳永初中於臺城中起昭德、嘉德、壽安等殿。是此書當撰自陳、隋間。

述征記二卷郭緣生撰。

唐志同。水經注引郭緣生述征記。渭水注稱郭著他書所引，或稱郭氏，或稱緣生。其記中有漢建寧五年管遵立堯碑，晉永興中立伍員碑，水經瓠子河注。華岳三廟前張昶所造碑文，北堂書鈔藝文部。曹植祠堂刊石，同上。齊谷中襜褕先生碑，書鈔衣冠部。青門外魏車騎將軍郭淮碑，太平御覽居處部。落索門裏有司馬京兆碑，同上。漢太尉陳球墓三碑〔六〕，一碑記弟子盧植、鄭玄、管寧、華歆等六十人，一碑及陳登，碑文並蔡邕所作。御覽文部。又曰：「崆峒山有堯碑、禹碣，皆籀文焉。」同上。「漢陽嘉元年太學贊碑，太尉龐參、司徒劉琦、太常孔扶、將作大匠胡廣等記。」御覽禮儀部。

續述征記卷亡，郭緣生撰。不著録。

水經渠注：「大梁城，續述征記爲師曠城。郭緣生曾遊此邑，踐夷門，升吹臺，終古之跡，緬焉盡在〔七〕。」巨洋水注「逢山石鼓」，初學記地部「東萊温泉」，州郡部「彭城五溝」，並稱郭緣生續述征記。他書所引，多不著緣生名。

述征記卷亡，裴松之撰。不著録。

西征記卷亡，裴松之撰。不著録。

魏志三少帝紀注：「裴松之西征記曰：『臣松之昔從征西至洛陽，歷觀舊物，見典論石在太學者尚存，而廟門外無之。』」太平寰宇記河南道：「老子宫前有雙松柏，左階之柏久枯。」此稱裴松之述征記。

西征記二卷戴延之撰。

水經河水注多引戴延之西征記，其言天津橋東故城謂之逯明壘。廣韻注曰：「有逯明壘，云是石勒十八騎中人。」按此一作地名，一作人名，同引一書而互異。史記高祖紀正義：「函谷，道形如函也。其山壁立數仞，谷中容一車。」太平御覽州郡部：「函谷，道形如函也。孫卿子曰『秦有松柏之塞』是也。」亦一事而語異。「函谷，道地形如函」，姚察訓纂語當本此。後漢書班固傳注：「端門東有崇賢門，次外有雲龍門。」祇稱戴延之記。楊賜傳注：〔王氏〕「楊」下增「震附」。「太極殿西有金商門。」稱延之西征記。水經洛水注：「偃人穴偃尸。」稱延之從劉武王西征記，他書皆省「從劉武王」四字。

西征記卷亡，盧思道撰。不著録。

太平寰宇記河北道：「盧思道西征記曰：『白鹿山，孤峰秀出，上有石，自然爲鹿形，故山以白鹿爲稱。』」

婁地記一卷吴顧啓期撰。

文選謝靈運遊赤石詩注：「浪山，海中南極之觀嶺，窮髮之人，舉帆揚越，以爲標的。」藝文類聚草部：「婁門東南有華墩陂，中生千葉蓮花。」太平御覽地部：「太湖東小山名洞庭山，東頭北面一穴，西頭南面一穴，西北一穴，僂乃得入。」並引顧啓期婁地記。

風土記三卷晉平西將軍周處撰。

晉書周處傳：「處著風土記。」唐志十卷。史通補注篇曰：「若摯虞三輔決録、陳壽季漢輔臣、周處陽羨風土、常璩華陽士女，文言美詞，列於章句；委曲叙事，存於細書。」愚按：初學記歲時部：「正月元日，食五辛鍊形。注曰：辛菜所以助發五藏也。莊子曰：春日飲酒茹葱，以通五藏。」「仲夏長風扇暑。注曰：此節東南常有風至，俗名黄雀長風。」「仲夏濯枝盪川。注曰：此節常多大雨，名濯枝。」太平御覽時序部：「榆莢雨，注曰：春雨。黄鶴風，濯枝雨。注曰：六月之雨也。」此引周處風土記，皆分晰正文及注。他如「鯨鯢，海中大魚也，俗説出入穴即爲潮水。」春秋左傳宣公正義。「舜耕於歷山，山多柞樹。吴越名『柞』爲『歷』，故曰歷山。」水經河水注。「蕊，香菜根，似茆根，蜀人所謂葅香。」文選南都賦注。「石髪，水苔也，青緑色，皆生於石。」文選江賦注。「笈謂學士所以負書箱，如冠箱面卑者也。」一切經音義卷一。「大水有小口别通曰浦〔八〕。」廣韻卷三。「茱萸，檓也，九月九日熟，色赤，可採時也。」藝文類聚木部。「璿衡，即今之渾儀也。古者以玉爲之，轉運者爲機，持正者爲衡。」御覽天部，又北堂書鈔儀飾部作「轉運者爲衡」，削「持正」句。此皆注文。若「月正元日，百禮兼崇」，初學記歲時部。「舡舸單乘，載數百斛」，北堂書鈔舟部。「戟爲五兵雄」，史記司馬相如傳索隱、書鈔武功部曰：「戟長一丈三尺，奮揚俯仰，能兼五兵。」當即此句注文。此皆正文。又北堂書鈔舟部曰：「若乃越騰百川，濟江泛海。其舟則温麻五會，東甄晨凫，青桐梧樟，航疾乘風，輕帆電驅。」此類賦體，所謂文言美詞也。至御覽服章部：「美朱爽之輕屬，蔑尤舄之文章。」書鈔衣冠部亦引此二句。「爽，籐也，赤色以爲屬，行山草便於用靴，故越人重之。」又羽族部：「鳴鶴戒露，此鳥警，至八月白露流於草上。適適有聲，因即高鳴相警，移徙所宿處。」藝文類聚鳥部同。此皆正文及注同引，而脱去「注曰」二字，然分别觀之，自可考見。

吳興記三卷山謙之撰。

宋王象之輿地碑記目曰：「吳興記，山謙之撰。」續漢書郡國志注：「中平年，分故障縣置安吉縣。興平二年，分烏程縣爲永縣。」世説言語篇注：「於潛縣東有印渚。」並引吳興記。初學記地理部：「烏程縣車蓋山。」「於潛舊縣天目山。」「臨安縣東石鏡山。」藝文類聚：「烏程縣西温山出御荈。」並稱山謙之吳興記。太平寰宇記江南東道所引尤多。

〔王氏〕不著撰人。「中平年」至「原鄉縣」，續漢書郡國志故鄣補注。「縣西北」至「爲永縣」。又烏程補注〔九〕。

吳興山墟名卷亡，張充之撰。不著録。

太平寰宇記江南東道引張充之又作「玄之」。吴興山墟名，有三山、金山、石城山、杼山、金鵝山、几山、七里橋山、餘英溪、夏駕山、白鶴山、青山、藝香山、西顧山、雉山、西嶝山、南嶼山、吴城湖、荆山、紫花澗、顧渚、苧溪二十二事。金山二事。輿地碑記目：「吴興山墟名，張玄之作，又云晉吴興太守王韶之撰。」

吴郡記一卷顧夷撰。

後漢書楚王英傳注：「横山北有小山，俗謂姑蘇臺。」引顧夷吴地記。史記高祖紀集解：「顧夷曰：『餘杭者，秦始皇至會稽經此，立爲縣。』」漢書伍被傳注：「吴闔閭十一年，起臺於姑蘇山。」藝文類聚居處部同。後漢書彭修傳注：（王氏）「修」改作「脩」，「注」下增「本名」。「延陵，（王氏）下標「至」。漢改曰毗陵。」北堂書鈔酒食部：「長城若下出美酒。」初學記地部：「山東兩嶺相趍，名曰銅嶺。」並引吴地記，不著顧夷名。

吴縣記卷亡，顧微撰。不著録。

文選頭陀寺碑文注：「顧微吴縣記曰：『佛法詳其始，而典籍亦無聞焉。魯莊七年夜明，佛生之日也。』」

吴地記卷亡，董覽撰。不著録。

初學記地部伍子胥廟，太平御覽富春陽城山、姑蘇山、硯石山、香山、定山、曲阿、南武城、袁山松城，並引董覽吴地記。

分吴會丹陽三郡記二卷不著録。

見新唐志。舊唐志三卷。太平御覽人事部：「土城者，勾踐時得西施、鄭旦，作土城貯之。」兵部：「卞山者，勾踐於此山鑄銅。」禮儀部：「種山，大夫種所葬也。」並引吴會分地記。

三吴土地記卷亡，顧長生撰。不著録。

太平寰宇記江南東道：「顧長生三吴土地記曰：『有雪溪，水至深者。』」又曰：「掩浦者，昔項羽觀秦皇輿曰：『可取而代也。』項梁掩其口之處，因名之曰。」王象之輿地碑記目曰：「三吴土地記，顧長生作。」

三吴郡國志卷亡，韋昭撰。不著録。

寰宇記江南東道：「韋昭三吴郡國志曰：孔姥墩，昔有孔氏婦少寡，有子八人，訓以義方，漢哀、平間俱爲郡守，因名之，亦曰八子墩。」輿地碑記目曰：「吴興録，韋昭作。」

吴郡地理記卷亡，王僧虔撰。不著録。

太平御覽逸民部：「王僧虔吴郡地理記曰：處士陸著，漢桓、靈間，州府交辟，不就。臨卒，誡諸子弟云：『勿苟仕濁世。』子弟遵訓，終身不仕，並有盛名。」

吴地記一卷張勃撰。不著録。

見唐志。

吴郡緣海四縣記卷亡，不著録。

文選謝靈運富春詩注：「錢塘西南五十里有定山。」太平御覽地部：「葉海有會骸山，傳云山有金牛，昔有兄弟三人共鑿求之，坎崩同死，因以爲名。」並引吴郡緣海四縣記。

吴郡臨海記卷亡，不著録。

太平御覽地部：「吴郡臨海記曰：『虞縣有穿山，下有洞穴，昔有在海中行者，舉帆從穴中過。』」

京口記二卷宋太常卿劉損撰。

唐志作「劉損之」。藝文類聚地部：「城北四十餘里有小岡，名下鼻。」山部：「石門，二山頭相對。」又：「蒜山無峰嶺，北臨中江。」文選顔延年遊蒜山詩注同。水部：「縣城東南大路得屠兒浦。」居處部：「唐頹山南隅得郗鑒故宅。」菓部：「南國多林檎。」北堂書鈔地理部：「有龍目湖，秦始皇改名爲丹徒。」初學記地理部同。又曰：「去城九里有白石峴。」御覽地部作自在峴。太平御覽地部黄鶴山、北顧山、馬蹄山、嘉子洲，並稱劉禎京口記。輿地碑記目：「京口舊記，山謙之、劉損之皆作。」山謙之記未見逸篇。

〔王氏〕宋書劉粹傳：「族弟損，字子騫，衛將軍毅從父弟也。官至吴郡太守，追贈太常。」案：損父鎮之，閑居京口。故損撰此書。唐志作劉損之，御覽引此書，作劉禎，皆誤也。

南徐州記二卷山謙之撰。

唐志同。文選七發注：「京江，禹貢北江，春秋朔望，輒有大濤。」求自試表注、初學記地理部並同。藝文類聚山部：「蒜山北江中有伏牛山。」太平御覽地部丹徒縣女山、暨陽縣秦履山、暨陽北馬鞍山、南沙縣中州山、剡縣三白山，並引山謙之南徐州記。世説捷悟篇注：「徐州人多勁悍，號精兵。」排調篇注：「徐州都督北府之號，自晉王舒起。」史記絳侯周勃世家正義：「丹徒峴龍目湖。」並引南徐州記，不著山謙之名。

徐地録一卷劉芳撰。不著録。

見唐志。北堂書鈔藝文部：「徐州有秦始皇碑。」地理部：「延陵縣南有茅君山。」太平寰宇記河南道：「合鄉故城，古之互鄉。」又云：「後漢承宫躬稼於蒙山。」並引劉芳徐州記。

南兖州記一卷阮昇之撰。不著録。

新唐志：「阮叙之南兖州記一卷。」太平御覽地部：「瓜步山東五里有赤岸山。」州郡部：「南兖州地有鹽亭一百二十三所。」寰宇記淮南道同。「盱眙，春秋時善道地。」寰宇記淮南道：「江都臺釣臺，吴王濞之釣臺。」又：「海陵縣孤山有神祠，悉生大竹。」「有高郵縣有土山，上有石井、石臼。」並引阮昇之南兖州記。河南道都梁山、東陽山、盱眙山，又淮南道故齊寧縣、江都孝義里、廣陵茱萸溝六事。御覽地部引都梁宫殿，隋大業元年所立。並稱阮昇之記。似此書撰在隋唐間。

兖州記卷亡，荀綽撰。不著録。

世説文學篇注：「袁準有俊才，太始中位給事中。」北堂書鈔設官部、藝文類聚職官部、御覽職官部並同。此引荀綽兖州記。

會稽記一卷賀循撰。

史記越世家正義：「少康其少子號曰於越，越國之稱始此。」太平御覽地部：「石簣山，其形似簣，在宛委山上。」並引賀循會稽記。

會稽記卷亡，孔靈符撰。不著録。

宋書孔季恭傳：「季恭，會稽山陰人，子靈符爲會稽太守。」文選遊天台山賦注：「赤城山，瀑布冬夏不竭。」「天台山舊名，五縣之餘地。」「赤城山上有石橋、石屏風。」顔延年和靈運詩注：「秦望山在州城正南。」江文通雜體詩注：「始寧縣有嶀山，剡縣有嵊山。」後漢書鄭弘傳注：「〔王氏〕「射的山」至。若耶溪風，呼爲『鄭公風』。」藝文類聚山部：「赤城山南有天台靈岳，玉石瑨臺。」又：「餘姚縣南百里有太平山。」又：「會稽山南有宛委山。」又：「射的山西南水中有白鶴。」太平御覽地部「諸暨縣西北有烏帶山，上虞有龍頭山。」並引孔靈符會稽記。初學記地理部：「四明山高峰軼雲，連岫蔽日。」稱孔曄會稽記〔一〇〕。」御覽地部始寧縣壇讌山、剡縣白石山、璽山大夫種墓、諸暨縣羅山、陳音山、銅牛山、赤城山、亭山、永興縣洛思山、城西門怪山，居處部重山南白樓亭，並稱孔曄會稽記，愚按：寰宇記江南東道引「射的白斛一百，射的玄斛一千」之語，稱孔曄記。御覽地部同引之，則稱孔靈符，疑曄乃靈符名，而以字行，故宋書本傳祇稱靈符也。藝文類聚山部引塗山、土城山、秦望山三事，稱孔皋會稽記，「皋」乃「曄」字之訛。

會稽土地記一卷朱育撰。

世説言語篇注：「東陽長山，靡迤而長，縣因山得名。」又：「山陰邑在山陰，故以名焉。」此引會稽土地志，不著朱育名。

會稽舊記卷亡，不著録。

史記五帝紀正義：「會稽舊記曰：『舜，上虞人。去虞三十里有姚丘，即舜所生也。』」

會稽郡十城地志卷亡，不著録。

太平御覽禮儀部：「上虞縣東南古冢磚題文曰：『居在本土厥姓黄，卜葬於此大富强。易卦吉，龜卦凶。』」此引會稽郡十城地志。

隋王入沔記六卷宋侍中沈懷文撰。

唐志十卷。

荆州記三卷宋臨川侍郎盛弘之撰。

通典州郡門：「凡言地理者，在辨區域，徵因革，知要害，察風土，如誕而不經，偏記雜説，何暇偏舉。」注曰：「謂辛氏三秦記、常璩華陽國志、羅含湘中記、盛弘之荆州記之類，皆自述鄉國靈怪、人賢物盛，參以他書，則多紕繆，既非通論，不暇取之矣。」愚按：弘之書見引最多，其記靈異，如始興機山石室、藝文類聚地部。鄮縣菊谿、類聚水部。夷道勾將山下三泉、同上。新陽縣惠澤中温泉、同上。宜都佷山風穴、御覽天部。佷山石穴陰陽石、同上。湘東雨母山、采陽縣雨瀨、同上。臨賀郡雷磨石、御覽地部。臨賀縣門石人、同上。

宮亭湖廟神，同上，又初學記地部同。漁復縣神洲，同上。此類甚衆。史記越世家正義引華容縣西陶朱公冢碑。文選登樓賦注：「江陵縣西有陶朱公冢碑。」北堂書鈔武功部有河東郡石鼓銘。藝文類聚居處部有穀城門石人腹銘曰：「摩兜鞬，慎莫言。」太平御覽文部：「冠軍縣張詹墓碑背曰〔二〕：『白楸之棺，易朽之裳，銅錢不入，瓦器不藏。』嗟矣後人，幸勿見傷。』」並出弘之荆州記。

荆州記卷亡，庾仲雍撰。不著録。

〔王氏〕「永陽縣北有石龍山。」後漢書王常傳注。

文選郭景純遊仙詩注：「大城西有靈谿水，臨沮縣有青溪山。」張景陽雜詩注有「北有四關，魯陽、伊闕之屬也。」藝文類聚居處部：「姊歸縣有屈原宅、女須廟，擣衣石猶存。」太平御覽居處部同。地部：「巴楚有明月峽、廣德峽、東突峽，今謂之巫峽、姊歸峽、歸鄉峽。」並引庾仲雍荆州記。

荆州記卷亡，范汪撰。不著録。

史記五帝紀正義：「丹水縣在丹川，堯子朱所封也。」藝文類聚居處部：「宛有三女樓、伍子胥宅。」又云：「安昌里有光武宅，枕白水，所謂龍飛白水也。」太平御覽服用部：

「安成郡今屬江州，出桃枝席。」獸部：「夷陵縣峽口，猿鳴至清遠。」並引范汪荊州記。

荊州土地志卷亡，不著録。

藝文類聚舟車部：「桓宣穆遣人尋廬山，上有一湖，中有敗艑。」菓部：「宜都出大枇杷。」並引荊州土地志，不著撰名。

荊州記卷亡，劉澄之撰。不著録。

初學記地部：「劉澄之荊州記曰：『華容縣東南有雲夢澤，一名巴丘湖，荊州之藪也。』」

豫章記一卷雷次宗撰。

唐志同。宋志稱豫章古今記三卷。王象之輿地碑目言豫章古今志見隋志，然「古今」二字非隋志本有。

藝文類聚軍器部載：「雷孔章爲豐城令，得龍淵、太阿二劍。」御覽兵部同。晉書張華傳即取資此記，然水經贛水注引次宗言鸞岡、鶴嶺，以舊説爲繫風捕影之論，文選別賦注亦引舊説，而不載次宗辨論。是次宗亦不專尚奇異也。太平寰宇記江南西道，洪井風雨池、洪州城大湖、龍沙堆、王喬壇、椒丘城、昌邑城、許子將墓、建城縣、樂平縣、吉州、陶侃母墓、建昌縣，共十二事，引次宗豫章記。其不著次宗名者不録。

〔王氏〕豫章舊志：「匡俗，字君平，夏禹之苗裔也。」續漢書郡國志補注。

〔又〕不著撰人豫章記：「新吳、上蔡」至「名上蔡」，續漢書郡國志補注，七頁。「江淮唯此縣及吳、臨湘三縣是令〔一二〕。」又南昌補注。「縣有葛鄉」至「以爨」，又建城補注。「城東」至「慨口」。又海昏補注。

豫章記卷亡，張僧鑒撰。不著録。

文選別賦注：「張僧鑒豫章記曰：『洪井有鸞岡，舊説洪崖先生乘鸞所憩處也。鸞岡西有鶴嶺，王子喬控鶴所經過處。』」江文通廬山詩注同。

蜀王本紀一卷揚雄撰。

〔王氏〕：縣前有兩石對如闕，號曰彭門。續漢書郡國志湔氏道補注。

唐志同。史通因習篇曰：「國之有僞，其來尚矣。如杜宇作帝，勾踐稱王，而揚雄撰蜀紀，子貢著越絶。考斯衆作，咸是僞書。」又外篇雜記曰：「揚雄哂子長愛奇多雜，然觀其蜀王本紀，稱杜魄化而爲鵑，荆屍變而爲鱉，其言如是，何其鄙哉！」愚按：杜宇作帝，死化子規，見文選蜀都賦注。荆尸鱉令，御覽作「鱉靈」，此乃人名。隨江水至湔，後漢書張衡傳注作「至成都」。與望帝相見，望帝以爲相，以德薄，不及鱉令，乃委國授之而去。此見文選思玄賦注。御覽妖異部、獸部、羽族部、鱗介部並引之。所記誠涉怪異，然雄言荆地有一死人，名鱉令，非變而爲鱉也。至如武都山精化爲女子；後漢書任文公傳注、北堂書鈔儀飾部。朱提男子從天而下，自稱望帝；史記三代世表索隱。五丁迎秦女，山崩化爲石；藝文類聚山部、御覽地部、州郡部並引之。秦襄王時，宕渠郡獻長人，二十五丈六尺，御覽人事部。此類亦杜宇、鱉令之流。

蜀記卷亡，李膺撰。不著録。

太平寰宇記劍南東道，犁刃山，廢懷歸縣、五城縣，靈江東鹽亭井，宕渠郡，銅官山，劍閣石新婦，並引李膺蜀記。

〔王氏〕不著撰人蜀記：「漢武元鼎十一年，分蜀西部邛莋爲沈黎郡，十四年罷。」宋書州郡志。

蜀記卷亡，段氏撰。不著録。

寰宇記劍南西道：「戎人進猓獠褥，皂、褐、碧三色相間。」江南西道：「涪州出扇。」山南西道：「渝出花竹簟。巴州以竹根爲酒注子〔一三〕。」太平御覽布帛部：「邛州鎮南蕉葛，上者一疋直十千。」並引段氏蜀記。又寰宇記山南東道：「忠州墊江縣以蘇薰爲席，絲爲經，其色深碧。」此稱段氏遊蜀記。

三巴記一卷譙周撰。

玉篇巴部：「閬白水東南逶，如『巴』字。」通典州郡門、御覽地部、州郡部並見。藝文類聚樂部：

「閬中有渝水，賨民鋭氣善舞，高祖使樂人習之，故樂府中有巴渝舞。」太平御覽人事部、禮儀部並引巴國將軍曼子事。俱見譙周三巴記。續漢郡國志注引有巴漢志。

〔王氏〕巴漢志：「漢末以爲西城郡。」續漢書郡國志西城補注。「縣有度水，水有二原，一曰清檢，二曰濁檢。」又沔陽補注。「建安十三年」至「入瀘」。又。「山有大小石城勢者。」又朐忍補注。「有彭池、大澤、名山、靈臺，見孔子内讖。」又閬中補注。「涪陵，巴郡之南」至「其民」。又。「和帝分宕渠之東置。」又宣漢補注，引巴漢記。案此疑巴記文。「孱水出孱山。」，又。「漢水二源，東源出縣之養山，名養。」又氏道補注。「西漢」至「漢沔」。又，四頁。

〔又〕「初平六年」至「巴西郡」，續漢書郡國志補注引譙周巴記，一頁。「靈帝分涪陵置永寧縣。」又引巴記。「和帝分枳置。」又平都補注，引巴記。「初平四年，復分爲南充國縣。」又引巴記。「分宕渠之北而置之。」又漢昌補注。

〔又〕宋書州郡志：譙周巴記云：「初平六年，荆州帳下司馬趙韙建議分巴郡諸縣安漢以下爲永寧郡。建安六年，劉璋改永寧爲巴東郡，以涪陵縣分立丹興、漢葭二縣，立巴東屬國都尉，後爲涪陵郡。」譙周巴記云：「建安六年，劉璋分巴郡墊江以上爲巴西郡。」譙周巴記：「初平六年，分充國爲南充國。」

珠崖傳一卷僞燕聘晉使蓋泓撰。

太平御覽果部：「珠崖傳曰：果有龍眼。」又「珠崖故事曰：珠崖果有餘甘。」

巴蜀志卷亡，袁休明撰。不著録。

水經若水注：「袁休明巴蜀志曰：『堂琅縣西，高山嵯峨，嶺石磊落，傾側縈迴，下臨峭壑。行者攀緣，牽援繩索，三蜀之人及南中諸郡以爲至險。』」

陳留風俗傳三卷圈稱撰。

元和姓纂：「後漢末有圈稱，字幼舉，撰陳留風俗傳。」廣韻注同。匡謬正俗引圈稱自序「爲圈公之後。圈公，秦博士，避地南山。惠太子即位，以圈公爲司徒。」師古：「按班書述四皓，但有園公，非圈公也。公避地入商洛深山，不爲博士。又漢初不置司徒，且呼惠帝爲惠太子，無意義。孟舉之説實爲鄙野。」愚按：水經注、史記索隱諸書所引陳留風俗傳皆無圈公一事，群輔録園公注祇引陳留志，乃江敞所撰，十五卷，見雜傳類。非圈稱之書。然阮簡爲開封令，有劫賊，外白甚急，簡方圍棋，長嘯曰：「局上有劫，亦甚急。」此事水經渠注作陳留志，而太平御覽州郡部、寰宇記河南道並作陳留風俗傳，蓋圈稱、江敞同紀陳留事，故各互見也。但稱字幼舉，師古書爲「孟舉」，誤。唐志卷同。

鄴中記三卷晉國子助教陸翽撰。

今本一卷。

春秋土地名三卷晉裴秀客京相璠撰。

隋志經部春秋類已見，此系重出。

衡山記一卷宋居士撰。

南齊書高逸傳：「宗測，字敬微，宋徵士炳孫也。測少静退，辟徵不就。嘗遊衡山，著衡山記。」隋志「宋」當作「宗」。文選江文通雜體詩注：「空青崗有天津玉池。」藝文類聚地部：「衡山有曾青崗，出曾青，可合仙藥。有靈壽崗，多靈壽木。」御覽地部又云：「週迴數十里，芝草崗有神芝靈草。」並引衡山記。

南嶽記卷亡，徐靈期撰。不著録。

藝文類聚居處部：「南嶽有飛流壇、曲水壇。」御覽居處部同。服飾部：「衡山之岡有石室，有刀鉅、銅銚及瓦香爐。」太平御覽地部：「當翼、軫，度機、衡，謂之衡山。」並引徐靈期南嶽記。

廬山紀略一卷釋慧遠撰。不著録。

今存。

〔王氏〕「山在尋陽南」至「名代」。續漢書郡國志補注引釋慧遠廬山記略，六頁。

廬山記卷亡，張野撰。不著録。

藝文類聚山部：「張野廬山記曰：『廬山天將雨則有白雲，或冠峰岫，或亘中嶺，俗謂之山帶，不出三日必雨。』」

廬山記卷亡，周景式撰。不著録。

藝文類聚山部：「周景式廬山記曰：『匡俗，周威王時，生而神靈，廬於此山，世稱廬君，故山取號焉。』」

勾將山記卷亡，袁山松撰。不著録。

太平寰宇記山南東道：「登勾將山，北見高筐山，嶷然半天。」御覽地部：「堯時大水，此山不没如筐，因名焉。」並引袁山松勾將山記。

太山記卷亡，不著録。

史記趙世家正義：「太山西北有長城，緣河經太山千餘里，瑯琊入海。」又楚世家正義引作太山郡記。藝文類聚木部：「山南有太山廟，柏樹千株。長老傳云漢武所種。」並引太山記。

太平御覽地部引太山天門、日觀、秦觀、吴觀、周觀諸岫，語與漢官儀同。

嵩山記 卷亡，盧元明撰。不著録。

太平寰宇記河南道：「盧元明嵩山記曰：『漢有王彦者，隱於侯山，後學道得成，至今指所住爲王彦嶺。』」水經注禹貢山水澤地〔一四〕：「嵩山石室有自然經書，自然飲食。」又：「山有玉女臺。」文選洛神賦注：「山上神芝。」並引嵩高山記，不著撰名。

羅浮山記 卷亡，袁彦伯撰。不著録。

元和郡縣志嶺南道：「袁彦伯羅浮山記曰：『羅浮山，在博羅縣西北，羅山之西有浮山，蓋蓬萊之一阜，浮海而至，與羅山並體，故曰羅浮。』」水經沔水注、文選謝靈運初發石首城注並引羅浮山記，不著袁彦伯名。太平御覽居處部：「袁彦伯羅山疏曰：『仰望石橋，渺然在雲中。』」

登羅山疏 卷亡，竺法真撰。不著録。

太平御覽香部旃檀沈香，羽族部越王鳥、五距鳥，獸部增城縣牛潭，蟲豸部金花蟲，竹部筋竹，並引竺法真登羅山疏。

中山記 卷亡，張曜撰。不著録。

水經滱水注多引中山記，其言：「城中有山，故曰中山。」通典州郡門注取之，太平御覽州郡部、寰宇記河北道，並稱張曜中山記。

鄒山記卷亡，不著録。

水經汶水注：「徂徠山有美松，亦曰尤徠之山。」史記夏本紀正義：「鄒山，古之嶧山，言絡驛相連屬也。今猶多桐樹。」並引鄒山記。

〔王氏〕「劉薈騶山記曰：邾城在山南」至「有孟軻冢焉」〔一五〕。續漢書郡國志補注，四頁。

天台山銘序卷亡，支遁撰。不著録。

文選遊天台山賦注：「支遁天台山銘序曰：『余覽内經山記云：剡縣東南有天台山。』」又云：『往天台當由赤城爲道徑。』」又引天台山圖。

名山略記卷亡，不著録。

文選遊天台山賦注：「名山略記曰：『天台山，即是定光寺諸佛所降葛仙公山也。』」藝文類聚山部：「天台山在剡縣，即是衆聖所降。」太平寰宇記山南西道引上津縣天柱山事，稱殷武名山記。

遊天竺記卷亡，釋法顯撰，不著録。

水經河水注引釋法顯遊天竺記。

山圖卷亡，陶弘景撰。不著録。
太平寰宇記淮南道：「陶弘景山圖曰：『霍山、牛山出藥草，其山東南角有伏石似牛，山中出石斛，今入貢。』」
遊名山志一卷謝靈運撰。
文選謝靈運遊赤石詩、石壁精舍詩、登石門詩、斤竹𥦗詩、登臨海嶠詩、南樓詩注，並引靈運遊名山志。藝文類聚山部引石門事，與選注語異。
聖賢冢墓記一卷李彤撰。
唐志同。文選丘希範與陳伯之書注：「聖賢冢墓記曰：『東平思王冢在東平無鹽，人傳云：思王歸國京師，後葬，其冢上松柏西靡。』」寰宇記淮南道：「廉頗葬肥陵」，引古今冢墓記。又：「亞夫葬於巢縣」，引古今葬地記。
〔王氏〕「馮夷者，弘農華陰潼鄉堤首里人」至「爲河伯」，後漢書張衡傳注，十二頁。
佛國記一卷沙門釋法顯撰。
今存。
遊行外國傳一卷沙門釋智猛撰。

唐志同。

交州以南外國傳一卷

唐志「南」訛作「來」。

十洲記一卷東方朔撰。

今存。

神異經一卷東方朔撰。張華注。

今存。

異物志一卷後漢儀郎楊孚撰。

後漢書賈琮傳注：〔王氏〕此不云楊孚。「翠鳥形似鷰，翡赤而翠青，其羽可以爲飾。」馬融傳注：「鷁〔王氏〕「鷁能没於深水，取魚而食之」。不生卵，而孕雛於池澤間，既胎而又吐生。」北堂書鈔酒食部：「文草作酒，其味甚美，土人以金買草，不言貴也。」並引楊孚異物志。續漢志注、文選注諸書，多引異物志，不著撰名，今採其著楊孚者，他倣此。

〔王氏〕「儋耳，南方夷，生則鏤其頰，皮連耳匡，分爲數支，狀如雞腸，纍纍下垂至肩。」後漢書明帝紀注引楊浮異物志。案：「浮」字當誤。

南裔異物志卷亡，楊氏撰。不著録。

水經葉榆河注：「髯惟大蛇，既洪且長；采色駁犖，其文錦章；食豕吞鹿，腴成養創；賓享嘉燕，是豆是觴。」温水注：「儋耳、朱崖，俱在海中，分爲東蕃。」並引楊氏南裔異物志。

南方異物記卷亡，不著録。

文選七啓注：「南方異物記曰：『採珠人以珠肉作鮓。』」一切經音義：「翡翠，飛即羽鳴翠翠翡翡，因以名焉。」藝文類聚寶玉部：「玳瑁如龜，生南方海中，大者如籧篨。」並引南方異物志。

異物志卷亡，譙周撰。不著録。

文選蜀都賦注：「譙周異物志曰：涪陵多大龜，其甲可以卜，俗名曰『靈』。」又：「滇池，水乍深廣，乍淺狹，有如倒池，故俗云『滇池』。」

南州異物志一卷吴丹陽太守萬震撰。

唐志同。世説汰侈篇注：「珊瑚生大秦國。」左傳定公正義：「象，身倍數牛，目則如豕，鼻長七八尺。」漢書武紀注：「能言鳥有三種，白及五色者，性尤慧。」文選江賦注：「鸚鵡螺，狀如覆杯。」並引萬震南州異物志。史記大宛傳正義大月氏、天竺事，祇稱萬震南州志。

〔王氏〕「烏滸」至「以食長老也」。後漢書南蠻西南夷傳注引萬震南州異物志。

巴蜀異物志卷亡，不著録。

文選鵬鳥賦注：「有小鳥如雞，體有文色，土俗因形名之曰『鵬』。不能遠飛，行不出域。」漢書賈誼傳注、史記屈賈列傳索隱同。史記周勃世家集解：「頭上巾爲冒絮。」漢書周勃傳注同。並引巴蜀異物志。

荆揚已南異物志卷亡，薛瑩撰。不著録。

文選吴都賦注：「餘甘如梅李，核有刺，初食之味苦，後口中更甘。」太平御覽果部：「椺子樹，産山中，實似李，冬熟，味酸。丹陽諸郡育之。」並引薛瑩荆揚已南異物志。

異物志卷亡，薛珝撰。不著録。

一切經音義鐇鰆、鉅鰆，引薛珝異物志。

異物志一卷陳祁暢撰。不著録。

見唐志。太平御覽果部甘蔗、益智、椰子、餘甘、三廉，百卉部葭蒲，並引陳祁暢異物志。

異物志卷亡，曹叔雅撰。不著録。

藝文類聚水部：「廬陵城中有一井，水灰汁，取作粥，皆作金色。土人名灰汁爲金，故名爲金井。」此引曹叔雅異物志。太平寰宇記江南西道亦引金井事，又山都、木客二事，並稱叔雅廬陵異物志。

扶南異物志一卷朱應撰。

唐志同作「朱應」。通典邊防門注：「大宛馬，解人語，知音舞。」「大月氏牛，尾重十斤，割之供食，尋生如故。」史記大宛傳正義：「大秦國北附庸小邑，有羊羔自然生於土中。」又：「大秦金二枚，皆大如瓜，擲之滋息無極。」並稱宋膺異物志，省「扶南」二字，「朱」作「宋」，「應」作「膺」，未知孰是。

〔王氏〕梁書海南諸國傳序：「吴孫權時，遣宣化從事朱應、中郎康泰通焉。其所經及傳聞，則有百數十國，因立記傳。」

涼州異物志二卷

唐志二卷。太平御覽天部：「涼州異物志曰：『有一大人生於北邊，原注：在丁零北千五百里。偃卧於野，其高如山，頓脚成谷，横身塞川，原注：長萬餘里，頓脚之間，乃是大谷。近之有災。』」寰宇記隴右道引龍勒山貳師將軍祠。又葱嶺水東流爲河源二事。水經河水注引葱嶺水事，作涼土異物志。

臨海水土物志一卷沈瑩撰。

唐志作臨海水土異物志。後漢書東南夷傳注：「夷洲在臨海東南，去郡二千里。」（王氏）至「以爲上肴也」。引沈瑩臨海水土志。省「物」字。太平御覽四夷部引此事尤詳，亦稱臨海水土志。文選江賦注：「海豨，豕頭，身長九尺。」稱臨海水土記。御覽鱗介部多稱臨海水土記。廣韻注：「鮻魚，腹背皆有刺，如三角菱。」稱臨海風土記。御覽鱗介部作「水土」。文選江賦注：「鹿魚，長二尺餘，有角，腹下有脚，如人足。」思玄賦注：「鶗鴂一名杜鵑，至三月鳴，晝夜不止。」稱臨海異物志。省「水土」二字，初學記歲時部同，藝文類聚歲時部同。又江賦注蝐、鱝魚、鼁龜、鼂鼊、海月、土肉、石華、蚶、蠣，並稱臨海水土物志。御覽鱗介部亦多同此稱。又「三蝬似蛤」，廣韻注作臨海異物志，御覽作水土物志。江文通雜體詩注：「白石下有金潭，金光煥然。」一切經音義：「烏賊以其懷板含墨，故號『小史魚』。」藝文類聚木部：「石山望之如雪，山有湖，傳云金鵝所集，八桂所植。」並稱臨海記。御覽地部、時序部，寰宇記江南東道亦多引臨海記。

〔王氏〕「桄榔木外」至「餅餌」。後漢書西南夷傳注引臨海異物志。

交州異物志一卷楊孚撰。

藝文類聚鳥部：「孔雀，人拍其尾則舞。」稱楊孝元交州異物志。又：「翠鳥先高作巢，生子恐墮，稍下作巢。子生毛羽，復益愛之，又更下巢。」此稱楊孝先交阯異物志。

蜀志一卷東京武平太守常寬撰。

常璩大同志曰：「族祖武平府君、漢嘉杜府君，並作蜀後志，書其大同及其喪亂。」西州後賢志曰：「武平府君撰簡授翰，拾其遺闕，然但言三蜀，巴漢未列，又務在舉善，不必珍異。」

發蒙記一卷束晳撰。載物産之異。

隋志經部小學類有束晳發蒙記一卷，此疑重出，然注特言記物産之異，小學類注無此語。或名同而書殊也。史記匈奴傳索隱：「駃騠剞其母腹而生。」殷本紀正義：「鼈三足曰熊。」初學記獸部：「西域有火鼠之布，東海有不灰之木。」太平御覽兵部：「師子五色，而食虎於巨木之岫，一噬則百人仆，惟畏鉤戟。」並引束晳發蒙記。此類與諸異物志相彷，故亦入地理類。

地理書一百四十九卷録一卷。陸澄合山海經已來一百六十家，以爲此書。澄本之外，其舊事並多零失。見存別部自行者，唯四十二家〔一六〕，今列之於上。

南齊書陸澄傳：「澄撰地理書。」史通書志篇曰：「地理爲書，陸澄集而難盡。」唐志一百五十卷。隋志有録一卷，唐志百五十卷，乃合目録言之。水經濟水注：「吕尚封於齊郡薄姑，故城在臨淄縣西北五十里，近濟水。」文選赭白馬賦注：「洛陽故宫曰廣望觀，臨金市。」左太沖詠史詩注：「崑崙東南地方五千里，名曰神州。」江文通雜體詩、竟陵王行狀注同。曹子建贈徐幹詩注：「迎風觀在鄴。」子建七啓注同。藝文類聚水部：「滎陽有浪蕩渠。」北堂書鈔禮儀部：「衛青尚平陽公主，後與主合葬，冢在華山，葬時發土，得銅槨一枚。」並引地理書，不著撰名。任昉、劉澄並有地理書鈔，此所引不著撰名，則未能定爲陸澄之書，附此存考。又按：隋志注言：「陸澄合山海經已來，諸家見存別部自行者，四十二家。」今志中所列，山海經、水經、黄圖、洛陽記、陸機洛陽記、洛陽宫殿簿、洛城圖、述征記、西征記、婁地記、風土記、吳興記、吳郡記、京口記、南徐州記、會稽土地記、會稽記、隋王入沔記、荆州記、神壤記、豫章記、蜀王本紀、三巴記、珠崖傳、陳留風俗傳、鄴中記、春秋土地名、衡山記、遊名山志、聖賢冢墓記、佛國記、遊行外國傳、交州以南外國傳、十洲記、神異經、異物志、蜀志、南州異物志、發蒙記。共三十九家，自是於陸澄所合外，增著十五家。交州異物志、扶南異物志、臨海水土物志、涼州異物志四家，志本著在陸澄書下，故計增著者，惟十五家也。

三輔故事二卷晉世撰。

唐志地理類有三輔舊事三卷，不著撰名。故事類又有韋氏三輔舊事一卷。愚按：漢書郊祀志注：「建章宮承露盤仙人掌。」續漢祭祀志注：「長安城東靈星祠。」史記始皇紀索隱：「聚天下兵器，鑄銅人。」後漢書盆子傳注：「長安城中有藁街。」或稱三輔故事，或稱舊事。初學記、藝文類聚諸書亦故事、舊事互引。疑同一書，而唐志重出也。北堂書鈔藝文部引「婁敬爲高車使者，持節至匈奴，與分地界，作丹書鐵券，曰：『海以南冠蓋之士處焉，海以北控弦之士處焉。』」御覽奉使部同。又云：「衛太子大鼻，御覽作「嶽鼻」。武帝病，太子入省。江充曰：『上惡大鼻，當持紙塞其鼻而入。』帝怒。」御覽人事部、疾病部又江充語武帝曰：「太子不欲聞陛下膿臭。」考漢書婁敬傳、匈奴傳、衛太子傳、江充傳，並可補闕。太平御覽資産部引「更始遣將軍李松攻王莽，屠兒賣餅者皆從之，屠兒杜虞手殺莽。」漢書莽傳稱「商人杜吳殺莽」，「吳」、「虞」通用字。隋志稱此書撰自晉世，故梁劉昭已引其詞。唐志題爲韋氏，據後漢書韋彪傳：「帝數召彪入，問以三輔舊事、禮儀風俗。」群輔録載順、豹、義，爲韋氏三君，又韋孟達爲扶風三達之一，是韋氏固三輔聞人也。文選西京賦注：「建章宫北作清淵海。」陶徵士誄注：「四皓，秦時爲博士，辟於上洛熊耳山。」二事稱三輔三代舊事。選注所引他事，祇稱故事、舊事，無「三代」二字。「三代」二字未詳。

〔王氏〕故事：「石渠閣在未央殿北，藏祕書之所。」後書章帝紀。

湘州記二卷〔一七〕庾仲雍撰。

初學記天部：「零陵山有石鷰，遇風雨則飛，雨止，還化爲石。」地理部：「應陽縣蔡子池南有石臼，云是蔡倫舂紙臼。」御覽天部、地部同。並引庾仲雍湘州記。太平御覽地部：「君山，昔秦皇欲入湘觀衡山，遇風浪，至此山而免，因號君山。」此稱庾穆之湘州記。

吴郡記二卷晉本州主簿顧夷撰。

前已著顧夷吴郡記一卷，此疑重出。

日南傳一卷

太平御覽兵部引日南傳：「南越王尉佗攻安陽王，遣太子始降安陽，與安陽王女眉珠通，入庫鋸截神弩〔一八〕，亡歸報佗。佗復攻，安陽王弩折兵挫，浮海奔竄。」

江記五卷庾仲雍撰。

水經江水注：「若城至武城口三十里。」又：「谷里袁口，江津南入，歷樊山上下三百里，通新興、馬頭二治。」並引庾仲雍江水記。文選殷仲文南州桓公九井詩注：「姑熟至直瀆十里，東通丹陽湖，南有銅山，山一名九井山，井與江通。」鮑明遠還都道中詩注：「蘆州至樊口二十里，伍子胥初所渡處也。樊口至武昌十里。」此題庾仲雍江圖。唐志作江記，卷同。

漢水記五卷庾仲雍撰。

唐志同。初學記地部：「漢水出廣漢，漾水出嶓冢，東流至武都，與漢水合。沔水出武都沮縣，亦與漢水相合。」藝文類聚水部：「漢水有泉，方圓數十步，夏長沸湧，望見白氣衝天，能瘥百病，常有數百人飲浴之。」史記夏本紀正義：「武當縣西十里漢水中有洲，名滄浪洲。」並引庾仲雍漢水記。水經沔水注：「滄浪洲謂之千齡洲。」稱仲雍漢中記。寰宇記山南西道興道七女池事，亦稱漢中記，不著仲雍名。

居名山志一卷謝靈運撰。

水經漸江水注引謝康樂山居記。

西征記一卷戴祚撰。

唐志二卷。封氏聞見記：「戴祚西征記曰：『開封縣二佛寺，余至此見鴿，大小如鳩，戲時兩兩相對。』御覽羽族部云：「祚至雍丘，始見鴿，大小如鳩，色似鸜鵒，戲時兩兩相對。」祚，江東人，晉末從劉裕西征姚泓，至開封縣始識鴿。則江東舊亦無鴿。」愚按：隋志有戴延之西征記二卷，此又著戴祚西征記一卷。唐志惟有戴祚，無延之，他書所引多稱延之，惟開封見鴿事御覽同作「戴祚」。據封氏言「祚，晉末從劉裕西征姚泓」，水經洛水注言「延之從劉武王西征」，是祚與延之本一人，祚乃其名，而以字行，隋志兩見，當係重出。

永初山川古今記一卷齊都官尚書劉澄之撰。

唐志同。初學記文部：「興平石穴深二百丈，石青色，堪爲硯。」太平御覽地部：「鼓山，如石鼓形，二所南北相當，二鼓相去十里。」並引劉澄之宋永初山川古今記。水經夏水注：「夏水，古文以爲滄浪水，漁父所歌也。」文選苦熱行注(一九)：「寧州障氣菵露，四時不絕。菵，草名，有毒，其上露，觸之，肉即潰爛。」初學記天部：「宜都郡有二大石，一爲陽，一爲陰，鞭陰石則雨，鞭陽石則晴。」並稱宋永初山川記。省「古今」字，御覽、寰宇記亦多從省。又御覽州郡部黎陽國，居處部魏武殿前聽政門，稱澄之古今山川記，省「永初」二字。水經河水注：「高祖即帝位於汜水之陽，今不復知舊壇所在。」獲水注：「彭城之西南有彌黎城。」汾水注：「介山，子推所逃隱於是山。」穀水注：「洛城西面有陽渠，周公制之。」並稱劉澄之永初記。省「山川古今」字。又澄之，酈氏注或稱劉中書。

〔王氏〕

永初二年郡國志

宋書州郡志：今以班固、馬彪二志，太康元年定户，王隱地道，晉世起居，永初郡國，何、徐州郡及地理雜書，互相考覆。又云：永初二年郡國志又有南沛、南下邳、廣平、廣陵、盱眙、鍾離八郡。又云：永初郡國有襄賁、祝其、厚丘、西隰四縣。又云：永初郡國有陽都、費、即丘三縣。又云：永初郡國又有蓋縣。又云：永初郡國又有盱眙縣。又云：永初郡國又有下相。又云：永初郡國又有鉅野、昌邑二縣。又云：永初郡國又有鄄城縣。又云：永初郡國有廣平。又云：永初郡國又有廩丘縣。又云：穀熟令，永初郡國、何、徐志並屬南梁。又云：永初郡國領十四郡，南高平、南平昌、南濟陰、南濮陽、南太山、濟陽、南魯山、東燕、南東平、高密、南齊、南平原、濟岷、雁門郡。又云：永初郡國又有輿、肥如、潞、真定、新市五縣。又云：永初郡國：四縣本屬遼西。又云：海陵太守永初郡國屬徐州。又云：山陽太守永初郡國屬徐州。又云：秦郡太守永初郡國屬豫州。又云：永初郡國又有符離、洨、竹邑、杼秋四縣。又云：永初郡國有東郡、陳留、濮陽三郡。又云：永初郡國又有山茌、萊蕪、太原三縣。又云：永初郡國又有任城縣。又云：永初郡國有臨邑、東阿二縣。又云：永初郡國唯有歷陽、烏江、龍亢三縣。又云：郡國有酇縣。又：陽夏令，永初郡國屬南梁。又：安陽令，永初郡國屬南梁。又云：永初郡國又有虞、陽夏、安豐三縣。又云：永初郡國無萇平、谷陽而有扶溝。又云：永初郡國無浚儀、封丘而有酸棗。

永初二年郡國志二

豫州刺史，永初郡國寄治睢陽。宋書州郡志。慎陽令，永初郡國作真陽。又。永初郡國有扶溝、陽夏。又。永初郡國又有許昌、新汲、鄢陵、長社、潁陰、陽翟六縣。又。陳留太守，永初郡國屬兗州。又。永初郡國無浚儀，有酸棗。又。永初郡國有海昏。又。永初郡國有歷陵縣。又。永初郡國作「苞信」。又。綏成男相，永初郡國、何、徐並有。又。沙村長，永初郡國、何、徐並有。又。永初郡國濟南又有祝阿、於陵縣。又。逢陵令，永初郡國、何、徐有。又。義陽太守，永初郡國、何志並屬荆州。又。鄳令，永初郡國、何並作鄳。又。鍾武令，永初郡國屬義陽。又。永初郡國有南陵、建始、信陵、興山、永新、永寧、平樂七縣。又。江夏太守，永初郡國及何志並治安陸。又。霄城侯相，永初郡國有。又。新陽男相，永初郡國有。又。龍陽侯相，何志：吴立。又。

永初二年郡國志三

永初郡國，何、徐並有弋陽縣。宋書州郡志。永初郡國，何志並有宜城、鄀、上黄縣。又。「永初郡國有比陽、魯陽、赭陽、西鄂、犨、葉、雉、博望八縣。又。永初郡國，何志有棘陽、蔡陽、鄧縣。又。山都男相，永初郡國及何、徐屬新陽。又。永初郡國及何志有朝陽、武當、酇、陰、氾陽、筑、析、脩陽，凡八縣。又。永初郡國有藍田、鄭、池陽、南霸城、新康五縣。又。永初郡國唯有始平、平陽、清水三縣。又。扶風太守，永初郡國及何志唯有郡。又。永初郡國、何志，雍州並有南上洛郡，寄治魏興。又。永初郡國及何志並又有易陽、曲周、邯鄲，無鄷、比陽。又。永初郡國又有下蔡、平阿縣。又。鄀縣令，永初郡國及何志屬襄陽。又。永初郡國又有苞縣、作中、懷安三縣。」又。廣城令，永初郡國、何、徐並有。又。上庸令，永初郡國、徐並屬上庸。又。長樂令，永初郡國、何、徐並屬晉昌。本蜀郡流民。又。安晉令，永初郡國、何、徐屬晉昌，本蜀郡流民。又。延壽令，永初郡國、何、徐屬晉昌。本蜀郡流民。又。宣漢令，永初郡國、何、徐屬晉昌。本建平流離民。又。新興太守，永初郡國、何、徐云：新興、吉陽、東關三縣，屬晉昌郡。又。永初郡國有永安縣。又。永初郡國有上庸、廣昌。又。安富令，永初郡國、何、徐並有。又。新安令，永初郡國、何、徐有。又。永初郡國云：北吉陽。又。永初郡國、徐又有南晉壽、南興、樂南、興安縣。又。邵歡令，永初郡國、何、徐並有。又。興安令，永初郡國、何、徐並有。又。永初郡國、何、徐，梁州並有北巴西而益州無。永初郡國，領閬中、漢昌二縣。又。永初郡國曰：北陰平，領陰平、綿竹、平武、資中、胄旨五縣。又。永初郡國胄旨縣。又。南陰平太守，永初郡國唯領陰平一縣。又。案晉興令，永初郡國梁部諸郡唯巴西有此縣。又。新巴令、漢德令、晉壽令、益昌令、興安令、平州令，徐並不注置立。又。南上洛太守，永初郡國、何志並屬雍州，僑寄魏興。又。永初郡國無豐陽，而有陽亭。又。渠陽令，永初郡國、何、徐並作拒陽。又。永初郡國有宕渠郡，領宕渠、漢興、宣漢三縣，屬梁州，元嘉十六年，度屬益州。又。永初郡國又有河池、故道縣。又。永初郡國有清水縣。又。永初郡國志有安固郡，又有南安固郡，元嘉十六年度益州。又。永初郡國及何志，安固郡唯領桓陵一縣。又。永初郡國又有清河、高堂縣。又。永初郡國又有漢德、新興。又。遂寧太守，永初郡國有。又。西平令，永初郡國直云西。又。寧蜀太守，永初郡國有。永初郡國及徐並有西墊江縣。又。新興令，永初郡國有。又。晉興長，永初郡國有。又。南漢中太守，永初郡國屬梁州，領縣與此同。又。永初郡國梁州有宕渠郡，領縣三，與此同，而無「南」字。又。永初郡國、何志並有西寧縣。又。永初郡國又有西河陽，領楪榆、遂段、新豐三縣。又。永初郡國、何並云東古復。又。西古復長，永初郡國有。又。西平令，永初郡國有。又。永初郡國又有高要、建陵、寧新、都羅、端溪、撫寧六縣。又。思安令，永初郡國有，及何志並屬晉康。又。封興令，永初郡國有，及何志並屬晉康。又。蕩康令，永初郡國有，及何志並屬晉康。又。僑寧令，永初郡國有，及何志並屬晉康。又。遂成令，永初郡國有。又。廣陵令，永初郡國有。又。晉康太守，永初郡國治龍鄉。又。永初郡國又有封興、蕩康、思安、遼安、開平縣。又。夫阮令，永初郡國有。又。永初郡國有平興、永城縣。又。南興令，永初郡國有。又。新興令，永初郡國有。又。博林令，永初郡國有。又。甘東令，永初郡國有。又。單牒令，永初郡國有。又。威平令，永初郡國有。又。永初郡國有雷鄉、盧平、員鄉、逋寧、開城五縣。又。安沂令，永初郡國有。又。豐城令，永初郡國併安沂。又。蘇平令，永初郡國有。又。督安令，永初郡國有。又。夫寧令，永初郡國有。又。永初郡國有安遠、程安、威定、中胄、歸化五縣。又。建初令，永初郡國有。又。賓平令，永初郡國有。又。威化令，永初郡國有。又。新林令，永初郡國有。又。龍平令，永初郡國有。又。懷安令，永初郡國有。又。綏寧令，永初郡國併領方。又。建安令，永初郡國有。又。永初郡國有常安、夾陽二縣〔二〇〕。又。永初郡國、何、徐並云龍定。又。陽平令，永初郡國、何、徐並有。又。安遠令，永初郡國屬鬱林。又。程安令，永初郡國屬鬱林。又。威定令，永初郡國屬鬱林。又。永初郡國高涼又有石門、廣化、長度、宋康四縣。又。盆允令，永初郡國故屬南海。又。封平令，永初郡國云故屬新寧。又。寶安男相，永初郡國不注置立。又。安懷令，永初郡國不注置立。又。海豐男相，永初郡國不注置立。又。廣化令，永初郡國屬高涼。又。永初郡國有安廣縣，無始定縣。又。永初郡國作簡陽。又。

元康三年地記六卷

續漢郡國志注：雒陽城、王城、蒯鄉、訾城、坎陷聚、汲銅關，安邑梁城、堯城等，並引晉元康地道記。文選謝靈運斤竹澗詩注：「猿與獮猴不共山宿，臨旦相呼。」藝文類聚地部：「荊州，古蠻服地。秦滅楚置郡縣，漢武分爲交州，至魏晉而荊州所部郡國三十。」並稱元康地記。元康，惠帝年號，與太康地記自各爲一書。續漢志注所引，稱元康者甚多，固非「太康」之訛。又隋志有元康六年户口簿記。

〔王氏〕「本鄠縣南之迴浦鄉，章帝章和元年立。」續漢書郡國志章安補注引晉元康記。案：宋書州郡志引作晉太康記，惟「章和元年」作「章和中」。

〔又〕

晉元康地道記

「城内南北九里」至「威烈王冢」。續漢書郡國志「河南尹雒陽」補注，二頁。

晉地道記

「在縣西南，有蒯亭。」又「河南尹，河南有蒯鄉」補注。「去雒城四十里。」又「春秋時謂之王城」補注，無「晉」字。「在縣之東。」又「今名甞城」補注。「在南。」又坎埳聚補注，無「晉」字。「有銅關。」又汲補注。「咸山在南。」又安邑補注，無「晉」。△「有梁城，去縣五十里，叔嚮邑也。」又安邑補注。「有堯城。」又平陽侯國補注。「晉武公曲沃徙此。」又襄陵補注。「伊東北入雒。」又。「潼關是也。」又華陰補注。△「霸水西。」又「霸陵有枳道亭」補注。△「有虎候山。」又藍田補注。△「有巀辥山」至「生三所氏」。又池陽補注。△「水在縣西。」又漆補注。「去雒陽二百八十六里，屬河南。」又陽翟補注。△「高陵山，汝水所出。」又。△「社中樹暴長，漢改名。」又長社補注。「潁水出陽乾山。」又。△「有陶丘鄉。詩所謂『汝墳』。」又汝陰補注。△「有公路城，袁術所築。」又項補注。△「故呂侯國。」又新蔡補注。△「有吴城。」又「吴房有棠谿亭」補注。△「梁孝王」至「睢陽曲」，又二頁。△「昭二十一年」至「縣南」。又。

晉地道記二 無「晉」字。

△「有許城。左傳定八年，鄭伐許。」續漢書郡國志「沛有泗水亭」補注。△「去國二百六十」至「五里」，又豐補注。△「左傳隱二年入向城，在縣東南。」又龍亢補注。△「左傳昭八年『大蒐於紅』。」又。△「城南三十里有平城。」又苦補注。△「在城東。」又「有五父衢」補注。△「夏車正」至「山上」，又「薛本國」補注，四頁。「臨淄縣西南門曰曲門，其側有池。」又。「縣南有瑣陽城。」又元城補注。「有石塞、三公塞。」又元氏補注。「有礫塞、中谷塞。」又房子補注。「有馬安關。」又望都補注。「自縣北行」至「飛狐口」。又上曲陽補注。「有陽安關」至「出也」。又蒲陰補注，五頁。△「有鳴犢河。」又鄃補注。「有石門塞、燒梁關(二二)。」又中丘補注。「儀封人，此縣也。」又浚儀補注。△「在縣西。」又「襄邑，有承匡城」補注。「故户牖鄉有陳平祠。」又東昏補注。△「在縣西北。」又范補注。△「有蚩尤祠、狗城。」又壽張補注。△「縣西有費亭城，魏武帝初所封。」又湖陸補注。△「縣多山」至「秦時」。又金鄉補注。三頁。△「有秺城。」又成武補注。△「故魯次邑室。」又蘭陵補注。△「海中去岸」至「三尺見也」。又贛榆補注。△「有博支湖。」又射陽補注。△「有篤馬河。」又平原補注。△「狄伐衛懿公。」又。△「鄗城在縣西。」又都昌補注。「有渠丘城。」又安丘補注。「有羌頭山。」又東安平補注。△「養澤在」至「萊王祠」。又拒補注。△「縣東二百」至「二碑」。又黄

補注。「有百枝萊君祠。」又惤補注。「有石高山。」又臨朐補注。△「楚滅邾，徙其君此城。」又邾補注。△「有紫巖山，綿水之所出焉。」又綿竹補注。△「五婦山」至「以爲郡」，又。△「不狼山，鬵水所出。」又。△「麋水，西受徼外」至「龍谿」。又。△「有文衆水。」又句町補注。△「鹽池澤在南。」又姑復補注。△「水東至母掇，入橋水。」又勝休補注。△「南烏山出錫。」又。△「有橋水，出橋山。」又母掇補注。「銅虜山，米水所出。」續漢書郡國志補注。△「無血水所出。」又梇棟補注。△「有泉街水。」又河池補注。△「烏水出。」又烏枝補注。△「泥水出郁郅北蠻中。」又。△「南山，谷水所出。」又姑臧補注。△「南山，松陜水所出。」又倉松補注。△「龍山，合水所出。」又。

晉地記

「孝武太元十五年，梁州刺史周表立。」宋書州郡志「漢中太守」。「武帝太康元年，改上庸之廣昌爲庸昌，二年省。」又。「孝武太元十五年，梁州刺史周馥表立。」又。「孝武太元十五年，梁州刺史周表立。」又。「故屬東官。」又「綏安令」。「故屬東官。」又「海寧令」。「故屬東官。」又「潮陽令」。

晉太康地道記

「後漢固始、鮦陽、公安、細陽四縣衛士〔二二〕，習此曲於闕下歌之，今雞鳴是也。」續漢書百官志補注。

太康地記卷亡，不著録。

今有緝本，亦從續漢志諸書抄撮爲之。

地記二百五十二卷梁任昉增陸澄之書八十四家，以爲此記。其所增舊書，亦多零失。見存別部行者，惟十二家，今列之於上。

梁書任昉傳：「昉撰地記二百五十二卷。」唐志同。水經洛水注、穀水注並引有地記，不著任昉名。又按：隋志注：「昉所增諸家舊書，別部存者惟十二家。」今志所列自三輔故事已下湘州記、吴郡記、日南傳、江記、漢水記、居名山志、西征記、廬山南陵雲精舍記、永初山川古今記、元康三年地記，并帖省置諸郡舊事、司州記。共十三家，志增一家。

山海經圖讚二卷郭璞撰。

唐志同。張彦遠歷代名畫記曰：「山海經圖六，又抄圖一，大荒經圖三十六。」

山海經音二卷

唐志同。

水經四十卷酈善長注。

今存。

廟記一卷

無撰名，唐志同。漢書郊祀志注：「五帝廟在長安東北。」外戚傳注：「趙父冢在雍門西，上官桀、安冢並在霍光冢東。」文選注：卷二十二。「祈年宮在城外，秦穆公造。望年宮在華陰，漢武帝造。」後漢書和帝紀注：「曹參冢在長陵道旁，北近蕭何冢。」史記秦本紀正義：「橐泉宮，秦孝公造。祈年觀，德公起。蓋在雍州城南。」通典禮門：「五帝廟，在長安東北。」初學記居處部：「飛羽殿，或云飛雨殿。」又：「長安有披香殿、鴛鴦殿。」並引廟記，太平寰宇記亦引十餘事。不著撰名。按梁書吴均傳：「均著廟記十卷。」

地理書抄二十卷陸澄撰。

太平寰宇記江南東道：「陽義縣前長橋，袁府君造。」山南東道：「襄陽無襄水。」又：「築水會沔水之處，謂之築口。」並引陸澄地理書抄。

地理書抄十卷劉黄門撰。

文選西征賦注：「劉澄之地理書曰：『肴有純石，或謂石肴。』」後漢書獻帝紀注：「劉澄之地記曰：『禪陵，以漢禪魏〔二三〕，故以名焉。』」水經河水、獲水、穀水、伊水、沭水、夏水、漾水、沅水、耒水、贛水注，並引劉澄之語，不著書名。

洛陽伽藍記五卷後魏楊衒之撰。

今存。

荆南地志二卷蕭世誠撰。

太平御覽地部：「華容方臺山，山出雪母，土人候雲所出處，於下掘取，無不大獲。」此引蕭世誠荆南志。又：「高沙湖在枚迴洲上，徵士宗炳昔常家焉。」又：「枝江縣界内，洲大小凡三十七。」寰宇記山南東道：「枚迴洲北江呼爲薔薇江。」又：「五葉湖側，昔有人張被五葉同居，因以爲名。」又：「巴山有巴復村在山北，因曰巴山。」又：「荆潭以上爲建水，以下爲漕水。」並引荆南志。又石首縣陽岐山一事，御覽稱荆南記。

益州記三卷李氏撰。

〔王氏〕梁書鄧元起傳「涪令李膺」。

南史梁李膺傳：「膺字公胤，爲益州主簿，使至都，武帝悦之，以爲益州别駕。著益州記三卷。」唐志作「李充」，誤。後漢書公孫述傳注：「沖星橋，舊市橋也，在今成都縣西南四里。」〔王氏〕案：「在今」云云疑章懷注。南蠻西南夷傳注「邛都縣〔王氏〕『下』至『相贈』」。「蛇爲老姥報讎，地陷爲河」事。御覽四夷部、寰宇記劍南西道同。元和郡縣志劍南道，成都文翁學堂。寰宇記劍南西道同。並引李膺益州記。水經江水、青衣水、若水注引益州記，不著撰名。

益州記卷亡，任豫撰。不著録。

續漢郡國志注：「廣都，〔王氏〕乙「廣都」于「注」上。縣有望川源，〔王氏〕至「所穿鑿者」。武陽縣有王喬祠、〔王氏〕「陽」下增「注」，「祠」下增「至」。彭祖祠。」文選蜀都賦注：「嘉魚，鱗似鱒魚。」藝文類聚禮部：「文翁學堂在大城南，昔經火災，蜀郡太守高勝修復繕立，圖畫聖賢古人之象及禮器瑞物。」此事可與李膺益州記互證，御覽禮儀部同引之。初學記地部：「郫江，大江之枝也，亦曰涪江，亦曰湔水。」太平御覽地部：「廣平有石紐林，禹生處也。」並引任豫益州記。史記河渠書正義：「二江者，郫江、流江也。」北堂書鈔酒食部：「益州有卓王孫井，舊常於此井取水煮鹽。」並引杜預益州記。「杜預」、「任豫」，字形相近，易訛，自是一書。

〔王氏〕案：王喬，志注但云益州記，不著撰人。

益州志卷亡，譙周撰。不著録。

文選蜀都賦注：「譙周益州志曰：『成都織錦既成，濯於江水，其文分明，勝於初成。他水濯之，不如江水也。』」

廣州記卷亡，裴淵撰。不著録。

水經泿水注：「尉佗墓後有大岡，謂之馬鞍岡。」藝文類聚地部亦引之。又：「東海蝦，鬚長丈四尺。鰭魚長二丈，大數圍。」文選陸士衡贈顧交趾詩注：「五嶺：大庾、始安、臨賀、桂陽、揭陽〔二四〕。」史記張耳傳索隱、前漢書張耳傳注、御覽地部同。漢書地理志注：「龍川，本博羅縣之東鄉也。」史記南越尉佗傳正義同。北堂書鈔儀飾部：「南海豪富女子，以金銀爲大釵，執以叩銅鼓，故號爲『銅鼓釵』。」初學記道釋部：「桂父常食桂葉，一旦與鄉曲别，飄然入雲。」並引裴淵廣州記。或稱「裴氏」。

廣州記卷亡，顧微撰。不著録。

藝文類聚山部，白水山、牛鼻山、夫盧山、金岡山、參里山、鬱林郡太山，白帖同。多引顧微廣州記。

廣州記卷亡，劉澄之撰。不著録。

太平御覽地部：「劉澄之廣州記曰：『新城縣東俱山，山上有湖，湖中有白鵝一隻，時時飛來，不可常見。』」

湘州記一卷郭仲彦撰。

太平御覽飲食部：「衡陽縣東南有酃湖，土人取此水以釀酒，其味醇美。」寰宇記嶺南道：「平樂縈山多曲竹，有木客形似小兒，歌哭行坐衣服不異於人，言語亦可解，精別木理。」並作郭仲産湘州記。

〔王氏〕不著撰人湘州記：「耒陽縣」至「舂紙臼」。宦者蔡倫傳。

湘州記卷亡，甄烈撰。不著録。

太平御覽地部：「石鷰山，石形似鷰，大小如一，山明雲浄，即翩翩飛翔。」州郡部：「宋大明中〔二五〕，望氣者云：湘東有天子氣。遣日者巡視，斬岡以厭之。」並引甄烈湘州記。

湘州滎陽郡記卷亡，不著録。

續漢郡國志〔王氏〕「營道南有九疑山」。注：「九疑山下有舜祠，故老相傳舜登九疑。」〔王氏〕引湘州滎陽郡記。又營浦：〔王氏〕增「注」。「縣南三里餘有舜南巡止宿處，今立廟。」並引湘州滎陽郡記。〔王氏〕删「並」、「湘州」。水經溱水注：「林水源石室有銀餅，晉太元中，民封驅之家僕密竊三枚，驅之夢神語曰：『君奴不謹。即日顯戮。』覺視則奴死矣。」此引湘州記，不著撰名。

冀州記卷亡，荀綽撰。不著録。

世說言語篇注：「滿奮，字武秋，高平人，文選奏彈王源注同。性清平，有識。」又：「裴頠稽古，善言名理。」賞譽篇注：「楊淮見王綱不振，遂縱酒，不以官事規意。」品藻篇注：「楊喬清朗有遠意，楊髦清平有貴識，並爲後出之儁。」又：「閭丘沖清平有鑑識，博學有文義。」並引荀綽冀州記。按此書所記似非地理類，前志皆不著録，無從考定，今姑依名編之。北堂書鈔設官部：「裴康，字仲預；楷，字叔則。」並爲名士。此稱喬潭冀州記。

冀州記卷亡，裴秀撰。不著録。

史記封禪書索隱：「顧氏按：裴秀冀州記曰：『緱山仙人廟者，昔有王喬，犍爲武陽人，爲柏人令。於此得仙，非王子喬也。』」

秦州記卷亡，郭仲産撰。不著録。

後漢書隗囂傳注：「隴山，〔王氏〕東西百八十里。在隴州汧源縣西。」〔王氏〕「隴山東西」至「乃凍解」。續漢書郡國志補注，五頁。太平御覽州郡部：「仇池山，一名仇維山，上有池似覆壺。前志云是縣以山得名。」寰宇記山南西道云：「山有池，似覆壺。有瀑布，望之如舒布。」並引郭仲産秦州記〔二六〕。續漢郡國志注：「中平五年，分置南安郡。」水經河水注：「河峽崖旁唐述窟。」文選四愁詩注：「隴坂九曲，不知高幾里。」並引秦州記，不著撰名。

〔王氏〕不著撰人秦州記：「中平五年，分置南安郡。」續漢書郡國志補注。「縣北有利山」至「百姓祀之」。又上邽補注，五頁。「有牢北山，傍有三窟。」又允吾補注引秦州，脱「記」字。

沙州記卷亡，段國撰。不著録。

藝文類聚地部：「龍涸北四十里有白馬關。」初學記地部：「吐谷渾於河上作橋，謂之河厲。」太平御覽地部：「羊鶻山，多石，少樹木，甚似魯國鄒山。」人事部：「國人年五十以上齒皆落，將因地寒多障氣也。」寰宇記隴右道：「三危山有鳥鼠同穴。」並引段國沙州記。水經河水注：「洮水與墊江水俱出嵻臺山，山南即墊江源，山東則洮水源。」初學記州郡部同。又：「從東洮至西洮，〔王氏〕增「一」。百二十里。」後漢書馬防傳注同。〔王氏〕「防」改作「援附」。此引沙州記，不著撰名。

交州記卷亡，劉欣期撰。不著録。

水經葉榆河注：「龍編縣功曹左飛曾化爲虎，數月，還作吏。」左傳宣公正義：「犀，其毛如豕，蹄有甲，頭如馬。」文選吴都賦注：「金華出珠崖，謂金有光采者。」七啓、七命注同。又：「一歲八蘊蠶，出日南。」藝文類聚山部：「浮石山在海中，時高數十丈，浮在水上。」太平御覽刑法部：「居風山，去郡四里，山有金牛，夜出光耀數十里。」廣韻注：「鸏⿰童鳥，水鳥，黃喙，喙長尺餘，南人以爲酒器。」並引劉欣期交州記。

〔王氏〕不著撰人。「出大吴公，皮以冠鼓。」續漢書郡國志徐聞補注。「縣西帶江」至「二水」，又龍編補注。「越人鑄銅爲船，在江潮退時見。」又。「有潛水牛上岸共鬥，角軟，還復出。」又。「有隄防」至「一口」。又封谿補注。「有山出金牛」至「有風」，又居風補注。「其民依海際居，不食米，止資魚。」又。「有採金浦。」又盧容補注。

交州外域記卷亡，不著録。

水經葉榆河注：「後漢伏波將軍路博德討越王，越王令二使者齎郡民户口簿詣路將軍，乃拜二使者爲交趾、九真太守。」温水注：「從日南郡南去到林邑國四百餘里。」並引交州外域記。

交州記卷亡，姚文感撰。不著録。

太平寰宇記嶺南道姚文感交州記曰：「尉佗作朝殿，以朝天子。」

揚州記卷亡，劉澄之撰。不著録。

初學記地部：「吴縣有松江，自吴入海，今蘇州。」又：「新城縣東有俱山，山上有湖，湖中有白鵝一隻，時時飛來，不可常見。」新城縣事，御覽地部作「劉澄之廣州記」〔二七〕，須考。太平御覽天部：「婁縣有馬鞍山，天將雨，輒有雲來映，此山出雲應之，乃大雨。」並引劉澄之揚州記。

江州記卷亡，劉澄之撰。不著録。

初學記地部：「劉澄之江州記曰：『興平縣蔡子池南有石穴，深一百許丈，石色青，堪爲書研。』」御覽地部同。

豫州記卷亡，劉澄之撰。不著録。

初學記地部：「劉澄之豫州記曰：『陳縣北有芍陂湖，魏將王陵與吴張休交戰處也。』」又云：『城父縣有巢湖，湖週五里，中有三山，南有四鼎山。』」御覽地部同。

梁州記卷亡，劉澄之撰。不著録。

初學記地部：「劉澄之梁州記曰：『關地西南百八十里有白水關，昔李固解印綬處。』」後漢書公孫述傳注、李固傳注並引之，祇稱梁州記，不著劉澄之名。北堂書鈔地理部：仙人唐公房祠碑。藝文類聚獸部同。又：「南鄭城泝漢上〔二八〕，水邊有漢武堆。」藝文類聚水部：「明月池南二里有七女池。」並引梁州記，不著撰名。

〔王氏〕後書公孫述傳注：梁州記：「關城西南有白水關。」

甘州記卷亡，不著録。

文選謝靈運七里瀨詩注：「甘州記曰：『桐廬縣有七里瀨，瀨下數里至嚴陵瀨。』」

洛州記卷亡，不著録。

初學記州郡部：「龍崗縣西北有百峰山。」太平寰宇記河北道，干將城、榆溪山、風門山、封爵觀，並引洛州記。

蘇州記卷亡，不著録。

太平御覽居處部：「周文學科孔子弟子言偃宅，在常熟縣西。」人事部：「通賢橋東有吴丞相顧雍宅。」寰宇記江南東道：「淹梅澳，昔有梅樹，吴國採爲姑蘇臺梁。後忽於此沈，至今河側猶有梅溪。」並引蘇州記。

湘州圖副記一卷

唐志同。

四海百川水源記一卷釋道安撰。

唐志同。

三秦記卷亡，辛氏撰。不著録。

通典州郡門注謂：「辛氏三秦之類，皆自述鄉國靈怪。」今考諸書所引三秦記，如：「驪山始皇祠，不齋戒往，即疾風暴雨。」續漢郡國志注。「陳倉城石鼓山，將有兵，此山則鳴。」同上。「桃林塞，有軍馬經過，好行則休息林下，惡行則決河漫延不得過〔二九〕。」水經河水注、元和郡縣志河南道。「狗枷堡，秦襄公時有天狗來，下有賊，狗吠之，一堡無患。」水經渭水注、藝文類聚獸部。「驪山西北有温水，祭則得入，不祭則爛人肉。」同上，又初學記地部云：「以三牲祭之，乃得入，可以去疾消病。」「陳倉山有石雞，晨鳴山頭，聲聞三里。」史記封禪書正義。「河西沙角山，山頭頹沙則鼓角鳴。」北堂書鈔武功部。「太白山下，軍行鳴鼓角，則疾風暴雨兼至。」御覽地部。「昆明池釣魚絶綸，夢於武帝，求去其釣。」藝文類聚寶玉部，御覽人事部、鱗介部。此類並涉語怪。至如龍門暴鰓點額，史記夏本紀正義。終南又名地肺，陸氏尚書釋文。藏鉤因鉤弋夫人法，殷敬順列子釋文。詞人承用，皆本此書。

丹陽記卷亡，山謙之撰。不著録。

文選蕭賦注：「江寧縣慈母山，臨江生蕭管竹，圓緻異於衆處。」藝文類聚、北堂書鈔樂部並同。謝玄暉登三山詩：「江寧縣北二十里，濱江有三山相接，即名爲三山。舊時津濟道也。」石闕銘注：「牛頭山兩峰似天闕。」藝文類聚居處部同。祭古冢文注：「東府，孝文王道子府。初學記地部：「大長安道西張子布橋者，本張子布宅處也。」並引山謙之丹陽記。
愚按：謙之，劉宋人，故世説注已引其書。言語篇注引東府事，與選注同。雖不著名謙之，然可知爲謙之。若太平御覽地部所引丹陽記，如烈洲句下載輿地志，張公洲下載梁書，加子洲載三十國春秋，其書皆在山謙之後，不宜入於丹陽記，恐非謙之本文。

三齊略記 卷亡，不著録。

續漢郡國志注：「鬲城東蒲臺。」水經河水注同。「牟平惤侯國南有蹲犬山〔三〇〕。」又：「南山康成書帶草。」御覽地部同。水經濡水注：「始皇於海中作石橋，海神爲之豎柱。」藝文類聚靈異部。初學記地理部：「始皇作石橋，有神人驅石下海，鞭石流血。」御覽天部同。後漢書蔡邕傳注：「甯戚扣牛角歌詞。」北堂書鈔樂部同。並引三齊略記。或省「略」字。

〔王氏〕後漢書蔡邕傳注：「三齊記載其歌曰」至「以爲大夫」，一頁。「城南有蒲臺」至「縈者」，郡國志鬲補注，一頁。「南有蹲犬山」至「我人也」，又惤補注，二頁。「鄭玄」至「書帶」。又，二頁。

齊地記二卷 晏謨撰。不著録。

見唐志。水經濟水注：「臨濟縣有南北二城。」元和郡縣志河南道：「太白自言高，不如東海勞。」初學記州郡部：「石塞堰，武帝時造。」並引晏謨齊記。寰宇記亦多引之。史記晏子傳正義：「齊城三百里有夷安，即晏平仲邑。」誤稱晏子齊記。愚按：晉書慕容德載記：「德如齊城，望晏嬰冢曰：『平仲死葬近城，豈有意？』青州刺史晏謨對曰：『臣先人儉以矯世，豈擇地而葬乎？』德問謨以齊之山川丘陵、賢哲舊事，謨歷對詳辯，畫地成圖。德深嘉之。」據此則謨爲晉人，故水經注已引之。

齊記卷亡，伏琛撰。不著録。

水經濟水注：「博昌城西有南北二城。」後漢書耿弇傳注：「小城内有漢景王祠。」（王氏）案：耿弇傳注引作伏琛齊地記。初學記天部：「安丘城南雹都泉，出雹。」太平御覽禮儀部：「朱虎城東有魏獨行君子管寧墓碑、魏徵士邴原墓碑。」寰宇記河南道：「堯山南有二水，名東、西丹水。」並引伏琛齊記。御覽居處部：瑯琊臺始皇碑，稱伏滔地記。

齊地記卷亡，解道康撰。不著録。

太平御覽天部：「解道康齊地記曰：齊有不夜城，蓋古者有日夜中燃於東境，故萊子立此城，以『不夜』爲名。」史記封禪書索隱：「臨淄天齊五泉」，稱解道彪齊地記（三一）。

職貢圖一卷梁元帝撰。不著録。

見唐志。藝文類聚雜文部引梁元帝職貢圖序，巧藝部引職貢圖贊。張彦遠歷代名畫記曰：「職貢圖一，梁元帝畫外國酋渠、諸蕃土俗本末，仍各圖其來貢者之狀。」

交廣二州記録一卷 王範撰。不著録。

見唐志。按吴志孫策傳注：「臣松之按：泰康八年，廣州大中正王範上交廣二州春秋。」續漢郡國志注：「交州治羸𨻻縣，元封五年移治蒼梧廣信縣，建安十五年治番禺縣。」〔王氏〕至「以重威鎮」。引王範交廣春秋。水經温水注朱注〔三二〕：「朱崖、儋耳二郡，帝所置。」泿水注：「步騭殺吴巨、區景，合兵取南海。」並稱王氏交廣春秋。藝文類聚地部：「建安二年，拜張津交州牧，錫彤弓、彤矢，與中州方伯齊同。」此稱苗恭交廣記。太平御覽州郡部：「秦改附庸爲鄉都。」職官部：「秦改州牧爲刺史，朱明之月出巡行部，玄英之月還，詣天府表奏。」此稱黄恭交廣記。又職官部「合浦士尹牙爲郡主簿」事，作黄義仲交廣二州記。

十三州記 卷亡，黄義仲撰。不著録。

水經河水注：「郡之言君也，郡守專權，君臣之禮彌崇。今『郡』字，『君』在其左，『邑』在其右，君爲元首，邑以載名，故謂之郡。」又：「縣，弦也，弦以貞直，言鄰民之位，不輕其誓，施繩用法，不曲如弦。『弦』聲近『縣』，故以取名。今『系』字在半也。」此引黄義仲十三州記。愚按：藝文類聚地部：「苗恭交廣記：建安二年，交阯太守士燮表言：『伏見十二州皆稱曰州，而交獨爲交阯刺史，何天恩不平乎？若普天之下可爲十二州者，獨不可爲十三州？』詔報聽許。拜南陽張津交州牧，錫弓矢，與中州方伯同，自津始也。」

十三州記卷亡，應劭撰。不著録。

〔王氏〕「傅巖在其界，今住穴尚存〔三三〕。」後漢書董卓傳注引十三州記。

水經淄水注：「泰山萊蕪縣，魯之萊柞邑。」泗水注：「漆鄉，邾邑也。」並引應劭十三州記。

九州記卷亡，樂資撰。不著録。

水經沔水注：「鹽官縣有秦延山，秦始皇逕此，美人死，葬於山上，下有美人廟。」此引樂資九州志。江水注：「鄂，今武昌也。」史記外戚世家集解同引。稱九州記。太平御覽、寰宇記多引九州要記。

西河舊事一卷不著録。

見唐志。世說言語篇注：「河西牛羊肥，酪過精好，但瀉酪置革上〔三四〕，都不解散也。」後漢書明帝紀注：「白山，冬夏有雪，故曰白山。匈奴謂之天山，過之皆下馬拜焉。去蒲類百里之内。」並引西河舊事。

潯陽記 卷亡，張僧鑒撰。不著録。

文選謝靈運入彭蠡湖詩注：「石鏡山東有一圓石，懸崖明浄，照人見形。」初學記地部：「雞籠山下澗中，有數十處累石，若有人功，朝夕有湧泉溢出，號爲『潮泉』。」太平廣記讖應類：「湓口城井中銘，孫權以爲己瑞。」並引張僧鑒潯陽記。水經廬江水注：「廬山上有三石梁，吴猛將弟子登山，過此梁，見一翁坐桂樹下，以玉杯盛甘露漿與猛。」世説棲逸篇注：「庾亮薦翟湯徵國子博士，不赴。」尤悔篇注：「庾亮拔周邵爲西陽太守。」並稱潯陽記，不著撰名。尚書禹貢正義：「一曰烏白江，二曰蚌江，又見本篇：一曰烏江，二曰烏白江。三曰烏土江，四曰嘉靡江，五曰畎江，六曰源江，七曰廩江，八曰提江，九曰箘江。」初學記地部同，史記索隱夏本紀：「九江者：烏江、蚌江、烏白江、嘉靡江、沙江、畎江、廩江、提江、箘江。」此稱潯陽地記。初學記、史記索隱省「地」字。

南康記 卷亡，鄧德明撰。不著録。

水經涢水注：「州治中盧耽少棲仙術，善解雲飛。」藝文類聚歲時部同。漢書張耳傳注：「大庾領一也，桂陽騎田二也，九真都龐嶺三也，臨賀萌渚領四也，始安越城領五也。」又見後漢書吴祐傳、劉表傳注。初學記政理部：「雩都縣土壤肥沃，偏宜甘蔗，郡以獻御。」並引鄧德明南康記。太平寰宇記江南西道：「聶都山，三石形似人，居中者爲君，左曰夫人，右曰女郎。」此稱劉德明南康記。又同卷引平亭横亭、横浦廢關二事，稱劉嗣之南康記，通典州郡門注亦稱「劉嗣之」。

南康記卷亡，王韶之撰。不著録。

初學記地理部：「雩都縣有君山，大風雨後聞絃管聲，其山謂之『仙宫』。」藝文類聚地部：「湘源有長瀨，其傍石或像人形，土人名爲『令史』。」山部：「寧都溪西有一山，狀如鼓，相傳謂之『石鼓』。」太平御覽地部：「歸美山，山石紅，丹赫若采繪，名曰『女媧石』。」並引王韶之南康記。御覽地部赤石山、峽山、官山三事，皆語涉唐天寶，則鄧、王所記外別有一南康記。

關中記一卷潘岳撰。不著録。

見唐志。宋志：葛洪關中記一卷。史記司馬相如傳索隱：「涇、渭、灞、滻、豐、鎬、潦、潏。」文選西都賦注：「未央宫殿，皆疏龍首。」北堂書鈔禮儀部：「漢諸陵皆高十二丈，惟茂陵高十四丈。」樂部：「秦始皇在驪山，運石於渭南諸山，故其歌曰：『運石渭南嶺，渭水爲不流。』」並引潘岳關中記。水經渭水注、漆水注、續漢郡國志注引關中記，不著撰名。

〔王氏〕「三輔舊治長安」至「高陵」。續漢書郡國志補注，七頁。

〔又〕「折風一名別風。」後漢書班彪附傳注引關中記。「建章宮有駘盪、馺娑、枍詣殿。」又。「始皇陵北十餘里有謝聚。」續漢書郡國志補注。

〔又〕不著撰名。

湘中記卷亡，羅含撰。不著録。

水經湘水注：「湘水之出於陽朔，則觴爲之舟。至洞庭，日月若出入於其中也。」續漢郡國志注：「營、洮、雍、祁、宜、春、烝、耒、米、渌、連、倒、僞、泊、資水〔三五〕，皆注湘。」藝文類聚山部：「南陽劉遺民嘗遊衡山，行數十里有絶谷，不得前。遥望見三石囷，二囷閉，一囷開。」初學記地理部：「衡山、九疑皆有舜廟，太守至官，常遣户曹致敬修祀，則如有絃歌之聲。」並引羅含湘中記。含，字君章。史記屈賈列傳正義：「賈誼宅中有一井，傍有石牀，相承云誼所坐。」此稱湘水記，不著撰名。

〔王氏〕「有營水」至「湘」，續漢書郡國志補注，四頁。△「項籍徙義帝」至「蘇耽壇」，又郴補注，不著撰人。△「衡山有玉牒」至「復見」，又。△「二妃之神，劉表爲之立碑。」又。

湘中記卷亡，庾仲雍撰。不著録。

藝文類聚山部：「庾仲雍湘中記曰：桂楊郴縣東北有馬嶺山，蘇耽所栖遊處，因而得仙。後見耽乘白馬還，此山因名馬嶺。」

〔王氏〕湘東記：「縣西南母山，周迴四百里。」續漢書郡國志酃補注。

始興記卷亡，王歆之撰。不著録。

水經溎水注：「白鹿城南有白鹿岡，咸康中，張魴爲縣，有善政，白鹿來遊，故城及岡並名焉。」初學記地部：「靈水源有温泉，涌溜如沸湯〔三六〕，有細赤魚出游，莫有獲之者。」文選苦熱行注同。藝文類聚地部：「有貞女峽，峽西岸有石，狀如女子，是曰貞女。」又：「芙蓉岡，高若玉山，鄰枕郊郭，週四十餘里。」二事又見御覽地部。並引王歆之始興記。「歆」又作「韶」。

〔王氏〕始興郡記：「有吴山。」續漢書郡國志湞陽補注。「縣北有臨沅山。」又曲江補注。

錢塘記卷亡，劉道真撰。不著録。

後漢書朱儁傳注：〔王氏〕增「昔」。「郡議曹華信立塘，〔王氏〕至「塘以之成」。以防海水，縣境蒙利。」水經漸江水注、御覽人事部同。〔王氏〕案：儁傳注不著撰人名。藝文類聚水部：「明聖湖在縣南，去縣三里，父老相傳湖有金牛。」初學記地部：「去邑十里有詔息湖，相傳秦始皇巡狩，經塗暫憩，因以『詔息』爲名。」太平御覽：「石姥山有一石甑，大數十圍。」器物部同。「靈隱山有方穴，昔有人採鐘乳，見龍跡。」藥部同。珍寶部：「縣東南有峴山，相傳採金於此。」木部：「靈隱山四布似蓮花，中央生穀樹，甚高大。」寰宇記江南東道：「石膏山出石膏，若雪。一名稽留山。」並引劉道真錢塘記。

東陽記卷亡，鄭緝之撰。不著録。

藝文類聚水部：「北山有湖，爲徐公湖。」北堂書鈔武功部：「岑山每至雲雨冥晦，輒聞鼓音。」太平御覽居處部：「石步廊去歌山十里，臨流虛構，可容百人坐。」樂部：「晉中朝有王質者，入山伐木，至石室，見童子四人彈琴而歌，質聽。俄頃，所坐斧柯爛盡。」水經漸江水注同。並引鄭緝之東陽記。

〔王氏〕不著撰人。「縣龍丘山」至「誰植」。續漢書郡國志太末補注，六頁。

宣城記卷亡，紀義撰。不著録。

文選重答劉秣陵書注：「臨城縣南四十里蓋山，有舒姑泉。」藝文類聚水部、御覽地部同，又文苑英華浩虛舟舒姑泉賦以「記云舒氏女化爲泉」爲韻。藝文類聚鳥部：「侍中紀昌睦初生，有白燕一雙出屋，既表素質，宦途亦通。」御覽羽族部同。北堂書鈔：「江矩，吳時爲廬江太守，清儉，徵還，船輕，皆以載土。」御覽地部、禮儀部同。寰宇記江南西道：「周黃爲寧國長，後遷丞相。」並引紀義宣城記。

安成記卷亡，王烈之撰。不著録。

初學記天部：「縣人謝廩行田，路遇神人，曰：『汝無仙骨。』」人事部：「縣有孝子符表，母死，慟殞，葬於四望岡，太守王府君表其墓。」太平寰宇記江南西道，廬陵縣落亭石、安福縣安福城，並引王烈之安成記。又：「萍鄉縣羅霄山，澤水所出，天旱，祀之即雨。」稱王孚安成記。御覽地部亦作王孚。

神境記卷亡，王韶之撰。不著録。

太平御覽地部：「滎陽縣蘭巖山有雙鶴，傳云昔有夫婦隱此山，化成鶴。」羽族部同。又：「九嶷有青澗，中有黃色蓮花，芳氣竟谷。」人事部：「滎陽有靈源山，有石髓紫芝。」百卉部同。並引王韶之神境記。

武昌記卷亡，史筌撰。不著録。

水經江水注：「樊口南有大姥廟，孫權嘗獵於山下，得一豹，見一姥。問曰：『何不豎豹尾？』」太平御覽天部：「武城東有金牛崗，西有石鼓山，上有三石鼓，鳴必天雨。」時序部：「樊山東有小溪，盛夏常有寒氣，故謂之寒溪。」並引武昌記，不著撰名。北堂書鈔武功部：「武昌有峴山，欲陰雨，上有聲，如吹角。」此稱史筌武昌記。御覽兵部「峴山」作「龍山」，稱史岑武昌記。

武陵記 卷亡，黄閔撰。不著録。

後漢書南蠻西南夷傳注：「武溪山高〔王氏〕增「可」字。萬仞，山半有槃瓠石室，〔王氏〕增「可容數萬人」。中有石牀，槃瓠行跡。」太平御覽地部：「周陂，周迴數百頃，清波澄映，洲嶼相望。」樂部：「有緑蘿山側明月池，碧石潭澄徹百尺。」北堂書鈔樂部並引。並引黄閔武陵記。

〔王氏〕後書馬援傳注引武陵記曰「此山頭與東海方壺山」至「因名壺頭山」。又引武陵記曰「壺頭山邊有石窟，即」至「之餘靈」。

宜都記 卷亡，袁山松撰。不著録。

藝文類聚地部：「自西陵泝江西北行三十里入峽口，其山週迴隱映，如絶復通，高山重嶂，非日中夜半不見日月也。」初學記地部：「對西陵南岸有山，其峰孤秀，自山南上至頂，俯臨大江如縈帶，視舟船如鳧雁。」並引袁山松宜都記。初學記地部：「郡西北陸行三十里有丹口，天晴山嶺忽有霧起，不過崇朝，雨必降。」此稱宜都山川記。北堂書鈔天部：「郡西北有丹山，天晴山嶺有霞忽起。」此即初學記所引，而稱宜都記，省「山川」二字。藝文類聚獸部亦引宜都山川記。

古今地名三卷不著録。

見唐志。文選劉越石答盧諶詩注：「冥陵阪在吴城北，今謂之吴阪。」史記夏本紀正義：「王屋山方七百里，高萬仞，本冀州之河陽山也。」藝文類聚居處部：「河南有鼎門，九鼎所定。」初學記州郡部：「韓武子食采於韓原。」太平寰宇記河南道：「王屋山狀如垣，故以名縣。」並引古今地名。

汝南記卷亡，杜預撰。不著録。

初學記人事部「李充妻謂充分異獨居，充告母叱遣」事，引杜預汝南記。御覽人事部同。後漢書應奉傳注「華仲妻，本〔王氏〕增「是」。汝南鄧元義前妻，〔王氏〕至「因此遂絶」。更嫁華仲」事。此稱汝南記，不著撰名。

永嘉記卷亡，鄭緝之撰。不著録。

初學記地部：「鄭緝之永嘉記曰：『懷化縣有蔣公湖，父老傳云，先代有祭祀祈請者，湖輒下大魚與之。』」文部：「硯溪，一源中多石硯。」北堂書鈔藝文部同。藝文類聚山部：「有柘林水，有梧桐水，有桃枝水。」並引永嘉郡記，不著撰名。

南中八郡志不著録。

後漢書南蠻西南夷傳注：「貊大如驢，狀頗似熊，多力，食鐵，所觸無不崩。」又云：「卬河縱横廣岸二十里，深百餘丈。多大魚，長一二丈，頭特大，遥視如戴鐵釜狀。」藝文類聚菓部：「檳榔，土人以爲貴，款客必先進，若邂逅不設用，相嫌恨。」並引南中八郡志。文選謝玄暉夜發新林詩注：「交阯郡治龍編縣，自興古鳥道四百里。」此稱南中八志，疑脱「郡」字。續漢郡國志注引有南中志，省「八郡」二字。漢書吴漢傳注亦引之。文選蜀都賦注：「貊獸出建寧郡，食毒鹿出雲南郡。」稱魏完南中志。

臨川記卷亡，荀伯子撰。不著録。

太平寰宇記江南西道：「臨川莫巨山，嶺内有石人，體有塵則興風，潤則致雨，民以爲準。」御覽地部同。「王右軍故宅，其地爽塏，山川如畫。每至重陽日，郡守、從事多遊於斯。」御覽州郡部同。並引荀伯子臨川記〔三七〕，不著撰名。

隴西記卷亡，不著録。

太平御覽地部：「襄武有錦鏡峽，即黑水所經。其峽四望，花木明媚，照影其中，因以稱之。」寰宇記隴右道同。此引隴西記。又地部云：「武都紫水有泥，其色赤紫而粘，貢之用封璽書，故詔誥有紫泥之美。」寰宇記同。此稱隴右記。

江陵記卷亡，伍端休記，不著録。

太平御覽地部：「州城北有楚平王冢、枝江斑竹崗又有平王冢，未知孰是？」又云：「城西北有大林。春秋魯文公六年：『楚大飢，戎師於大林。』即此地也。」又云：「州城東有曹公林，建安十三年，曹操師頓此林，因謂曹公林。」並引伍端休江陵記。

瀨鄉記卷亡，崔玄山撰。不著録。

文選新刻漏注：「老子母碑，老子把持仙籙，玉簡金字，編以白銀，紀綴善惡。」北堂書鈔藝文部同。此引崔玄山瀨鄉記。藝文類聚諸書所引，皆記老子事其母，碑文稱孝文聖母李夫人碑。類聚獸部，又御覽人事部。

建安記卷亡，蕭子開撰。不著録。

太平寰宇記江南東道：「將樂縣金泉山，南枕溪，有細泉出沙，彼人以夏中水小，披沙淘之，得金。山之西有金泉祠焉。」此引蕭子開建安記。又：「止馬亭，當飛猿嶺口，馬之登降，於此止息，故名。」此稱洪氏建安記。

征齊道里記卷亡，丘淵之撰。不著録。

太平御覽時序部：「丘淵之征齊道里記曰：『城北十五里有柳泉，符朗常以爲解禊處。』」北堂書鈔歲時部同。地部：「太山有延陵兒冢」，稱丘淵之齊記。又「黄丘有鸞鷟峴」，稱淵之齊道記。皆省文可通。史記高祖紀正義王莽河枯事，作深丘道里記，蓋「丘淵」字誤。

壽陽記卷亡，宋王玄謨撰。不著録。

御覽時序部：「明義樓南有明義井。」引宋王玄謨壽陽記。寰宇記淮南道引有後漢朱陽九江壽春記。

上黨記卷亡，不著録。

續漢郡國志注：「令狐徵君隱城東山中，即壺關三老令狐茂上書訟戾太子者也。」水經沁水注：「長平城在郡之南，秦壘在城西。」元和郡縣志河東道：「曹公之圍壺關，起土山於城西北角，穿地道於城西，内築界城以遮之。」史記趙世家集解：「馮亭冢在壺關城西五里。」並引上黨記。

〔王氏〕「關城，都尉」至「其山」，續漢書郡國志補注，六頁。「有鹿谷山」至「三十里」，又。「晉別宮墟」至「於此」，又。「邑帶山林，茂松生焉。」又。「東山」至「平皋」，又。「城」至「二十里」〔三八〕，又。「潞，濁漳也」至「于海」，又。「有羊頭山，沁水所出」。又。

入東記卷亡，吴均撰。不著録。

寰宇記江南西道：「吴均入東記曰：王羲之常遊昇烏山，謂賓客曰：『百年之後，誰知王逸少與諸卿遊此乎？』因有昇山之號，立烏亭於山上。」

江乘地記卷亡，不著録。

初學記地部：「縣東南四十里有湯泉，半冷半温，共同一壑，謂之半湯泉。」藝文類聚草部：「樵採者常於山上得空青，此山朝出雲，零雨必降，民以爲常占。」北堂書鈔地理部：「城東四十五里竹里山，塗所經，甚傾嶮，行者號爲飜車峴。」並引江乘地記。

仇池記卷亡，不著録。

後漢書南蠻西南夷傳注：「仇池百頃，天形四方，壁立千仞。自然樓櫓御敵，分置調均，〔王氏〕增「竦起數丈」。有踰人功。仇池凡二十一道，可攀援而上。」〔王氏〕至「交灌」。此引仇池記，無撰名。太平御覽居處部：「城東有苜蓿園。」此稱郭仲産仇池記。

冀州風土記卷亡，盧植撰。不著録。

寰宇記河北道：「盧植冀州風土記曰：『黄帝以前，未可備聞。唐虞以來，冀州乃聖賢之泉藪，帝王之舊地。』」

華山精舍記一卷張光禄撰。

太平御覽地部：「華山精舍記曰：老子枕中記云，吴西界有華山，可以度難。父老云山頂有池，上生千葉花，服之羽化，因曰華山。長林森天，翹楚蔽日。」

張騫出關志一卷

崔豹古今注曰：「酒杯藤出西域，國人寶之，不傳中土。張騫出大宛得之。事出張騫出關志。」洪遵泉志外國品亦引騫出關志。

南雍州記六卷鮑至撰。

通典州郡門注：「鮑至南雍州記曰：『城内有蕭相國廟，相傳謂爲城隍神。』」唐志作「鮑堅」，三卷。

南雍州記卷亡，郭仲産撰。不著録。

太平寰宇記山南東道：「穰縣石橋水汙爲池，出靈龜，如金縷。」又云：「武當山，廣三四百里，干霄出霧，學道者常百數，相繼不絶。」並引郭仲産南雍州記。史記韓世家正義：「穰，楚之别邑。秦初侵楚，封公子悝爲穰侯。後屬韓，秦昭王取之。」此稱郭仲雍記。

「雍」，當作「産」。

川瀆記卷亡，虞仲翔撰，不著録。

寰宇記江南東道：「虞仲翔川瀆記曰：太湖東通長洲松江水，南通烏程霅溪水，西通義興荆溪水，北通晉陵滆湖水，東連嘉興韭溪水，凡五通，謂之『五湖』。」

尋江源記一卷

唐志五卷。太平寰宇記山南東道：「南浦郡高梁山，東西數千里，其峰崔嵬，於蜀市望之，若長雲垂天。一日行之，乃極其頂。」又云：「景穴有嘉魚，其味甚美。景穴出柏枝山。」並引尋江源記。

始安郡記卷亡，不著録。

續漢郡國志注：「始安郡記曰：『縣東有駁樂山，〔王氏〕「駁」改作「駮」。東有遼山。』」

歷國傳二卷釋法盛撰。

唐志同。

西京記三卷

脱撰名。按：後周書薛寘傳：「寘撰西京記三卷，引據該洽，世稱其博聞焉。」唐志作「薛冥」。

江表行記一卷

寰宇記江南西道〔三九〕：「江表記曰：『江中有鷩洲，長三里，與蕪湖相接。』」

淮南記一卷

寰宇記江南西道：「淮南記曰：『吴初以周瑜屯牛渚〔四〇〕，晉謝尚亦鎮此城。』」

十三州志十卷闞駰撰。

〔王氏〕「土地斥鹵，故曰斥丘。」後漢書袁紹傳注。宋書大且渠蒙遜傳：「茂虔奉表獻十三州志十卷。」後魏書闞駰傳：「駰撰十三州志，行於世。」史通雜述篇曰：「地理書者，若朱贛所採，浹於九州；闞駰所書，殫於四國。斯則言皆雅正，事無偏黨。」尚書禹貢正義：「漆水出漆縣西北岐山，東入渭沮，則不知所出。」初學記州郡部：「轘轅道，凡十二曲也。」並引闞駰十三州志。「志」，文選注作「記」。水經注、漢書注、寰宇記引此書甚多。

〔王氏〕「窳渾縣有大道，西北出雞鹿塞。」後書和帝紀注。「典屬國」至「者也」，又，三頁。「大夫皆掌顧問、應對」至「君父也」，又，三頁。「護烏桓」至「更置焉」，又，六頁。「侍御史，周官」至「四百石」，又，六頁。「縣爲侯邑，則令、長爲相，秩隨令、長本秩。」又。「旄牛縣屬蜀郡。」又。「將兵長史」至「三十里」。又，十頁。「朐音春，䏰音閏。其地下濕，多朐䏰蟲，因以名縣。」吴漢傳注。「有秩、嗇夫，得假半章印。」仲長統傳注。「句踐之地」至「故曰句章」。臧洪傳注。「楊氏縣在魏郡北也。」郭泰附傳注。

林邑國記一卷

唐志同。水經葉榆河注：「自交阯南行，都官塞浦出焉。」温水注：「馬援樹兩銅柱於象林南界，與西屠國分漢之南疆。」通典邊防門注同。並引林邑記。

宋武北征記一卷戴氏撰。

元和郡縣志河南道：「少室山西有袁術固，可容十萬衆，一夫守隘，萬人莫當。」又云：「敖山，秦時築倉於山上，漢高祖亦因敖倉傍山，築甬道下汴水，即此山也。」後漢書吕布傳注：「下邳城有三重，大城之門周四里，吕布所守也，魏武帝禽布於白門。白門，大城之内。」並引宋武北征記。

北征記卷亡，裴松之撰。不著録。

後漢書獻帝紀注：「裴松之北征記曰：『中牟臺下臨汴水，是爲官渡，曹操、袁紹壘尚存焉。』」

北征記卷亡，徐齊民撰。不著録。

續漢郡國志注：「徐齊民北征記曰：裴林縣東〔王氏〕增「南」字。〔又〕案：此章氏大誤。郡國志云「菀陵有棐林」〔四一〕，乃地名，非縣名也。北征記所謂「縣東南」蓋指菀陵言。章氏誤以棐林爲縣名，又誤「棐」爲「裴」，「東」下脱「南」，皆譌謬之甚者。有大隧澗，鄭莊公所闕。」〔王氏〕增「又大城東臨濮水，水東溱水注於洧，城西臨洧水。」又云：「雍丘有吕禄臺，高七丈。有酈生祠。」

〔王氏〕△「索水」，又，不著撰人。△「城在許之南」至「受終之壇也」。又，一頁。△「城周三十七里，南臨濊水，凡二十四門。」又，睢陽補注。△「城周十四里，南臨汙水。」又，相補注。案：劉注於下文引北征記，標明伏滔。援此則前所引疑皆徐書。

〔又〕「有吕禄臺，高七丈。有酈生祠。」又，雍丘補注。△「城周三里。」又，有匡城補注。「城西二十里有山，山有楚元王墓。」又，彭城補注。案：劉注於此條後遂引伏滔北征記，足證不標撰人者皆徐齊民書。

北征記卷亡，孟奥撰。不著録。

初學記天部：「淩雲臺東南有白石室，名爲避雷室。」太平御覽天部：「臨賀有方二丈石，有磨刀斧迹。春夏常明净，其迹甚新，秋冬則苔穢。故爲『雷公磨石』。」居處部：「鄴城避雷室西南石溝，北有華林牆，牆高九丈，方圓一里。」又云：「許昌有三重城，城門有鐵鑊。」並引孟奥北征記。

北征記卷亡，伏滔撰。不著録。

續漢郡國志〔王氏〕下增「苦縣」。注：「瀨鄉有老子廟，廟中有九井，水相通。」又云：「彭城北有山，〔王氏〕此五字刪補作「城北六里有山」。臨泗，有宋桓魋石槨，皆青石，隱龜龍麟鳳之象。」〔王氏〕「今槃根往往而存。」又，葛嶧山補注。「縣北有大冢」至「之處」。又，徐補注。水經濟水注：「濟水與清河合流至洛也。」文選謝靈運初發石首城詩注：「石頭城，建康西界臨江城也，是曰京師。」又靈運擬劉楨詩注：「黎陽，津名也。」並引伏滔北征記。

從征記卷亡，伍緝之撰。不著録。

〔王氏〕增「後」。漢書東平憲王傳注：〔王氏〕「王」下增「蒼」。「魯人藏孔子所乘車於廟中，是顏路所請者也。獻帝時，廟遇火燒之。」初學記文部：「夫子床前有石硯一枚，蓋夫子平生時物也。」並引伍緝之從征記。水經注多引從征記，不著伍緝之名。

〔王氏〕案：蒼傳作「伍緝之從征記」〔四二〕。

東征記卷亡，不著録。

文選西征賦注：「東征記曰：全節，地名，其西名桃原，古之桃林也。」

司州山川古今記三卷劉澄之撰。

太平御覽州郡部：「黎陽，國也。詩曰『黎侯寓於衛』是也。」居處部：「永康縣縉雲堂，黄帝煉丹處。」又：「魏武聽政殿前有聽政門。」並引劉澄之古今山川記。無「司州」二字。

江圖一卷張氏撰。

江圖二卷劉氏撰。

尚書禹貢正義：「張須元緣江圖云：『一曰三里江，二曰五州江，三曰嘉靡江，四曰烏土江，五曰白蚌江，六曰白烏江，七曰菌江，八曰沙提江，九曰廩江。』」陸氏釋文亦稱張須元緣江圖。通典州郡門注稱：「張須九江圖：據書疏似「須元」，乃雙名，通典注則「須」，爲單名。『一曰烏江，二曰白蚌江，三曰烏土江，四曰嘉靡江，五曰畎江，六曰三里江，七曰菌州江，八曰沙提江，九曰廩江。』」九江次序，所引互異。史記夏本紀索隱稱張湞九江圖「湞」與「須」字似相似而訛。所載有五里、五畝、烏土、白蚌之名。「五畝」，乃因「五曰畎江」而訛也。按此當即隋志所稱張氏江圖。又文選簫賦注：「慈母山竹作簫笛，有妙聲。」陶淵明夜行塗口詩注：「自沙陽縣下流至赤圻，赤圻二十里至塗口。」寰宇記劍南西道：「江水經鼎鼻。」並引江圖，不著撰名。唐志有江圖二卷，亦無撰名。張彥遠歷代名畫記曰：「江圖，劉氏三，張氏一。」

北荒風俗記二卷

太平寰宇記河北道有隋北蕃風俗記曰：「厥稽部渠長突地稽率八部衆内附，處之柳城。」

諸蕃風俗記二卷

通典邊防門注：「金姓相承三十餘葉。」稱隋東蕃風俗記。洪遵泉志外國品有三佛齊國錢、佛泥國錢，並引諸蕃風俗記。刊本脱去「記」字。

突厥所出風俗事一卷

通典邊防門注引有突厥本末記。

輿地志三十卷陳顧野王撰。

陳書顧野王傳：「野王撰輿地志三十卷。」王象之輿地碑記目曰：「寶雲寺南高基，顧野王曾於此修輿地志，並建屋立像，曰顧侍郎祠。」通典州郡門注：「孔安國云：『黑水自北而南，經三危，過梁州，入南海。』」顧野王撰輿地志以爲自僰道入江，其言與禹貢不同，未爲實録。太平御覽、寰宇記引輿地志甚多。唐志卷同。

〔王氏〕交阯其夷足大指開析，兩足並立，指則相交。」後漢書光武帝紀注。

輿地圖卷亡，不著録。

史記淮南衡山列傳索隱：「虞喜志林曰：『輿地圖漢家所畫，非出遠古也。』」文選徐敬業登琅琊城詩注：「輿地圖曰：『梁武改南琅邪爲琅邪郡，在潤州。』」

序行記十卷姚最撰。

周書儒林傳：「姚僧垣撰行記三卷。」子最傳不載撰序行記。唐志有姚最述行記三卷。元和郡縣志河東道：「周建德五年，從行討齊師，次洪洞，百雉相臨，四周重複，控據要險，城主張元静率其所部肉袒軍門。」又云：「晉陽宫西南有小城，内有殿，號大明宫。」又云：「高齊天保中，大起樓觀，穿築池塘，自洋以下皆遊集焉，至今爲北都之勝概。」並引姚最序行記。三事又見寰宇記河東道。

魏永安記三卷温子昇撰。

後魏書温子昇傳：「子昇撰永安記三卷。」史通叙事篇曰：「子昇取讖於君懋。」原注：

「王劭齊志曰：『温子昇撰永安記，率是支言。』」

國都城記二卷

元和郡縣志河南道：「考城縣西南有戴水，今名戴陂。」太平御覽州郡部：「周穆王末，楚襲破徐，殺偃王，其子遂北徙彭城。今徐城是也。」寰宇記河南道：「自復通汴渠已來，舊濟遂絶，今濟陰定陶城南惟有濟隄及枯河而已，皆無水。」並引國都城記。又寰宇記河南道：「封丘，衛地之延鄉。漢高祖與項籍戰敗，翟母免難之處。」又云：「古城凡七門，東西有三門，最北者名萊門。」並稱魯國都記，御覽州郡部引延鄉一事，祇稱國都記，無「魯」字。皆無撰名。史記正義：「唐國，帝堯之裔子所封。」五帝本紀。又：「城中高丘，即古之陶丘。」夏本紀。並稱徐才宗國都城記。又：「周封召公於燕地，在燕山之野，故國取名焉。」周本紀。稱宗國都城記。晉世家正義「唐燮父徙居晉水」，孔子世家正義「鉅野有獲麟堆」，俱稱宗國都城記。唐志有顧野王十國都城記十卷，周明帝國都城記九卷。

周地圖記一百九卷

文選爲曹洪與魏文書注：「褒谷西有古陽平關。」其地在今梁州褒城縣西北。後漢書劉焉傳注同。元和郡縣志山南道：「郢州地，梁普通末置新州，後魏改爲温州，因温水爲名也。」並引周地圖記。太平御覽、寰宇記尤多引之。唐志：周地圖省「記」字。一百三十卷。

〔王氏〕太白山上常積雪，無草木。半山有横雲如瀑布則澍雨。常以爲候。故語云：「南山瀑布，非朝即暮。」宋封濟民侯牒。

冀州圖經一卷

太平御覽地部：「冀州圖經曰：『紇真山，在城之東北，登之望桑乾代郡如數百里内然〔四三〕。』」寰宇記多引冀州圖，省「經」字。

齊州記一卷李叔布撰。

唐志四卷。

外國圖卷亡，不著録。

水經河水注：「從大晉國正西七萬里，得崑崙之墟，諸仙居之。」通典邊防門注：「從隅巨北，有國名大秦，其種長大，身長五六丈。」文選郭景純遊仙詩注：「圓丘有不死樹，食之乃壽。」藝文類聚木部：「君子國多木槿之華，人民食之。去琅邪三萬里。」並引外國圖。史記秦本紀正義：「亶州去琅邪萬里。」稱吴人外國圖。

括地圖卷亡，不著録。

水經河水注：「馮夷恒乘雲車，駕二龍。」文選東都賦注：「夏德盛，二龍降之，禹使范氏御之以行，經南方。」史記大宛傳索隱：「崑崙弱水，非乘龍不至，有三足神烏，爲王母取食。」初學記天部：「谷山有叢雲甘雨。」藝文類聚水部：「負丘之山，上有赤泉，飲之不老。神宮有英泉，飲之眠三百歲乃覺，不知死。」並引括地圖。此與括地志各爲一書。括地志唐魏王泰所撰，史記正義引之最多。此圖水經注已引之，則唐以前所撰。

秦地圖卷亡，不著録。

漢書地理志：「秦地圖曰：『劇清地，幽州藪。有鹽官。』」又曰：「書班氏。」

雍州圖經卷亡，不著録。

文選西征賦注：「全節，閿鄉縣東十里鳩澗西。潼水在華陰縣界。温湯在新豐縣界，温泉在藍田縣界。」徐敬業登琅邪城詩注：「金谷水，出藍田縣西終南山，西入灞水。」並引雍州圖經。

宣城郡圖經卷亡，不著録。

文選鮑明遠還都道中詩注：「南陵，縣西南水路一百三十里。」謝玄暉敬亭山詩注：「敬亭山，宣城縣北十里。」並引宣城郡圖經。御覽地部引十餘事。

上谷郡圖經卷亡，不著録。

文選放歌行注：「上谷郡圖經曰：『黄金臺，易水東南十八里，燕昭王置千金於臺上，以延天下之士。』」

四海圖卷亡，不著録。

文選思玄賦注：「四海圖曰：『交廣南有邛州，其處極熱。』」

江都圖經卷亡，不著録。

文選爲曹公與孫權書注：「江都圖經曰：『江西壽春屬魏，魏揚州刺史鎮壽春。』」

東郡圖經卷亡，不著録。

文選陽給事誄注：「東郡圖經曰：『滑臺城，即鄭之廩延。』」

洛陽圖經卷亡，不著録。

文選東京賦注：「濯龍，池名，故歌曰：『濯龍望如海，河橋渡似雷。』」應吉甫華林園集詩注：「華林園在城内東北隅，魏明帝起名芳林園，齊王芳改爲華林。」並引洛陽圖經。

御覽州郡部、寰宇記河南道引有洛陽地圖。

廣陵郡圖經卷亡，王逸撰。不著録。

文選蕪城賦注：「王逸廣陵郡圖經曰：『郡城，吴王濞所築。』」

丹陽郡圖經卷亡，不著録。

文選范蔚宗樂遊苑詩注：「樂遊苑，宫城北三里，晉時藥園也。」謝靈運送方山詩注：「方山，在江寧縣東，下有湖水。舊揚州有四津，方山爲東，石頭爲西。」顔延年觀北湖田收詩注：「樂遊苑，晉時藥園，元嘉中築堤壅水，名爲北湖。」並引丹陽郡圖經。

蜀郡圖經卷亡，不著録。

文選南都賦注：「蜀郡圖經曰：『太湖山，山故縣，縣南十里。』」

長安圖卷亡，不著録。

文選西征賦注：「周氏曲，咸陽縣東南三十里，今名周氏陂。陂南一里，漢有蘭池宫。」又云：「漢時七里渠有飲馬橋，夏侯嬰冢在橋南三里。」太平御覽地部：「高望堆，在延興門南八里。」並引長安圖。

弘農郡圖經卷亡，不著録。

文選西征賦注：「弘農郡圖經曰：『曹陽，桃林縣東十二里。』」

歷陽縣郡圖經卷亡，不著録。

文選奏彈曹景宗注：「歷陽縣郡圖經曰：『東關，歷陽縣西南一百里。』」御覽地部雞籠山、梁山二事，引歷陽圖經，省「郡縣」二字。

河南郡圖經卷亡，不著録。

文選西征賦注：「潘岳父冢，鞏縣西南三十五里。」懷舊賦注：「嵩丘，在縣西南十五里。」洛神賦注：「景山，緱氏縣南七里。」嗣宗詠懷詩注：「東有三門，最北頭曰上東門。」並引河南郡圖經。

荆州圖副記卷亡，不著録。

水經沔水注：「武當，山形特秀〔四四〕，異於衆岳，亭亭遠出，藥食延年萃焉。」此引荆州圖副記。文選注、後漢書注諸書所引，或稱荆州圖記，或稱荆州圖。

〔王氏〕「副夷縣」至「常燥」。後漢書南蠻西南夷傳注引荆州圖。案：「副夷縣」當是「夫夷縣」之誤。

聘北道里記三卷江德藻撰。

太平寰宇記淮南道：「江德藻聘北道里記曰：『江淮間有露筋驛，今有祠存，一名鹿筋驛。云昔有孝女爲蚊蚋所食，惟存筋骸而已。』」陳書江德操傳：「德操，字德藻。天嘉四年，與中書郎劉師知使齊，著北征道里記三卷。」隋志別有劉師知聘遊記三卷。酉陽雜俎續集貶誤篇引聘北道記北方婚禮用青廬、交拜、催妝，並以竹杖打壻事，謂德藻所記爲異，南朝無此禮也。

魏聘使行記六卷

唐志五卷。

封君義行記一卷李繪撰。

酉陽雜俎續集貶誤篇引李繪封君義聘梁記梁主客賀季指馬上立射二事。

輿駕東行記一卷薛泰撰。

唐志作東幸記。太平御覽地部：「梁武輿駕東行記曰：『有覆船山、酒罌山，南次高驪山，傳云昔高驪國女來，東海神乘船致酒禮聘之，女不肯，海神撥船覆酒，流入曲阿，故曲阿酒美也。』」

巡撫揚州記七卷諸葛穎撰。

唐志卷同。「巡撫」，舊唐志作「巡總」。

大魏諸州記二十一卷

太平御覽木部：「都安縣有交讓木，兩兩相對。」此稱大魏諸州記。寰宇記河北道：「潞縣城西三十里有潞河，源出北山，南流。」此稱後魏諸州記。水經注多引魏土地記。史記趙世家正義趙襄子姊磨笄自殺事，亦引魏土地記。元和郡縣志河東道：「神農城，在羊頭山。」引後魏風土記。寰宇記亦引後魏風土記數事。太平御覽地部：「潘城西北有歷山，其下有舜祠、瞽瞍祠存焉。」寰宇記河北道同。並稱後魏輿地風土記。

趙記十卷脱撰名。

北齊書李公緒傳：「公緒，字穆叔，撰趙語「語」，當作「記」。十三卷。」太平御覽州郡部：「李公緒趙記曰：趙孝成王造壇臺之宮爲趙都〔四五〕，朝諸侯，故曰信都。」寰宇記河東道：「李穆叔趙記曰：『轑陽東北有五指山，嶺石孤聳，上有一手一足之跡，其大如箕，指數俱全。』」又史記趙世家正義：「龍山有四麓，各有一穴，大如車輪，春風出東，秋風出西，夏風出南，冬風出北，不相奪倫。」此稱邢子勵趙記。

隋區宇圖志一百二十九卷

唐志：「虞茂區宇圖，無「志」字。一百二十八卷。」隋書崔賾傳：「大業五年，受詔與諸儒撰區宇圖志二百五十卷。帝不善之，更令虞世基、許善心衍爲六百卷。」太平御覽文部：「隋大業拾遺曰：『大業之初，敕内史舍人竇威、起居舍人崔祖濬等〔四六〕，撰區宇圖志一部，五百餘卷。屬辭比事，全失修撰之意。帝不悦，敕秘書學士十八人，修十郡志，内史侍郎虞世基總檢。世基先命學士各序一郡風俗，奏擬請體式。學士虞綽序京兆郡風俗，陸敬序河南郡風俗，袁郎序蜀郡風俗，杜寶序吴郡風俗。四人先成，世基奏聞，敕付世基擇善用之。世基乃鈔吴郡序，以爲體式。及圖志第一副本，新成八百卷，奏之。帝以部秩太少，更遣重修，成一千二百卷。卷頭有圖，别造新樣，紙卷長二尺。叙山川則卷首有山川圖，叙郡國則卷首有郭邑圖，其圖上有山川城邑，題書字並用歐陽肅書，即率更令詢之長子，工於草隸，爲時所重。』」太平寰宇記河北道：「故武城，夏禹七代孫芸封公子武於此建國。後漢光武封濟南王爲武城侯。前秦苻堅封長子清河王，移居武城。」御覽地部：「龍崗縣石井，光武營軍所鑿，傍有叢荆棘生，皆蟠縈如人手結，云是光武繫馬處。」並引隋區宇圖志。張彦遠歷代名畫記叙古之圖畫，有虞茂氏區宇記。

隋西域圖三卷裴矩撰。

隋書裴矩傳：「時西域諸番多至張掖，與中國交市。帝令矩掌其事。諸商至者，矩誘令言其國俗、山川險易，撰西域圖記。丹青模寫，共成三卷，合四十四國。仍别造地圖，窮其要害。」太平寰宇記四夷引隋西域圖記曰：「白山，一名阿羯山，常有火及煙，即是山坰沙處。」又云：「大宛馬，其烏馬、騮馬多白耳，驄馬多赤耳，黄馬、赤馬多黑耳，惟耳色別，自餘色與常馬不異。」

隋諸州圖經集一百卷郎蔚之撰。

隋書郎茂傳：「茂撰州郡圖經一百卷。」唐志：「郎蔚之隋圖經集記一百卷。」太平御覽州郡部：「隋圖經集記曰：義川，蓋春秋時白翟也。其俗語云『丹州白窒』，即『白翟』語訛耳。」地部、居處部多引隋圖經，省「集記」二字。寰宇記亦引甚多，又引有舊圖經。

隋諸郡土俗物産一百五十一卷

唐志：諸郡土俗物産記十九卷。

方物志二十卷許善心撰。

隋書許善心傳：大業四年撰方物志，奏之。

【校勘記】

〔一〕「成皋關」，原作「城皋關」，據初學記卷七地部所引洛陽記改。

〔二〕「林商」，原作「林同」，據太平御覽卷八〇八珍寶部所引洛陽宮殿記改。

〔三〕「德陽殿」，原作「陽殿」，今據後漢書卷九五禮儀志注補。

〔四〕「門」，原作「城」，據後漢書卷八三逢萌傳注引漢宮殿名改。

〔五〕「洛水」，原作「浴水」，據文選卷一六閒居賦注所引河南郡縣境界簿改。

〔六〕「陳球」，原作「陳琳」，據補編本、太平御覽卷五八九文部所引述征記改。

〔七〕「焉」，原作「面」，據水經注卷二二引續述征記改。

〔八〕「曰」，原作「口」，據廣韻卷三注引風土記改。

〔九〕「烏程」，原作「海鹽」，據後漢書卷一一二郡國志補注所引吳興記改。

〔一〇〕「孔曄」，原作「孔暒」，據初學記卷五地理部改，下同。

〔一一〕「張詹」，原作「張唐」，據太平御覽卷五五一文部所引荊州記改。

〔一二〕「令」，原作「也」，據後漢書卷一一二郡國志補注引豫章記改。

〔一三〕「巴州」，原作「巴川」，據太平寰宇記一三九山南西道巴州所引段氏蜀記改。

〔一四〕「澤地」，原作「釋地」，據水經注卷四〇禹貢山水澤地所在改。

〔一五〕「劉薈」，原作「劉會」，據後漢書郡國志補注改。

〔一六〕「四十二家」，原作「二十四家」，據隋書卷三三經籍志改。下同。

〔一七〕「湘州」，原作「湘洲」，據隋書卷三三經籍志改。

〔一八〕「鋸」，原作「鉅」，據太平御覽卷三四八兵部所引日南傳改。
〔一九〕「苦」，原作「若」，據文選卷二八苦熱行注所引宋永初山川記改。
〔二〇〕「常安」，原作「長安」，據宋書卷三八州郡志改。
〔二一〕「石門塞」，原作「石門關」，據後漢書卷一一〇郡國志注所引晉地道記改。
〔二二〕「細陽」二字原無，據後漢書卷一一六百官志注所引晉太康地道記增補。
〔二三〕「禪魏」，原作「禪位」，據後漢書卷九獻帝紀注所引地記改。
〔二四〕「始安」，原作「始賀」，據文選卷二四贈顧交趾詩注所引裴淵廣州記改。
〔二五〕「宋」，原作「荆」，據太平御覽卷一七一州郡部所引湘州記改。
〔二六〕「郭仲産」，原作「郭仲彦」，據後漢書卷一三隗囂傳注、太平御覽卷一六七州郡部引秦州記改。
〔二七〕「部」字原無，據上下文補。
〔二八〕「泝」，原作「沂」，據北堂書鈔卷一五七地部所引梁州記改。
〔二九〕「漫延」，原作「漫近」，據水經注卷四河水所引三秦記改。
〔三〇〕「牟平」，原作「平牟」；「蹲犬山」，原誤作「犬蹲山」，皆據後漢書卷一一二地理志注所引三齊略記改。
〔三一〕「齊地記」，史記卷二八封禪書索隱作「齊記」。

〔三三〕「朱注」二字當是衍文。
〔三三〕「尚存」，原作「不存」，據後漢書卷七二董卓傳注所引十三州記改。
〔三四〕「革上」，原作「草上」，據世説新語箋疏卷上之上言語篇注所引西河舊事改。
〔三五〕「耒」原作「表」，「米」原作「來」，據後漢書卷一一二郡國志注所引湘中記改。
〔三六〕「泉涌」，原作「涌泉」，據初學記卷七地部所引始興記改。
〔三七〕「子」，原作「于」，據上文及太平御覽卷一七〇州郡部改。
〔三八〕「城」，原作「白城」，據後漢書卷一一三郡國志注所引上黨記刪改。
〔三九〕「江南西道」，原誤作「江西南道」，據太平寰宇記卷一〇三江南西道改。
〔四〇〕「周瑜」，原作「周輪」，據太平寰宇記卷一〇五江南西道三引淮南記改。
〔四一〕「棐林」，原誤作「斐林」，據後漢書卷一〇九郡國志注所引北征記改，下同。
〔四二〕「從征記」，原誤作「從西征記」，據後漢書卷四二東平憲王蒼傳注改。
〔四三〕「登之望桑乾代郡」，原脱誤作「望山乾代那」，據太平御覽卷四五地部所引冀州圖經增改。
〔四四〕「特秀」，原作「持秀」，據水經注卷沔水所引荆州圖副記改。
〔四五〕「宫」，原作「名」，據太平御覽卷一六一州郡部所引趙記改。
〔四六〕「竇威」，原作「豆威」，據太平御覽卷六〇二文部所引隋大業拾遺改。

隋經籍志考證卷七

譜系唐志作譜牒。

世本王侯大夫譜二卷

〔王氏〕後漢書班彪傳：「又有記録黄帝以來至春秋時帝王公侯卿大夫，號曰世本，一十五篇。」

世本二卷劉向撰。

世本四卷宋衷撰。

周禮：「小史，掌邦國之志，定世繫，辨昭穆。」注曰：「帝繫、世本之屬。」疏曰：「天子謂之帝繫，諸侯謂之世本。」漢書司馬遷傳贊曰：「左丘明有世本，録黄帝以來至春秋時帝王、公侯、卿大夫祖世所出。」據此則周禮疏所云：「天子謂帝繫，諸侯謂世本」，其説未審。漢藝文志春秋家有世本十五篇。愚按：其篇名可見者有帝繫篇，一切經音義曰：「世本有帝繫篇，謂子孫相繼續也。」有氏姓篇，左傳正義：「世本氏姓篇曰：任姓，謝、章、薛、舒、吕、祝、終、泉、畢、過。」有作篇，禮記鄭注「世本作曰垂作鐘，無句作磬，女媧作笙簧。」疏曰「世本作曰者，世本，書名，有作篇，其篇記諸作事。」周禮注「世本作曰相土作乘馬」。又注曰「智者創物，謂始開端造器物，若世本作者也。」疏曰：「引世本作者，無句作磬，儀狄造酒之類。」論衡對作篇曰：「言苟有益，雖作何害？倉頡之書，世以紀事；奚仲之車，世以自載；伯余之衣，以辟寒暑；桀之瓦屋，以辟風雨。夫不論其利害，而徒譏其造作，則倉頡之徒有非，世本十五家皆受責也。」有居篇，史記索隱：「系本居篇曰：吳孰哉居藩離。」「又居篇曰：魏武子居魏。」「又居篇曰：昭子居安邑。」通鑑音注曰：「系本，即世本，司馬避唐諱，改『世』爲『系』」。有謚法篇，玉海：「書目沈約謚法序曰：大戴禮及世本舊並有謚法，而二書傳至約時已亡其篇。」史記序索隱：「劉向曰：世本，古史官明於古事者之所記也，録黄帝已來帝王、諸侯及卿大夫系謚名號，凡十五篇。」漢志本注云訖春秋時。顔氏家訓書證篇曰：「世本，左丘明所書，本注：此説出皇甫謐帝王世紀。而有燕王喜、漢高祖。」左傳宣公正義曰：「世本傳寫多誤，其本未必然。」於趙夙爲衰祖，穿爲夙曾孫，蔿艾獵是叔敖之兄，馮是艾獵之子，魏錡乃犨孫，正義皆云「多誤」。昭公正義又曰：「司馬遷采世本爲史記，而今之世本與遷言不同。世本多誤，不足依憑。」世本曰吳夷昧及僚，夷昧生光。史通書志篇曰：「周撰世本，式辨諸宗。」雜述篇曰：「世本辨姓，著自周室。」趙岐孟子注引：「古紀世本録諸侯之世，滕有考公、元公。」疑所謂古紀者當即周左丘明原本。史通外篇曰：「楚漢之際，有好事者録自古帝王、公侯、卿大夫之世，終乎秦末，號曰世本十五篇。」此言楚漢之際所録，與劉向言古史官所記不合，且事終秦末，不宜有燕王喜、漢高祖。據隋志載世本王侯大夫譜二卷，無撰人名；又世本二卷，劉向撰。是自有兩本，一在周代，一在楚漢之際，皆十五篇，故同爲二卷。劉向之撰當是注文，宋衷撰四卷亦注也。諸書多徵引宋衷世本注，「衷」，又作「忠」，或稱「宋仲子注」。唐志：「宋衷四卷。」又按史記吴系家徐廣引系本曰：「夷昧及僚，昧夷光生。」此與左傳疏異。索隱曰：「檢系本，今無此語。」燕系家索隱譙周曰：「系本謂燕自宣侯已下皆父子相傳無及。」按：今系本無燕代系，宋忠依太史公書以補其闕，尋徐廣作音，尚引系本，蓋近始散佚耳。據司馬貞此言，譙周、徐廣所見世本乃古本，貞所見乃宋忠撰本。

〔王氏〕後漢光烈陰皇后紀注：「今世本『睦』作『陸』。」案：此載及西漢末東漢初，當是宋衷書。

世本別録一卷不著録。

見唐志。

帝譜世本七卷宋均注，不著録。

見唐志。文選西京賦注：「隸首，黄帝史也。」史記五帝紀索隱：「伏羲、神農、黄帝爲三皇，少昊、高陽、高辛、唐、虞爲五帝〔一〕。」始皇紀索隱言：「如魚之爛，自内而出。」太平御覽服章部：「黄帝作旃冕，通帛爲旃冕。魯昭公作弁，制素弁也。」並引宋均世本注。

系本卷亡，孫氏注，不著録。

史記五帝紀索隱曰：「孫氏注系本，以伏羲、神農、黄帝爲三皇，少昊、高陽、高辛、唐、虞爲五帝。」張守節正義同引孫氏系本注。愚按：隋、唐二志皆不載孫氏系本注，然司馬貞、張守節並引之，則非字誤，但其言三皇五帝與宋均注同。

世本譜二卷不著録。

見舊唐志，無撰人名，新唐志題「王氏注」。

漢氏帝王譜三卷

唐志二卷。

〔王氏〕

世譜百卷

北史周本紀上：「明帝又捃採衆書，自羲、農已來，訖於魏末，叙爲世譜，凡百卷。」當查周書。

百家譜二卷劉湛撰，梁有，隋亡。

通典食貨門：「宋劉湛爲選曹，始撰百家譜，以助詮序，傷於寡略。」後漢書李固傳注：「何臨，字子陵，熙之子，爲平原太守。見百家譜也。」

百家集譜十卷王儉撰。

通典食貨門：「宋劉湛撰百家譜，齊王儉復加，得繁省之衷。」南齊書賈淵傳：「永明中，王儉抄次百家譜，與淵參懷撰定。」唐志卷同。

齊梁帝譜四卷梁有，隋亡。

唐志有齊梁宗簿二卷，似別一書。

齊永元中表簿五卷

唐志六卷。

梁大同四年表簿三卷不著録。

見唐志。

梁親表簿五卷不著録。

見唐志。

百家譜三十卷王僧孺撰。

梁書劉杳傳：「王僧孺被敕撰譜，訪杳血脈所因。杳云：『太史三世表旁行斜上，並效周譜，以此而推，當起周代。』」通典食貨門：「梁武帝時，以沈約上言，詔王僧孺改定百家譜。僧孺爲八十卷，東南諸族別爲一部，不在百家之數。」唐書柳沖傳稱：「僧孺演益爲十八篇。」唐志三十卷。

百家譜集抄十五卷王僧孺撰。

梁書王僧孺傳：「僧孺有百家譜集十五卷。」元和姓纂皮姓、誾姓引僧孺百家譜。

百家譜二十卷賈執撰。

唐書柳沖傳稱：「賈執著百家譜，廣兩王所記。」唐志五卷。

〔王氏〕

百家譜十五卷傅昭撰。

梁書傅昭傳：「博極古今，尤善人物，魏晉以來，官宦簿伐，姻通內外，舉而論之，無所遺失。」

百官譜二十卷徐勉撰。不著録。

見唐志。

姓氏英賢譜一百卷賈執撰。

唐書柳沖傳：「賈執作姓氏英賢無「譜」字。一百篇。」文選頭陀寺碑注：「王中，字簡栖，爲頭陀寺碑，文詞巧麗。」太平御覽宗親部：「宋顔峻有令名，其父延之對太宗曰：『峻得臣筆。』」二事並稱姓氏英賢録。廣韻注：「今高密有東鄉姓。」又：「路中大夫後以路中爲氏。」又：「安期生，今琅邪人。」又：「凡閭氏，今東莞有之。」又：「東莞有五王氏。」此稱賈執英賢傳。省「姓氏」二字。陸法言序稱賈執姓氏英賢傳。殷敬順列子釋文引「吴郡有庚桑姓，稱爲士族」二語，稱賈逵姓氏英覽，訛「執」爲「逵」，訛「賢」爲「覽」，脱去「譜」字。

元和姓纂：「梁賈執撰姓氏英賢傳。」唐志卷同。

梁武帝總責境内十八州譜六百九十卷梁有，隋亡。

元和姓纂：「梁天監十八州譜『路氏』一卷，東陽、鉅鹿，譜舊望。」唐書柳沖傳：晉「太元中，河東賈弼撰姓氏簿狀，十八州百十六郡，合七百一十二卷〔三〕。」唐志：「王僧孺十八州譜七百一十二卷。」

氏族要狀十五卷

脱撰名，唐志：「賈希鏡撰。」按唐柳沖傳言：「賈弼傳子匪之，匪之傳子希鏡，希鏡撰氏族要狀十五篇。」元和姓纂：「齊外兵郎賈希鑑撰永明氏族狀。」

後魏皇帝宗族譜四卷

新唐志同。

後魏辯宗録二卷元暉業撰。

後魏書元暉業傳：「暉業撰魏藩王家世〔三〕，號爲辨宗室録北齊書暉業傳作辯宗録。四十卷〔四〕。」

唐志二卷。按此卷數，隋、唐二志與後魏、北齊本傳過相懸絶，必有訛誤。

魏孝文列姓族牒一卷

唐志有後魏譜二卷。

後魏方司格一卷不著録。

見唐志。史通書志篇曰：「譜牒之作，中原有方司殿格。」

後齊宗譜一卷

唐志有齊高氏譜六卷。

周宇文氏譜一卷不著録。

見唐志。

冀州姓族譜二卷

唐志七卷，舊唐志無「姓族」二字。

洪州諸姓譜九卷

唐志同，舊唐志無「諸姓」二字。

袁州諸姓譜八卷

唐志七卷，舊唐志無「諸姓」二字。

司馬氏系本卷亡，晉譙國司馬無忌撰。不著録。

史記序傳索隱：「蒯聵生昭豫〔五〕，昭豫生憲，憲生卬〔六〕」。正義：「在趙者名凱。」並引晉譙國正義作「譙王」。司馬無忌作司馬氏系本。唐志有司馬氏世家二卷，無撰名。

摯氏世本卷亡，不著録。

世説言語篇注引摯氏世本，載摯虞兄子瞻二事。

姓苑一卷何氏撰。

廣韻引何氏姓苑最多，元和姓纂亦引之。唐志：「何承天姓苑十卷。」

京兆韋氏譜二卷

舊唐志十卷，新唐志同。韋鼎等撰，新志脱「等」字。省「京兆」二字。南史、隋韋鼎傳：「鼎自楚太傅以下二十餘世，並考論昭穆，作韋氏譜七卷。」

謝氏譜一十卷

世説德行篇注：「謝安娶沛國劉耽女。」文學篇注：「謝據娶太原王韜女，名綏。」言語篇注：「謝重女月鏡，適王愔之。」方正篇注：「謝石娶諸葛恢小女，名文熊。」又：「謝奉祖端，散騎常侍。父鳳，吏部尚書。」品藻篇注：「謝聘歷侍中、廷尉卿。」簡傲篇注：「謝萬娶太原王述女，名荃。」輕詆篇注：「謝尚長女僧要適庾龢，次女僧韶適殷歆。」並引謝氏譜。此書爲劉孝標所引，自是晉、宋間人所撰。唐志：「謝氏家譜一卷。」卷數既不合，且列次於唐人諸譜間，乃别是一書，撰在唐時。

楊氏譜一卷

世説識量篇注：「楊氏譜曰：『楊朗祖囂，典軍校尉。父淮，冀州刺史。』」

北地傅氏譜一卷

世説識量篇注：「傅氏譜曰：『傅瑗，北地靈川人，歷安城太守。』」

蘇氏譜一卷

史記蘇秦傳索隱：「蘇氏譜曰：『蘇氏兄弟五人，更有蘇辟、蘇鵠。』」

嵇氏譜卷亡，不著録。

魏志沛穆王林傳注：「嵇康妻，林子之女也。」文選幽憤詩注：「嵇康兄喜，歷徐、揚州刺史。」水經淮水注：「譙有嵇山，家於其側，遂以爲氏。」並引嵇氏譜。魏志王粲傳注：「嵇康父昭，督軍糧治書侍御史。兄喜，晉揚州刺史、宗正。」此稱嵇康譜。

庾氏譜卷亡，不著録。

魏志管寧傳注：「庾遁胤嗣克昌〔七〕，爲世盛門。」世説方正篇注：「庾會娶諸葛恢女，名文虎。」雅量篇注：「會年十九，咸和六年遇害。」又：「庾翼娶高平劉綏女，字静女。」識量篇注：「庾爰之，翼第二子。」棲逸篇注：「庾友，司空冰第三子。友長子宣，娶桓豁之女，字女幼。」俳調篇注：「庾鴻仕至輔國内史。」輕詆篇注：「庾恒仕至尚書僕射。」並引庾氏譜。

孫氏譜卷亡，不著録。

魏志孫資傳注：「孫氏譜曰：『宏爲南陽太守，宏子楚，字子荆。』」

阮氏譜卷亡，不著録。

魏志杜畿傳注：「阮諶徵辟，無所就，造三禮圖，傳於世。」世説尤悔篇注：「阮牖，仕至州主簿。」並引阮氏譜。

孔氏譜卷亡，不著録。

魏志倉慈傳注：「孔曦爲陳相，立孔子碑。」世説言語篇注：「孔忱，至琅邪王文學。」並引孔氏譜。漢書孔光傳：「孔子生伯魚鯉。」師古曰：「伯魚，先言其字者，孔氏自爲譜牒，示尊其先也。」

劉氏譜卷亡，不著録。

魏志劉廙傳注：「劉阜，陳留太守。」世説方正篇注：「劉簡，仕至大司馬參軍。」雅量篇注：「劉綏妻陳留阮蕃女，字幼娥。」賞譽篇注：「劉邠妻武周女。」品藻篇注：「劉納歷司隸校尉，劉奭歷散騎常侍。」任誕篇注：「劉昶，沛國人。」並引劉氏譜。文選劉先生夫人墓誌注引劉瓛娶王法施女事，題王僧孺劉氏譜。

陳氏譜卷亡，不著録。

魏志陳泰傳注：「陳群之後，名位並微。諶孫並至大位。」世説德行篇注：「陳忠，州辟不就。」術解篇注：「陳述，有美容。」並引陳氏譜。

王氏譜卷亡，不著録。

魏志崔林傳注：「王雄，字元伯。」王昶傳注：「昶伯父柔，父澤。」世説德行篇注：「王導娶曹淑，王獻之娶郗道茂。」言語篇注：「王微祖乂〔八〕，父澄。」又：「王羲之子凝之。」文學篇注：「王訥之祖彪之，父臨之。」雅量篇注：「王逸少妻郗璿。」方正篇注：「王愷娶桓伯子。」王坦之娶范蓋。」賞譽篇注：「王訥娶庾三壽。」又：「王羲之是敦從父兄子〔九〕。」又：「王耆之，廙第三子。」品藻篇注：「王穎，年二十卒。敞，年二十有二卒。」又：「王操之，羲之第六子。王楨之，徽之子。」規箴篇注：「王緒祖延，父乂。」容止篇注：「王詡，夷甫弟也。」又：「王訥祖默，父祐。」賢媛篇注：「鍾夫人，名琰之，太傅繇孫。司徒夫人，黄門郎鍾琰女。」任誕篇注：「王廞，父薈。」排調篇注：「王混，恬子。王肅之，羲之第四子。」輕詆篇注：「王彭之祖正，父彬。王彪之，小字虎犢。」汰侈篇注：「王胡之是恬從祖兄〔一〇〕。」後漢書獻帝紀注、劉表傳注：「王瓚，晉太保祥伯父也。」並引王氏譜。又世説排調篇注引王渾弟淪事〔一一〕，文選王文憲集序注引郭璞筮王氏事，並稱王氏家譜。

郭氏譜卷亡，不著録。

魏志郭淮傳注：「郭氏譜曰：『淮，祖全，大司農。父藴，雁門太守。』」

崔氏譜卷亡，不著録。

蜀志諸葛亮傳注：「崔氏譜曰：『崔州平〔一二〕，太尉烈子，均之弟也。』」群輔録引商山四皓事。

諸葛氏譜卷亡，不著録。

蜀志諸葛瞻傳注：「諸葛氏譜曰：『京，字行宗。』」世説方正篇注：「恢子衡，娶河南鄧攸女。」

周氏譜卷亡，不著録。

世説德行篇注：「周翼，歷青州刺史，六十四而卒。」賢媛篇注：「周浚娶同郡李伯宗。」群輔：「周氏五龍」，並引周氏譜。

吴氏譜卷亡，不著録。

世説德行篇注：「吴氏譜曰：『坦之，仕至西中郎將功曹。』」

羊氏譜卷亡，不著録。

世説言語篇注：「羊權，仕至尚書左丞。羊孚，歷太學博士。」文學篇注：「羊輔，仕至衛軍功曹。羊楷，仕至尚書郎。」方正篇注：「羊綏，仕至中書侍郎。」傷逝篇注：「羊孚，即欣從祖。」賞譽篇注：「羊繇，歷車騎掾。」並引羊氏譜。

許氏譜卷亡，不著録。

世説政事篇注：「許柳，字季祖。許永，字思妣。」雅量篇注：「許璪，仕至吏部侍郎。」賞譽篇注：「許元度母，華軼女也。」並引許氏譜。

桓氏譜卷亡，不著録。

世説政事篇注：「桓歆，仕至尚書。」規箴篇注：「桓道恭，歷淮南太守。」賢媛篇注：「桓沖娶王恬女，字女宗。」仇隙篇注：「桓沖後娶庾蔑女，字姚。」並引桓氏譜。

馮氏譜卷亡，不著録。

世説文學篇注：「馮氏譜曰：『馮懷，歷太常、護國將軍。』」

殷氏譜卷亡，不著録。

世説文學篇注：「殷仲堪娶王臨之女，字英彦。」紕漏篇注：「殷師，仕至驃騎咨議。」任誕篇注：「殷羨，仕至豫章守。」並引殷氏譜。

陸氏譜卷亡，不著録。

世説文學篇注：「陸退，仕至光禄大夫。」史記酈生陸賈傳索隱：「齊宣公支子達，食采於陸。達生發，發生皋，適楚。」並引陸氏譜。

顧氏譜卷亡，不著録。

世説文學篇注：「顧夷，辟州主簿，不就。」簡傲篇注：「顧辟疆，歷平北參軍。」文選陸士衡贈顧交阯詩注：「顧祕，爲吴王郎中令。」並引顧氏譜。又文選陸韓卿奉答内兄希叔詩注〔一三〕：「顧盼，字希叔，邵陵王國常侍。」此稱顧氏家譜。

虞氏譜卷亡，不著録。

世説賞譽篇注：「虞球，會稽餘姚人，仕至黄門侍郎。」此引虞氏譜。

衛氏譜卷亡，不著録。

世説賞譽篇注：「衛氏譜曰：『衛永，成陽人，位至左軍長史。』」

魏氏譜卷亡，不著録。

世説賞譽篇注：「魏隱〔一四〕，歷義興太守。」排調篇注：「魏顗〔一五〕，仕至山陰令。」並引魏氏譜。

温氏譜卷亡，不著録。

世説品藻篇注引序曰：「晉大夫郤至封温，子孫因氏，居太原祁縣，爲郡著姓。」假譎篇注：「温嶠，初娶李恒女，中娶王詡女，後娶何邃女。」尤悔篇注：「温禬，娶清河崔參女。」並引温氏譜。

曹氏譜卷亡，不著録。

世説品藻篇注：「曹氏譜曰：『茂之，彭城人，仕至尚書郎。』」

李氏譜卷亡，不著録。

世説品藻篇注：「李氏譜曰：『李志，仕至員外常侍、南康相。』」元和姓纂引「李叡娶同郡管襲女」句。

袁氏譜卷亡，不著録。

世説品藻篇注：「袁恪之，義熙守，爲侍中。」任誕篇注：「袁耽大妹名女皇，適殷浩。小妹名女正，適謝尚。」讒險篇注：「袁悦有寵於會稽王，王頗納其言。」並引袁氏譜。

索氏譜卷亡，不著録。

世説傷逝篇注：「索氏譜曰：『索元，歷征虜將軍、歷陽太守。』」

戴氏譜卷亡，不著録。

世說棲逸篇注：「戴氏譜曰：『戴逯，以武勇顯，有功，封廣陵侯，仕至大司農。』」

賈氏譜卷亡，不著録。

世說賢媛篇注：「賈氏譜曰：『郭氏名玉璜，即廣宣君也。』」

郝氏譜卷亡，不著録。

世說賢媛篇注：「郝氏譜曰：『普字道匡，仕至洛陽太守。』」

郗氏譜卷亡，不著録。

世說棲逸篇注：「郗超娶周閔女，名馬頭。」排調篇注：「郗融，字景山，愔第二子。」並引郗氏譜。

韓氏譜卷亡，不著録。

世說棲逸篇注：「韓氏譜曰：『韓繪之父康伯，太常卿。繪之，仕至衡陽太守。』」

張氏譜卷亡，不著録。

世說任誕篇注：「張氏譜曰：『張湛，仕至中書郎。』」

荀氏譜卷亡，不著録。

世說排調篇注：「荀寓，字景伯。父保，御史中丞。」群輔録：「荀氏八龍」。並引荀氏譜。

祖氏譜卷亡，不著録。

世説排調篇注：「祖氏譜曰：『祖廣，仕至護軍長史。』」

司馬氏譜卷亡，不著録。

世説仇隙篇注：「司馬氏譜曰：『丞娶南陽趙氏女。』」

路氏譜卷亡，不著録。

史記齊悼惠王世家索隱：「路氏譜曰：『中大夫名邛。』」

范氏譜卷亡，王僧孺撰。不著録。

文選爲范尚書讓吏部封侯表注：「王僧孺范氏譜曰：『汪生少連。』又曰：『少連，太子舍人、餘杭令。』」

杜氏譜卷亡，不著録。

史記酷吏傳正義：「杜氏譜曰：『周，字長孺。』」

陽氏譜叙卷亡，不著録。

水經鮑丘水注：「陽氏譜叙曰：『翁伯是周景王之孫，食采陽樊，春秋之末，爰宅無終而易氏焉。愛仁博施，天祚玉田。』」

蔡氏譜卷亡，不著録。

文選王仲宣贈蔡子篤詩注：「蔡氏譜曰：『睦，濟陽人。』」

應世譜卷亡，不著録。

後漢書應劭傳注：「應世譜曰：『劭，字仲遠。』」

炅氏譜卷亡，不著録。

漢書眭孟傳注：「近代學者旁引炅氏譜，以相附著。私譜之文，出於閭巷，家自爲説，事非經典，苟引先賢，妄相假借，無所取信，寧足據乎？」

複姓苑一卷

無撰名。元和姓纂曰：「晉有傅餘頠，著複姓録，有尚方氏。」

竹譜一卷

無撰名。今存戴凱之竹譜一卷。

錢譜一卷顧烜撰。

唐志入子部農家。洪遵泉志多引烜譜。

晉世摯虞作族姓昭穆記十卷。

晉書摯虞傳：「虞以漢末喪亂，譜傳多亡失，雖其子孫不能言其先祖，撰族姓昭穆無「記」字。十卷，上疏進之。」

【校勘記】

〔一〕「唐虞」，原無，據補編本並史記卷一五帝紀索隱補。

〔二〕「卷」，新唐書卷一九九儒學柳沖傳作「篇」。

〔三〕「家世」，原作「世家」，據魏書卷一九上元暉業傳改。

〔四〕「辨宗室録」，「辨」原作「辯」，據魏書卷一九上元暉傳改。

〔五〕「蒯聵」，原作「蒯聵」，據史記卷一三〇太史公自序索隱所引司馬氏系本改。

〔六〕「卬」，原作「印」，據史記卷一三〇太史公自序索隱所引司馬氏系本改。

〔七〕「胤」，原作「支」，據三國志卷一一魏書管寧傳所引庾氏譜改。

〔八〕「乂」，原作「又」，據世説新語箋疏卷上之上言語篇所引王氏家譜改。

〔九〕「兄子」，原作「兄弟」，據世説新語箋疏卷中之下賞譽篇所引王氏譜改。

〔一〇〕「從祖兄」，原無「兄」字，據世説新語箋疏卷下之下汰侈篇所引王氏譜補。

〔一一〕「淪」，原作「倫」，據補編本改。

〔一二〕「崔州平」，原作「崔平」，據三國志卷三五蜀書諸葛亮傳注所引崔氏譜補。

〔一三〕「奉」字原無，據文選卷二六奉答内兄希叔詩補。

〔一四〕「魏」，原作「衛」，據世説新語箋疏卷中之下賞譽篇所引魏氏譜改。

〔一五〕「魏」，原作「衛」，據世説新語箋疏卷下之下排調篇所引魏氏譜改。

隋經籍志考證卷八

簿録

七略別録二十卷劉向撰。

漢藝文志曰：「成帝詔劉向校經傳、諸子、詩賦，任宏校兵書，尹咸校數術，李柱國校方技。每一書已，向輒條其篇目，撮其指意，録而奏之。」本志師古注引劉向別録。禮記正義鄭目録自曲禮至喪服四制載別録所屬篇目，有通論、檀弓、禮運、玉藻、大傳、經解、孔子閒居、中庸、表記、緇衣、儒行、大學。制度、曲禮、王制、禮器、少儀。明堂陰陽記、月令、明堂位。喪服、曾子問、喪服小記、雜記、服問、喪大記、三年問、喪服四制。世子法、文王世子。祭祀、郊特牲、祭法、祭義、祭統。子法、内則。通録、學記。樂記、第十九。喪服之禮、奔喪。吉禮、投壺。吉事。冠義、昏義、鄉飲酒義、射義、燕義、聘義。儀禮疏自冠禮第一至少牢下篇第十七皆引別録，次第相同。詩大雅疏「師尚父」，尚書疏「武帝末，民得泰誓」。又堯典作虞夏書，周禮疏「路寢在北堂之西，社稷宗廟在路寢之西」，左傳疏「左丘明授曾申」及「荀卿授張蒼」，並稱劉向別録。無「七略」二字。史記集解、索隱、兩漢注諸書，所引皆無「七略」二字。唐志題同隋志。

七略七卷劉歆撰。

漢志曰：「劉向卒，哀帝使向子歆卒父業。歆於是總群書而奏其七略，故有緝略，師古曰：「『緝』與『集』同，謂諸書之總要。」有六藝略，有諸子略，有詩賦略，有兵書略，有術數略，有方技略。」劉向傳：「河平中，歆受詔與父向領校秘書，講六藝傳記、諸子、術數、方技，無所不究。向死，哀帝即位，復領五經，卒父前業。歆乃集六藝群書，種別爲七略。」愚按：班固因七略而志藝文，其與歆異者特注其出入，書入劉向稽疑，禮入司馬法，樂出淮南、劉向等琴頌，春秋省太史公，小學入揚雄、杜林，儒入揚雄，雜入兵法〔二〕，諸子出蹵鞠，兵權謀省伊尹、太公、管子、孫卿子、鶡冠子、蘇子、蒯通、陸賈、淮南王，出司馬法入禮，兵技巧省墨子，重入蹵鞠。使後人可考劉氏原本。今以諸書所引七略，如「詩以言情。情者，信之符也。書以決斷。斷者，心之證也。」初學記文部、御覽學部。漢志作「詩以正言，義之用也；春秋以斷事，信之符也。」史記集解魏公子兵法二十一篇、圖一卷，信陵侯傳。逢門射法，龜策傳。風后孤虛二十卷，同上。與漢志合。史記正義管子十八篇在法家，晏子春秋七篇在儒家，管晏傳。新語二卷陸賈撰。陸賈傳。考漢志，法家無管子，惟兵家注云「省管子」。儒家晏子八篇，又削「春秋」二字。史記論曰：「余讀晏子春秋」，是知「春秋」二字非漢以後所加。陸賈二十三篇，不言「新語」，俱異七略之舊。文選注：「鄒子有終始五德，從所不勝，木德繼之，金德次之，火德次之，土德次之。」魏都賦、應吉甫集華林園詩注。乃鄒子終始解題。又：「雅琴，琴之言禁也，雅之言正也，君子守正以自禁也。」長門賦注。乃雅琴趙氏等解題。太平御覽職官部：「孝宣帝重申不害君臣篇，使黃門郎張子喬正其字。」乃申子解題。此類漢志皆未取。馮商、莊忽奇、杜參、史朱宇，師古注皆依七略補漢志。至如曲臺記、易九師道訓、文選竟陵王行狀注。娟子、曹子建七啓注。談天衍、雕龍赫、宣德皇后令注〔一〕。鶡冠子、辯命論注。盤盂書，新刻漏銘注。班固本注雖依七略，而語多從簡。唐志卷同。

晉中經十四卷荀勗撰。

晉書荀勗傳：「勗領祕書監，與張華依劉向別録整理記籍。又得汲郡冢中古文竹書，勗撰次之，以爲中經，列在祕書。」隋志序曰：「魏祕書郎鄭默始制中經。晉書鄭默傳：「默考覈舊文，删省浮穢。中書令虞松謂曰：『而今而後，朱紫別矣。』」荀勗又因中經，更著新簿，分爲四部，總括群書。一曰甲部，紀六藝及小學等書；二曰乙部，有古諸子家、近世子家；三曰丙部，有史記、舊事、皇覽簿、雜事；四曰丁部，有詩賦、圖讚、汲冢書。大凡四部合二萬九千九百四十五卷。但録題及言，至於作者之意，無所論辯。」魏志王肅傳〔王氏〕改「肅」作「朗附」。「燉煌周生烈」注：「臣松之案：此人姓周生，名烈，所著述見晉武帝中經簿。」蜀志秦宓傳注：「臣松之案：中經簿有孔子三朝八卷，目録一卷，餘者所謂七篇。」周禮天官正義：「中經簿：子儀本草經一卷。」經典釋文序録：「中經簿：子夏易傳，丁寬所作。」又云：「劉表注易十卷。」又云：「鄭氏孝經注，案中經簿録無。」漢書貨殖傳注：「計然者，濮上人，其書有萬物録，著五方所出，皆直述之。事見晉中經簿。」北堂書鈔儀飾部：「盛書用皂縹囊布裹，書函中皆有香囊。」太平御覽文部：「盛書有縑囊、布囊、絹囊。」隋志序曰：「盛以縹囊，書用緗素。」並引晉中經簿。唐志卷同。

晉義熙已來新集目録三卷

新唐志同，舊唐志作雜集目録，並題丘深之撰。

宋元徽元年四部書目録四卷王儉撰。

南齊書王儉傳：「儉撰定元徽四部書目。」唐志卷同。隋志序曰：「宋元徽元年，王儉造目録，大凡一萬五千七百四十卷。」

今書七志七十卷王儉撰。

南齊書王儉傳：「儉上表求校墳籍，依七略撰七志四十卷，上表獻之。」文選任彦昇王文憲集序曰：「依劉歆七略，更撰七志。」宋書後廢帝紀：「元徽元年八月，王儉表上所撰七志三十卷。」唐志七十卷，賀縱補注。隋志序曰：「儉撰七志：一曰經典志，紀六藝、小學、史記、雜傳；二曰諸子志，紀古今諸子；三曰文翰志，紀詩賦；四曰軍書志，紀兵書；五曰陰陽志，紀陰陽圖緯；六曰術藝志，紀方技；七曰圖譜志，紀地域及圖書。其道、佛附見，後魏書釋老志曰：「劉歆著七略，釋氏之學，所未曾紀。」合九條。然亦不述作者之意，但於書名之下每立一傳，而又作九篇條例，編乎首卷之中。文義淺近，未爲典則。」後漢書方術傳注云：「有遁甲經，有武王須臾一卷，有師曠六篇。」文選注：「木華，字玄虚，爲楊駿府主簿。」海賦注。「應璩以百言爲一篇，謂之百一詩。」百一詩注。「棗璩，字道彦，弱冠辟大將軍府。」棗道彦雜詩注。「張翰，字季鷹，文藻新麗。」張季鷹雜詩注。「高祖遊張良廟，命僚佐賦詩，謝瞻所造，冠於一時。」謝宣遠張子房詩注：又九日遊戲馬臺詩注引此事作「高祖遊戲馬臺」。並引今書七志。經典序録：「宋衷易注十卷，陸績述十三卷、録一卷，王弼易注十卷，王廙注十卷，荀煇注十卷，張璠集解十卷，蜀才是王弼後人。並引七志。」省「今書」二字。又云：

「尚書大禹謨本虞書，總爲一卷，凡十二卷，今依七志、七録爲十三卷。」通志圖譜略曰：「劉氏七略收書不收圖，惟任宏校兵書一類，有書有圖。宋齊之間王儉作七志，六志收書，一志專收圖譜。不意末學而有此作也。」

梁天監六年四部書目録四卷殷鈞撰。

梁書殷鈞傳：「天監初，〔王氏〕删「天監初」。鈞啓校定祕閣四部書目。」〔王氏〕增「又受詔料檢西省法書古迹，别爲品目。」唐志：「丘賓卿梁天監四年書目四卷〔三〕。」

梁東宫四部目録四卷劉遵撰。

唐志同。

梁文德殿四部目録四卷劉孝標撰。

梁書劉孝標傳不載校定四部。隋志序曰：「梁初，秘閣經籍，任昉躬加部集，又於文德殿列藏衆書，大凡二萬三千一百六卷，而釋氏不與焉。」又曰：「文德殿目録，其術數之書更爲一部，使奉朝請祖暅撰其名。故梁有五部目録。」

七録十二卷阮孝緒撰。

梁書〔王氏〕增「處士」。阮孝緒傳：「孝緒〔王氏〕增「所」。著七録，〔王氏〕增「等書二百五十卷」。行於世。」隋志序曰：「普通中，有處士阮孝緒，博採宋、齊以來，王公之家凡有書記，參校官簿，更爲七録：一曰經典録，紀六藝；二曰記傳録，紀史傳；三曰子兵録，紀子書、兵書；四曰文集録，紀詩賦；五曰技術録，紀數術；六曰佛録；七曰道録。其分部題目，頗有次序，割析辭義，淺薄不經。」隋志依七録，凡注中稱「梁有」、「今亡」者，皆阮氏舊有。書舜典正義云「『曰若稽古，帝舜曰重華，協於帝』，此十二字是姚方興所上，孔氏傳本無。」經典釋文同。又云：「尚書十二卷，今依七志、七録爲十三卷。」孝經序正義：「穀梁，名俶，字元始。」本經典序録。論語序正義：「周生烈，字文逸，本姓唐，魏博士侍中。」本經典序録。史記正義：「甘公，楚人，戰國時作天文星占八卷。石申，魏人，戰國時作天文八卷。」天官書。「太公兵法一袠三卷。太公，姜子牙，周文王師，封齊侯也。」留侯世家。「申子三卷，韓子二十卷。」申韓列傳。經典序録：「費直易章句四卷，殘缺。孟喜章句，下經無旅至節，無上繫。京房章句十卷，録一卷目。馬融傳九卷。荀爽注十一卷。鄭玄注十二卷。劉表章句九卷，録一卷。宋衷注十卷。董遇章句十卷。姚信注十二卷。信，字元直，吳興人，吳太常卿。王廙注十卷。張璠集解集二十八家。蜀才不詳何人。劉瓛作繫辭義疏。王肅撰禮記音。」並引阮孝緒七録。史通因習篇曰：「阮氏七録，以田、范、裴、段諸記，劉、石、苻、姚等書，别創一名，題爲『僞史』。而撰隋書經籍志者，其流别群書，還依阮録。」唐志卷同。今存廣弘明集内，阮氏七録一卷。通志圖譜略曰：「王儉七志，一志專收圖譜，阮孝緒不能續之，散圖而歸部録，雜譜而歸記注。」

陳天嘉六年壽安殿四部目録四卷

唐志卷同。隋志序曰：「梁元帝收文德之書、公私經籍，歸於江陵，大凡七萬餘卷。周師入郢，咸自焚之。陳天嘉中，又更鳩集，考其篇目，遺闕尚多。」

四部書目序録三十九卷殷淳撰。不著録。

見唐志。宋書殷淳傳：「淳在祕書閣，撰四部書目，凡四十卷，行於世。」

開皇四年四部目録四卷

又開皇八年四部目録四卷八年目録唐志不載。

唐志題牛弘撰。隋志序曰：「開皇三年，牛弘表請遣使搜訪異本，民間異書往往間出。及平陳後，經籍漸備。其所得多太建時書，總集編次，存爲古本。召韋霈、杜頵等，於祕書内補續殘缺，爲正副二本，凡三萬餘卷。」

開皇二十年書目四卷王劭撰。不著録。

見唐志。

隋大業正御書目録九卷

北史：「隋西京嘉則殿有書三十七萬卷，煬帝命柳顧言等詮次，除其重複猥雜，得正御本三萬七千餘卷，納於東都修文殿。又寫五十副本，簡爲三品，隋志序曰：「上品紅琉璃軸，中品紺琉璃軸，下品漆軸，於東都觀文殿東西廂構屋貯之。東屋藏甲乙，西屋藏丙丁。」分置西京、東都宫省，其正御書皆裝翦華綺，寶軸錦標。於觀文殿前爲書室四十間〔四〕，窗户褥幔，咸極珍麗。」

法書目録六卷

唐志：「庾和撰。」

史目二卷楊松珍撰。不著録。

見唐志。又宋志：「楊松珍歷代史目十五卷。」

史目卷亡，裴松之撰。不著録。

史記五帝紀正義引裴松之史目。

雜撰文章家集叙十卷荀勗撰。

唐志作「新撰」、「五卷」。

文章志四卷摯虞撰。

晉書摯虞傳：「虞撰文章志四卷。」魏志陳思王傳注：「劉季緒，名修，著詩、賦、頌六篇。」文選與楊德祖書注同。世説文學篇注：「崔烈，靈帝時官至司徒、太尉。」後漢書桓彬傳〔王氏〕「桓」增「榮附」。注：「桓麟文見在者十八篇，〔王氏〕删「桓」字。有碑九首，誄七首，〔王氏〕補「七」字。説一首，沛相郭府君書一首。」並引摯虞文章志。唐志卷同。

續文章志二卷傅亮撰。

唐志卷同。文選海賦注：「廣川木玄虚爲海賦，文甚儁麗。」北堂書鈔設官部：「陸雲才藻。」並引傅亮文章志。無「續」字。世説文學篇注：「潘岳選言簡章，清綺絶倫。」容止篇注：「左思貌醜顇，不持儀飾。」汰侈篇注：「石崇資産累巨萬金，宅室輿馬僭擬王者。」並引續文章志，不著傅亮名。

晉江左文章志三卷宋明帝撰。

宋書明帝紀：「帝在藩時，撰江左以來文章志。」唐志二卷。世説言語篇注：「孝武帝諱昌明，年三十五崩。」又：「顧愷之爲桓温參軍，甚被親暱。」文學篇注：「張憑學尚所得，敏而有文。」又：「顧長康三絶：畫絶，文絶，癡絶。」方正篇注：「太元中，新宫成，欲屈王獻之題牓。」賞譽篇注：「王胡性簡，好達玄言。」又：「劉恢識局明濟，有文武才。」識鑒篇注：「劉惔言桓温必能西楚，然恐不能復制。」又：「謝安縱心事外，疎略常節。」品藻篇注：「孫綽博涉經史，長於屬文。」又：「王獻之善隸書，字畫秀媚。」規箴篇注：「庾翼名輩，豈應狂狷。」容止篇注：「桓温爲温嶠所賞，故名温。」雅量篇注：「謝安能作洛下書生詠。」任誕篇注：「謝尚性輕率，不拘細行。」又：「王忱嗜酒，自號『上頓』。」並引宋明帝文章志。省「晉江左」三字。

宋世文章志二卷沈約撰。

梁書沈約傳：「約著宋文章志三十卷。」唐志二卷。

晉文章紀卷亡，顧愷之撰。不著録。

世説文學篇注：「顧愷之晉文章紀曰：『阮籍勸進，落落有宏致。』」

文章志卷亡，無撰名。

魏志王粲傳注：「太祖嘆仲宣無後。」衛覬傳注：「潘勗，初名芝。」劉劭傳注：「繆襲事魏四世。」世説文學篇注：「陸機善屬文。」賞譽篇注：「王羲之高爽有風氣。」文選長笛賦

注：「劉玄作簧賦，傅毅作琴賦。」應貞華林園集詩注：「應貞少以才聞，能談論。」應璩百一詩注：「應璩，汝南人也。」潘尼贈陸機詩注：「潘尼少有清才。」繆襲挽歌詩注：「繆襲〔五〕，字熙伯。」潘勗册魏九錫文注：「魏錫，勗所作。」繁欽與魏文箋注：「繁欽，少以文辨知名。」陳琳答東阿王箋注：「陳琳，字孔璋。」阮瑀爲曹公與孫權書注：「阮瑀，陳留人。」魏文帝與吴質書注：「徐幹以道德見稱。」太平御覽職官部：「顧愷之博學有文章。」並引文章志，不著撰名。

文章録卷亡，丘淵之撰。不著録。

世説識鑒篇注：「傅亮，字季友。」寵禮篇注：「伏系，字敬魯。卞範之，字敬祖。」言語篇注：「嵇康，遷拜中散大夫。」並引丘淵之文章録。又文學篇注「袁豹，字士蔚」一事，作丘淵之文章叙。又言語篇注謝靈運一事，作丘淵之新集叙。文選百一詩注：「應璩，博學好屬文。」錦繡萬花谷續集：「應璩詩曰：『問我何功德，三入承明廬。』」並題文章録，不著淵之名。又世説德行篇注：「嵇康，拜中散大夫。」文學篇注：「何晏能清言，士多宗之。」又云：「晏著論與聖人同。」巧藝篇注：「韋誕有文學，善屬辭。」北堂書鈔藝文部：「應璩善爲書記。」藝文類聚人部：「杜摯與毋丘儉鄉里相親。」職官部：「應貞爲中庶子。」並題文章叙録，亦不著撰名。

名手畫録一卷

唐志同。

正流論一卷儀吉補。

集部總集類又有正流論一卷，蓋一書也。

【校勘記】

〔一〕「入」，原作「出」，據漢書卷三〇藝文志改。

〔二〕「皇后」，原作「皇帝」，據文選卷三六宣德皇后令注所引七略改。

〔三〕「四卷」，原作「四部」，據新唐書卷五八藝文志改。

〔四〕「觀文殿」，原作「觀天殿」，今據資治通鑑卷一八二改。

〔五〕「繆襲」，原誤作「謬襲」，據上文改。

隋經籍志考證卷九

舊事唐志作故事。

漢武帝故事二卷

今存。

西京雜記二卷

今存。

漢魏吴蜀舊事八卷

北堂書鈔設官部：「漢故事曰：『太傅、少傅稱臣，並不朝朔望。』」衣冠部：「魏舊事曰：『楊平善裁袴，以官絹百匹作小袴百枚。』」太平御覽職官部：「魏故事曰：『太傅於太子不稱臣，少傅稱臣。』」初學記中宫部：「后親蠶禮，皇后著十二笄步摇，乘雲母安車，駕驪馬三，夫人、九嬪、世婦，各載筐鉤從皇后，蠶於嘉桑。」書鈔設官部：「夫遺將出征，授鉞於朝堂。」又：「太傅於太子不稱臣，朔望不朝。」御覽兵部：「與外國節皆二，赤旄一，黑旄一，異於朝節〔一〕。」並引漢魏故事。唐志同。晉書禮志引有漢魏故事。

江東舊事卷亡，不著録。

水經温水注：「范文，本揚州人。隨林邑賈人度海遠去，没入於王。經十餘年，王死，文害王二子，自立爲王。」此引江東舊事。

魏武故事卷亡，不著録。

魏志武紀注載：「建安十五年十二月己亥公令：上還陽夏、柘、苦三縣户二萬〔二〕，但食武平萬户〔三〕。」又二十三年公令：「教辟領長史王必統事如故。」御覽職官部亦引之。劉表傳注載：「公令：青州刺史琮，牋求還州，秩禄未優，今表爲諫議大夫，參同軍事。」棗祗傳注：「公令：陳留太守棗祗，破黄巾，定許，興立屯田，不幸早殁。祗子處中，宜加封爵以祀祗。」陳思王傳注：「公令曰：始者謂子建兒中最可定大事。」又：「令曰：自植私出開司馬門至金門〔四〕，令吾異目視此兒矣。」又：「令曰：諸侯長吏及帳下吏，知吾出輒將諸侯行意否？」並引魏武故事。藝文類聚人部曰：「辭爵逃禄，不以利累名，不以位虧德之謂讓。」引魏武雜事。

晉朝雜事二卷

梁書庾詵傳：「詵撰晉朝雜事五卷。」唐志二卷，同，無撰名。北堂書鈔天部：「太康七年十二月，河陰赤雪降。」又：「光康七年，霹靂破高禖石，乃賈后將誅之應。」御覽天部：「高禖，中宫求子象也。」歲時部：「永寧二年十二月，大寒，凌破河橋。」初學記政理部：「齊王冏舉義兵，囚趙王倫父子五人於金墉城。」太平御覽時序部：「大興四年，大寒，傷民，冰厚，時王敦肆亂，殺戮忠良。」人事部：「明帝入，幘不正，元帝自爲正之，明帝大喜。」又：「羊琇驕豪，擣炭爲屑，以物和之，作獸形，諸豪皆效之。」刑法部：「泰始四年，歲在戊子，正月二十日，晉律成。」又：「太傅趙王至太極殿前，召收張華、裴頠、解結、杜斌等，斬之於東鐘下。」舟部：「太康七年八月，大雨，殿前地陷，方五尺，深數丈，中有破船。」獸部：「太康九年三月，幽州上言，塞北有死牛頭語。」並引晉朝雜事。

晉宋舊事一百三十五卷

初學記歲時部：「魏帝遜位，祖以酉日，臘以丑日。」器物部〔五〕：「太后、皇后，雀鈕白玉珮。」又：「崇進皇太后爲太皇太后，有絳碧絹雙裙、絳絹裙、湘絳紗複裙、白絹裙。」御覽時序部、服章部同。並引晉宋舊事。唐志一百三十卷。

西京故事卷亡，不著録。

史記孝景紀正義：「西京故事曰：『景帝廟爲德陽宫。』」

晉要事三卷

初學記中宫部：「安帝九年，右丞張頊監議：瑯琊及湖熟界有皇后脂澤田四十頃，參詳以借貧人。」北堂書鈔設官部：「咸康七年，諸葛恢奏：恭皇后今當山陵，依舊公卿六品清官子弟爲挽郎，非古也。豈有牽曳國士爲之役夫，請悉罷之。」儀飾部：「泰始四年有司奏：先帝廟存舊物，麻繩爲細拂，以明儉約。」太平御覽服章部：「隆和元年，太學博士曹弘之等議：立秋應讀令，不應著緗幘，改爲素。」並引晉氏要事。唐志卷同。

晉故事四十三卷

初學記寶器部：「凡民丁課田五十畝，收租四斛、絹三疋、綿三斤。」太平御覽珍寶部：「咸康元年，有司奏上元給賜衆官銀，檢金部見銀一萬五千兩充給。」並引晉故事。唐志卷同。

晉建武故事一卷

初學記武部：「王敦死，秘不發喪，賊於水南北渡，攻官壘柵，皆重鎧浴鐵，都督應詹等出精鋭拒之。」御覽兵部同。藝文類聚菓部：「咸和六年，平西將軍庾亮送橘，十二實共同一蔕。」御覽果部同。獸部：「咸和六年，計貢合集於朝堂，有野麏走至堂前，逐獲之。」太平御覽獸部：「咸和七年，左右啓以米飴熊，上曰：『此無益而費穀，且惡獸不宜畜。』遣使打殺，以肉賜左右直人。」並引晉建武故事。愚按：王敦死在太寧二年，餘三事皆在咸和，而入建武故事，未審其義。唐志三卷。無「晉」字。

晉咸和咸康故事四卷晉孔愉撰。

唐志：「孔愉晉建武咸和咸康故事四卷。」

晉建武以來故事三卷不著録。

見唐志。

永平故事三卷不著録。

見唐志。

〔王氏〕

隆安故事

宋書自序：「隆安三年，恩於會稽作亂」至「見隆安故事」。二頁，三頁。

晉泰始太康故事八卷不著録。

見唐志。

晉氏故事三卷不著録。

見唐志。

晉諸雜故事二十二卷不著録。

見唐志。

晉雜議十卷不著録。

見唐志。

晉修復山陵故事五卷車灌撰。

初學記服食部：「梓宮衣物有湘絳雙裙六腰、練單衫五領、練複衫五領、白紗衫六領、白紗縠衫五領。」太平御覽文部：「玄宮中用墨五丸。」服用部：「玄宮中用絹團扇六枚。武悼皇后玄宮貯衣蝦蟆籠二。」又：「梓宮中有象牙火籠，用象牙梳五枚，后梓宮象牙梳六枚，瑇瑁梳六枚。」又：「梓宮用鐵鏤鑷五枚。用嚴器五具、馬齒嚴器五具。后服有瑇瑁釵三十隻。」器物部：「武帝悼后玄宫有漆烏丸槃一枚。」布帛部：「帝改服著白綾帽。」資産部：「后梓宫用剪六枚。」並引修復山陵故事。唐志卷同。

交州雜事九卷記士燮及陶璜事。

藝文類聚雜器物部：「太康四年，刺史陶璜表送林邑王范熊所獻銀鉢一口、水精鉢一口。」初學記政理部：「太康四年，林邑王范熊獻水精唾壺一口、青白水精唾壺二口。」太平御覽器物部：「太康四年，刺史陶璜表送林邑王范熊所獻縹紺水精槃各一枚、青白石盌一口、白水精盌二口。」並引交州雜事。唐志作雜故事，卷同。

晉八王故事十卷

世說方正篇注：「楊濟，有才識，累遷太子太保，與楊駿同誅。董艾〔六〕，少好功名，不修士檢。齊王起義，用領右將軍，王敗，見誅。」雅量篇注：「司馬越，少尚布衣之操，爲中外所歸。」言語篇注：「司馬潁，世祖第十九子。司馬乂，世祖第十七子。」賞譽篇注：「石勒見王夷甫，曰：『吾行天下多矣，未嘗見如此人。』夜使推墻殺之。」「馮蓀，歷清職，爲長沙王所害。」「劉輿、潘滔、裴邈，皆爲東海王所暱，時人稱曰：『輿長才，滔大才，邈清才也。』」「庾玄，爲陳留太守，或勸投瑯琊王。玄曰：『王處仲得志於彼，豈能容我。』」「楊淮有六子，曰喬、髦、朗、琳、俊、仲，論者謂悉有台輔之望。」品藻篇注：「胡母輔之，與王澄、庾敳、王夷甫爲『四友』。」容止篇注：「潘岳與夏侯湛最契，故好同遊。」賢媛篇注：「周浚，少有才名，自御史中丞出爲揚州刺史，加安東將軍。」輕詆篇注：「王夷甫，雖居台輔，不以事物自嬰，當世化之，羞言名教，識者知其將亂。」尤悔篇注：「華亭有清泉茂林，陸機兄弟共遊於此十餘年。」水經河水注：「東海王越治鄄城，無故自壞七十餘丈，越惡之，移治濮陽城。」史記項羽紀索隱：「王浚伐鄴，前至梁湛。」文選舞鶴賦注：「陸機歎曰：『欲聞華亭鶴唳，不可復得。』」北堂書鈔藝文部：「張方逼上出謁宗廟，上以青筒詔敕中書曰：『朕體中不佳，不堪出也。』」設官部：「太康七年正旦，日蝕，詔公卿大臣各上封事，汝南王亮、司徒舒、司空瓘上所假章綬。」元和郡縣志河南道：「范陽王保於鄂坂，後於其上置關。」寰宇記亦引之。太平御覽服章部：「趙王倫將篡位，童謡曰：『屠蘇障日覆兩耳，當有瞎兒作天子。』」羽族部：「張方將移惠帝於長安，自領五千騎，兜鍪皆用涼州白鷃毛。」並引晉八王故事。唐志十二卷，題盧綝撰。

晉四王起事四卷晉廷尉盧綝撰。

水經蕩水注：「惠帝征成都王穎，戰敗，百僚奔散，惟侍中嵇紹扶帝。衆斬之，血汙帝袂。帝曰：『嵇侍中血，勿洗也。』」北堂書鈔衣冠部：「惠帝與成都王自鄴還洛陽，既至，賜盧志雲鶴綾袍一領。」帝王部云「賜鶴綾袍。」酒食部：「惠帝還洛陽，道中於客舍作飲食，宫人有持升餘秔米飯者，燒以供至尊。」帝王部云：「慘茶煮飲，客舍作食。」太平御覽兵部：「張方逼帝幸長安，河間王率參佐到霸水迎上，銜枚屯列。」服章部：「惠帝自洛陽，得鹿車一乘，以單帛裙爲幃。」服用部：「惠帝征成都，軍敗，帝渴，就民家取水，以銅灌飲之。」器物部：「惠帝還洛陽，道中有老公蒸雞素木槃中，盛以奉獻，黄門以瓦盂盛茶上至尊。」珍寶部：「張方劫帝西遷，國家有寶物，方軍人八千三日輦之，有大珠瑠百餘斛。」布帛部：「張方移帝於長安，兵入内殿取物，人持御絹二疋。自魏晉之積將百餘萬疋，三日取之，尚不缺角〔七〕。帝於成都還洛陽，道中有驅羊二百餘口者，勒使至洛，得以爲糧。至洛，盧志啓以右藏絹倍還羊主。」飲食部：「惠帝還洛陽，河間王遣使上甘菓、甘餔。」果部：「惠帝征成都，軍敗，日已向中，而太官未進食，左右有賫秋桃十枚以獻帝。帝食三枚，石超使人擘手奪三枚。」並引晉四王起事。御覽兵部又引：「張方劫啓移都，領五千騎，皆捉鐵纏矟，兜鍪用涼州白鷃毛。」其事與八王故事同。唐志卷同。

桓玄僞事三卷

唐志二卷，入僞史類。初學記文部：「古無紙，故用簡，非主於敬也。今諸用簡者，皆以黄紙代之。」又：「玄詔令平淮，作青赤縹緑桃花紙，使極精，令速作之。」御覽文部同。並引桓玄僞事。

晉東宫舊事十卷

唐志題張敞撰，舊志十一卷。顏氏家訓書證篇：「或問曰：『東宫舊事何以呼鴟尾爲祠尾？』答曰：『張敞者，吴人，不甚稽古，隨宜記注，遂鄉俗訛謬，造作書字耳。吴人呼祠祀爲鴟祀，故以祠代鴟；呼紺爲禁，故以系旁作禁代紺字；呼盞爲竹簡反，故以木旁作展代盞字；呼鑊字爲霍字，故以金旁作霍代鑊字；又金旁作患爲鐶字，木旁作鬼爲槐字，火旁作庶爲炙字，既下作毛爲髻字；金花則金旁作華，窗扇則木旁作扇。諸如此類，專輒不少。』又問：『東宫舊事六色罽緹，是何等物？當作何音？』答曰：『君，牛藻也。又寸斷五色絲，横著綫股間繩之，以象君草，用以飾物，即名爲君。於時當紺六色罽，作此君以飾緄帶，張敞因造絲旁畏耳，宜作隈。』」愚按：初學記諸書引東宫舊事多載皇太子初拜、太子納妃所用器物，其文甚瑣，不足具録。顏氏所記諸字，今逸篇中俱未見。北堂書鈔儀飾部引「太子納妃有金鐶釵」，初學記器物部「太子納妃，有織成地屏風十四牒，銅鐶、鈕鐶」，皆從「睘」，未有金旁作患之字。惟「鬐」字既下作毛。書鈔儀飾部云：「有龍頭舊鬐。」藝文類聚禮部云：「正會儀，太子著遠遊冠、絳紗褠，登輿。至承華門，設位，拜二傅。交禮畢，不復登車。太傅訓導在前，少傅訓從在後。太子入崇賢門，樂作，太子登殿，西向坐。」太平御覽皇親部：「司徒會稽王道子等啓云〔八〕：『皇太子繼體宸極，年德並茂，宜簡國媛，緝宣内教。故中書令太常王獻之、新安公主息女，六行聿修，四德光備，慶深積善。僉曰：宜作配儲宮，正位中饋。』太元二十一年〔九〕，皇太子納妃瑯琊臨沂王氏，時年十四。」「有詔以太子納妃，賜帛各有差，使持節司空謝琰、副護軍車胤、詹事王珣，率東宮官屬迎於主第。」此二事引東宮舊事，可與晉書禮志補闕。後漢書劉盆子傳注：「太子有空頂幘一枚，即半頭幘之製也。」引作東宮故事。

〔王氏〕

東宮故事

後漢書劉盆子傳注引云：「太子有空頂幘一枚。」

秦漢已來舊事十卷

唐志八卷。

尚書大事二十卷范汪撰。

唐志二十一卷。北堂書鈔儀飾部：「納后禮文云：『既皓且白，既潔且清，美人玩好，以飾姿容。』」太平御覽禮儀部：「尚書符太常曰：『釋奠祀先聖於辟雍，未有言太學者，今廢辟雍而立二學，中興以來相違。』太常王彪之答：『釋奠於太學，行饗於辟雍。』辛相從太常。」

大司馬陶公故事三卷

唐志同。北堂書鈔酒食部：「蘇峻平後，侃上成帝鮭十斛。」白帖云：「蘇峻上成帝十斛鮭」，脱「平後侃」三字。太平御覽兵部：「臣侃言：『郭默狂狡，肆行凶虐，負阻城險，用稽天誅。臣上山陵其城，樓櫓攻具備設。』」「臣侃奏獻金鐕白旄四枚、金華大羌楯五十幡、青綾金華楯五十幡。」器物部：「侃上雜物疏有上成帝螺杯一枚。」藝文類聚雜器物部同。「侃上成帝水精盌一枚、漆複篋五十枚。」並引陶公故事。書鈔、類聚作「陶侃」。

郗太尉爲尚書令故事三卷

唐志同。

華林故事名一卷不著録。

見唐志。

咸寧三年武皇帝故事卷亡，不著録。

晉書禮志引云：「王公大臣薨，三朝發哀，踰月不舉樂。其一朝發哀，三日不舉樂。」

宋先朝故事二十卷劉道薈撰。不著録。

見唐志。太平御覽兵部：「宋先朝故事曰：『慕容超大將垣遵踰城歸順，高祖使遵守，治攻城撞車，築長圍高三丈，外三重塹。』」

天正舊事三卷釋撰，亡名。

唐志同。

沔南故事三卷應思遠撰。

唐志有應詹江南故事三卷。通志略兩載之，「江南」作「征南」。

永安故事三卷温子昇撰。不著録。

見唐志。史通叙事篇曰：「子昇取譏於君懋。」原注：「王劭齊志曰：『時議恨邢子才不得掌興魏之書，悵怏。温子昇亦若此，而撰永安記，率是支言。』」又外篇雜説注曰：「『温子昇永安故事言爾朱世隆之攻没建業也，怨痛之響，上徹天閽，酸苦之極，下傷人理。』此皆語非簡要，而徒積字成文，並由趨聲對之爲患也。」

梁舊事三十卷内史侍郎蕭大圜撰。「圜」，原本作「環」，錢氏考異曰：「當作『圜』。」

唐志作梁魏舊事。太平寰宇記江南東道：「石英寶，賜姓阮氏，時人名所居之溪爲阮公溪。」又：「梁武時童謡曰：『鳥山出天子。』又曰：『天子之居在三餘。』」並作梁陳舊事。

京兆舊事卷亡，不著録。

群輔録：「韋氏三君，順、豹、義。」北堂書鈔服飾部、藝文類聚服飾部：「杜陵蕭彪爲巴郡太守，以父老，歸供養。父有客，嘗立屏風後，自應使命。」又書鈔政術部：「長安孫晨，家貧，爲郡功曹，十月無被，有藁一束，暮卧其中，旦收之。」儀飾部云：「夜卧藁一束，晝收之。」並引京兆舊事。

東宫典記七十卷左庶子宇文愷撰。

隋書陸爽傳：「爽與宇文愷撰東宫典記七十卷。」

開業平陳記二十卷

唐志十二卷，入雜史類。通鑑隋紀考異引平陳記曰：「張貴妃等八人夾坐，江總等十人預宴，先令八婦人襞采牋製五言詩，十客一時繼和，稽緩則罰酒。」

鄴都故事卷亡，北齊楊楞伽撰。不著録。

通典職官門：「鄴都故事曰：御史臺在宮闕西南，其門北開，取『冬殺』之義。」太平御覽職官部同。

鄴城故事卷亡，不著録。

太平御覽兵部載石季龍淩霄觀、涼馬臺、紫陌浮橋三事。寰宇記河北道：「西門豹爲令，造十二渠，今名安澤陂。」御覽地部同。並引鄴城故事。

白起故事卷亡，何晏撰。不著録。

文選報任少卿書注：「何晏白起故事：『白起雖坑趙卒，向使預知必死，則前驅空捲，猶可畏也，況三十萬被堅執鋭乎？』」

諸葛故事卷亡，不著録。

藝文類聚軍器部：「諸葛故事曰：『成都作匕首五百枚，以給騎士。』」

王朗秦故事卷亡，不著録。

初學記器物部：「王朗秦故事曰：『百華燈樹，正月朔朝賀於殿下，設於三階之間。端門外設三尺、五尺燈，月照星明，雖夜猶晝。』」白帖卷十四同。

漢雜事卷亡，不著録。

文選東京賦注：「諸侯貳車九乘〔一〇〕，秦滅九國，兼其車服。故大駕屬車八十一乘。」藝文類聚舟車部曰：「尚書、御史乘之，最後一車懸豹尾，以前皆似省中。」後漢書杜詩傳注：「漢制，假棨戟以代斧鉞。」胡廣傳注：「凡群臣之書，通於天子者四品。」〔王氏〕按：似見獨斷。至「臣甲乙上」。藝文類聚歲時部：「正月朝賀，三公奉璧上殿。」帝王部：「秦爲漢驅除，自以德兼三皇五帝，故並爲號。」職官部：「諸侯功德優盛、朝廷所敬異者，賜位特進，在三公下。」〔王氏〕楊震附傳注：「諸侯功德優」至「三公下」。十三頁。北堂書鈔儀飾部：「鼓以動衆，夜漏鼓鳴則起，晝漏壺乾，鐘鳴則息。」此所引漢雜事皆記儀制。至通典職官門：「蔣滿與其子同詔徵見宣帝。」藝文類聚治政部：「王鳳薦辛慶忌爲執金吾。」北堂書鈔衣冠部：「張倉，高祖時有罪當斬。身體肥白如玉，帝一見而美之，與衣冠甚鮮，遂赦。」政術部：「何武上封事云：『辛慶忌宜在爪牙。』」設官部：「薛宣爲少府，谷永上書薦宣，曰：『才茂行潔，達於從政。』」又：「趙堯以刀筆至侍御史。」太平御覽職官部：「田蚡爲丞相，汲黯見蚡，揖之而已。」又：「金敞世名忠，孝太后使侍成帝。」又：「石慶爲太僕，上問車中幾馬，慶以策數馬，曰『六馬』。」初學記職官部同。又：「鄭當時爲太子舍人，交知皆天下名士。」人事部：「吴楚七國反，齊王使路中大夫告於天子。」奉使部同。又：「于定國謙遜下士，雖徒步過者與均禮。」又：「公孫弘爲丞相，開閣延賢人。」又：「倪寬卑體下士，不求名譽。」又：「匡衡、貢禹以經術議廟祀。」禮儀部：「翟方進爲丞相，遭後母喪，行服三十六日起視事。」服章部：「高祖時，大謁者臣章受詔長樂宫，令群臣議舉天子所服衣服。」北堂書鈔衣冠部同。此類所引漢雜事皆西漢人物，可與漢書相證。其記東漢事不具録。又書鈔儀飾部：「詔賜蔡邕金龜紫綬。」作漢末雜事。刑法部：「博士申威以怒增刑。」作漢雜事篇。初學記禮部：「封諸侯，受茅土。」藝文類聚禮部同。作漢舊事。書鈔封爵部作雜事。又：「廟者所以藏主，列昭穆。」作漢書舊事。職官部：「諸上書者皆爲二封，魏相爲御史大夫，奏去副封。」作漢雜記事。書鈔設官部無「記」字。

【校勘記】

〔一〕「黑毦一異於朝節」，太平御覽卷三四一兵部所引漢魏故事作「黑毦十異於常節」。

〔二〕「夏」原脱，據三國志卷一魏書武帝紀注所引魏武故事補。

〔三〕「武平萬户」，原作「武兵萬」，據三國志卷一魏書武帝紀注所引魏武故事補。

〔四〕「開司馬門至金門」，「開」原作「門」，據三國志卷一九魏書陳思王傳注引魏武故事改。

〔五〕「器物部」，原作「服食部」，據初學記卷二六器物部所引晉宋舊事改。

〔六〕「董艾」，原作「蕭艾」，據世説新語箋疏卷中之上方正篇注所引晉八王故事及晉書卷五九齊王冏傳改。

〔七〕「三日取之尚不缺角」，原作「三日輂之尚不缺用」，據太平御覽卷八一七布帛部所引四王起事改。

〔八〕「會稽王道子」，原作「會稽王導子」，據太平御覽卷一四皇親部所引東宫舊事改。

〔九〕「太元二十一年」，原作「太元二十八年」，據太平御覽卷一四皇親部所引東宫舊事改。

〔一〇〕「貳車」，原作「屬車」，據文選卷三東京賦注所引漢雜事改。

隋經籍志考證卷十

職官

漢官解詁三篇漢新汲令王隆撰，胡廣注。

後漢書文苑傳：「王隆，字文山，建武中爲新汲令，能文章。」續漢祭祀志注：「王隆漢官篇曰：『是古者清廟茅屋。』胡廣曰：『以茅蓋屋，示儉也。』」百官志曰：「故新汲令王隆作小學漢官篇，諸文倜説，較略不究。」劉昭注：「案胡廣注曰：『王文山小學爲漢官篇，略道公卿内外之職，旁及四夷，博物條暢，多所發明，足以知舊制儀品。蓋法有成易，而道有因革，是以聊集所宜，爲作詁解，各隨其下，綴續後事，令世施行，庶明厥旨焉。』」唐志三卷。周禮天官疏引王氏漢官解。

漢官五卷應劭注。

後漢書應劭傳：「時始遷都於許，舊章湮没，書記罕存。劭慨然嘆息，乃綴集所聞，著漢禮儀故事。」〔王氏〕「漢」下增「官」字，「事」下增「凡朝廷制度，百官典式，多劭所立」。南齊書百官志序云：「胡廣舊儀，事惟簡撮；應劭官典，殆無遺恨。」禮志序曰：「太尉胡廣撰舊儀，應劭、蔡質咸綴識時事，而司馬彪之書不取。」

漢官儀十卷應劭撰。

續漢禮儀志注引應劭漢官儀所載馬第伯封禪儀記。通典禮門、水經汶水注同引之。宋書禮志：「應劭漢官鹵簿圖：『乘輿大駕，則御鳳凰車，金根爲副。』」續漢輿服志注、通典禮門注同。唐六典注卷十四、十六、十八。並引漢官儀鹵簿篇太常駕、衛尉駕、鴻臚駕，此其分篇可見者。北堂書鈔設官部引：「侍中方存年老口臭，上出雞舌香使含之。」御覽職官部同。通志草木略稱「應劭爲漢侍中，年老口臭。」蓋誤以應劭所記爲劭本事，劭未嘗官侍中。唐志同十卷，宋志一卷，入儀注類。

〔王氏〕

漢制度

後漢書光武帝紀注：「漢制度曰：帝之下書有四」至「有詔敕某官」。十頁。又引「漢禮制度曰：人君之居」至「後遵而不改」。十一頁。

漢官目録卷亡，不著録。

續漢百官志注引之。

漢官名秩卷亡，不著録。

續漢禮儀志、百官志注引之。百官志注作應劭漢官名秩。漢書百官公卿表注：「斗食月奉十一斛，佐史月奉八斛。」引漢官名秩簿。

漢官典職儀式選用二卷漢衛尉蔡質撰。

後漢書蔡邕傳注：「邕叔父衛尉質著漢職儀。」玉海書目曰：「漢官典儀一卷。唐志同。蔡質撰，記漢官位，序職掌及上書謁見儀式，本二卷，缺一卷。」續漢志禮儀志、百官志注引稱蔡質漢儀。漢書百官公卿表注稱漢官典職儀，刺史班宣六條，續漢百官志引之，亦作漢官典職儀。水經穀水注、文選西京賦、責躬詩注作漢官典職，後漢書光武紀注、鍾離意周景朱儁傳注作漢典職儀，安帝紀注作漢官典儀，北堂書鈔、初學記或作蔡質漢官儀，或作漢官，皆省文可通，惟作漢書典職，「書」字誤。宋志入儀注類。

魏官儀一卷荀攸撰，梁有，隋亡。

魏志衛顗傳：「詔典著作，又爲魏官儀。」唐志作荀攸等撰。南齊書百官志云：「今有魏氏官儀、魚豢中外官〔一〕。」魚氏書未見著録。初學記文部：「尚書郎缺，試諸郎，故孝廉能文案者先試一日，宿召會都坐，給筆墨以奏。」太平御覽服章部：「皂緣領袖中單。」並引魏官儀。

官儀職訓一卷韋昭撰，梁有，隋亡。

吴志韋曜傳：「曜上辭曰：『愚以官爵，今之所急，不宜乖舛，自忘至微。作官職訓一卷。』」

晉公卿禮秩故事九卷傅暢撰。

晉書傅暢傳：「暢爲公卿故事九卷。」魏志傅嘏傳注：「傅暢著晉公卿禮秩故事。」唐志同。宋書禮志曰：「傅暢故事：三公，安車駕三；特進，駕二；卿一。」續漢輿服志注：「太傅、司空、司徒著進賢三梁冠，大司馬、將軍著武冠。」文選褚淵碑文注：「諸公給虎賁三十人，持班劍焉〔二〕。」竟陵王行狀注：「汝南王亮、秦王柬、吴王晏、梁王肜，皆劍履上殿，入朝不趨。」並引晉公卿禮秩。省「故事」二字，藝文類聚、北堂書鈔同省。

晉新定儀注十四卷

無撰名，本志儀注類有傅瑗晉新定儀注四十卷。

晉官品一卷徐宣瑜撰，梁有，隋亡。

文選竟陵王行狀注：「相國丞相緑綟綬。」白帖卷七十五：「中郎將冠如將軍。」並引魏晉官品。

百官表注十六卷荀綽撰，梁有，隋亡。

續漢百官志、輿服志注，北堂書鈔設官部多引之。

司徒儀一卷干寶撰，梁有，隋亡。

南齊書百官志云：「三公，舊爲通官。司徒府領天下州郡名數、户口簿籍，雖無常置，置左右長史、掾屬、主簿、祭酒、令史以下。晉世王導爲司徒，右長史干寶撰立官府職儀已具。」北堂書鈔設官部：「從事中郎之職，分曹綱紀，維正大體。掾屬之職，敦明教義，肅厲清風，以訓郡吏，以重朝望。左長史之職，掌差次九品，詮衡人倫，佐公修文政，掌察郡吏。司馬之職，佐公修武政，簡其軍旅，飭其器械。録事之職，掌總録衆曹，管其文案。録事參軍，掌舉直錯枉。記室之職，凡有表章雜記之書，掌創其草。又云：「掌文墨表章，啓奏吊賀之禮，題署也。」中兵參軍，掌督帳内牙門將及軍器，給其軍事，凡在軍者以時科其器械，綜其人數，罰姦詐，均勞逸。」太平御覽職官部：「右長史之職，掌檢其法憲，明其分職。行參軍之職，掌凡使命及督察覆行之事，彈劾逋違，獻納聞見，以達視聽。」並引干寶司徒儀。兩唐志作司徒儀注，舊志入儀注類。

漢官儀式選用一卷丁孚撰。不著録。

續漢禮儀志注引酎金律，通典禮門同。皇后出桑於蠶宮儀，又拜諸侯王公儀「太常住蓋下，東向讀文」，通典同。元初六年夏勤策文，永平七年陰太后晏駕詔；祭祀志注桓帝祠恭懷皇后祝文；百官志注引中宮藏府令比御府令、給事中宮侍郎比尚書郎、衛尉丞六百石三事，又太僕大中大夫襄言乘輿綬、諸王綬、公主綬、墨綬、黄綬式，通典同。並引丁孚漢儀。漢書宣紀注：「内謁者令，秩二千石。」引丁孚漢官。後漢書章紀注：「酎九真、交阯、日南，〔王氏〕增「者」。用犀角、〔王氏〕增「二，長九寸」。若瑇瑁甲；〔王氏〕增「一」。鬱林用象牙、〔王氏〕增「一，長三尺已上」。若翠羽，〔王氏〕增「各二十，準」。以當金。」引丁孚漢儀式。初學記禮部孝靈皇帝葬事，續漢禮儀志注亦引之。引丁孚漢官儀。

百官階次一卷

唐志題范蔚宗撰。

齊職儀五十卷齊長水校尉王珪之撰。

南齊書王逡之傳：「從弟珪之，有史學，撰齊職儀。永明九年，其子顥上啓曰〔三〕：『臣亡父故長水校尉珪之，籍素爲基，依儒習性。以宋元徽二年被敕使纂集古設官歷代分職，凡在墳策，必盡詳究。是以等級掌司，咸加編録。黜陟遷補，悉該研記〔四〕。述章服之差，兼冠佩之飾。屬值啓運，軌度維新，故太宰臣淵奉宣敕旨，使速洗正。刊定未畢，臣私門凶禍。不揆庸微，謹冒啓上，凡五十卷，謂之齊職儀。』」百官志注云：「諸臺府郎令史職以下，具見王珪之職儀。」又志云：刺史督州，「王珪之職儀云起光武，非也。」陳書袁樞傳曰：「齊職儀曰：『凡尚公主必拜駙馬都尉，魏晉以來因爲瞻準。』」唐六典注、太平御覽職官部皆引齊職儀。初學記、藝文類聚所引俱見御覽。唐志作齊職官儀。

梁選部三卷徐勉撰。

梁書徐勉傳：「勉在選曹，撰選品五卷。」南史勉傳：「撰選品三卷。」唐六典注，太祝令、衛尉寺、太市令、東宮食官丞、嗣王府行參軍，並引梁選簿。「簿」，刊本或作「部」，訛。太平御覽職官部：「梁選簿曰：『中書，自宋以來比尚書令，特進之流而無事任，清貴華重大位多領之。』」南史徐勉傳：「天監中，官名互有省置，勉撰立選簿，奏之，有詔施用。其制開九品爲十八班，自是貪冒苟進者以財貨取通，守道淪退者以貧寒見没矣。」唐志三卷。

〔王氏〕梁書武帝紀：上詔：「梁國初建，宜須綜理，可依舊選諸要職，悉依天朝之制。」高祖上表曰：「愚謂自今選曹宜精隱括，依舊立簿。」據此梁設選簿，實因齊制。

職官要録三十卷陶藻撰。

唐志作陶彦藻，三十六卷。宋志七卷。通典職官門曰：「自梁陶藻職官要録以漢三署郎故事通爲尚書郎，循名失實，疑誤後代。」太平御覽職官部：三台擬三公；中書監視僕射；中書舍人視給事中；通直之號自東平王楙始也；漢初有散騎常侍，張釋之爲常侍郎，蓋此官也；著作是通直郎，史才富博者爲之；屯騎、越騎、步兵、長水、射聲五校尉，晉承漢置，以爲宿衛官。並引陶氏職官要録。

百官階次三卷

無撰名，唐志有荀欽明宋百官階次三卷。南齊書百官志云：「蔚宗選簿梗概，欽明階次詳悉。」唐六典注：「員外郎，美遷爲尚書郎。」又：「特進，江左皆兼官。晉傅咸奏特進品第二，執皮帛，坐侍臣之下。」二事並引宋百官階次。

百官春秋五十卷王秀道撰。

唐志作王道秀，十三卷。唐六典注：「初，晉中書置主書，用武官，宋改用文吏。」此引王道秀百官春秋。初學記職官部：「周封建宗盟，選宗中之長而董正之，謂之宗正。成王時，彤伯爲宗正。漢平帝更爲宗伯，王莽改爲秩宗，東漢復爲宗正，晉曰大宗正。」白帖同。又云：「昔唐虞、伯夷行秩宗，典三禮，周則春官掌禮樂，並其任也。」唐六典注著作佐郎、太常丞，並引宋百官春秋，不著撰名。隋志又有百官春秋二十卷，唐志有宋百官春秋六卷，俱無撰名。又初學記武部：「百官春秋云：『大駕，公卿奉引，太僕執轡，大將軍陪乘。光武東京郊祀，法駕則河南尹奉引，奉車都尉執轡，侍中參乘。』」此語與太平御覽兵部所引漢春秋同。

官族傳十四卷何晏撰。

唐志十五卷，入譜牒類。

魏晉百官名五卷

太平御覽兵部：「三公拜，賜鶡尾、鶻尾骹箭十二枚。」初學記武部同。「三公拜，賜魚皮步叉一、獾皮鞬一、琢韔金校步叉一、金校豹皮鞬一。」又「紫茸題頭高橋鞍一具」，初學記武部同。又「黃地金縷織成萬歲障泥一具」〔五〕，初學記武部、北堂書鈔武功部並同。「赤茸珂石鞘尾一具」，「駝馬鞭二枚」。初學記武部同。服章部：「三公朝，賜青林文綺綸袴褶一方。」並引魏百官名。

咸熙元年百官名卷亡，不著録。

魏志鍾會傳注：「咸熙元年百官名：『邵悌，字元伯，陽平人。』」又唐六典注：「宋百官春秋云：『常道鄉公咸熙百官名有著作佐郎三人。』」

晉百官名三十卷

新唐志十四卷，舊唐志四十卷。魏志蘇則傳注：「蘇愉，字休豫，歷位太常光禄大夫。」任城王彰傳注：「彰子楷，泰始初爲崇化少府。」鍾會傳注：「諸葛緒，入晉爲太常崇禮衛尉。」蜀志諸葛亮傳注：「董厥，字龔襲，義陽人。樊建，字長元。」世説德行篇注：「劉實，字道真，高平人。」言語篇注：「司馬乂，字士度，封長沙王。」「崔豹，字正熊，官至太傅丞。」「孫濳，字齊由，太原人。」雅量篇注：「許璪，字思文，義興陽羨人。」「謝奉，字弘道，會稽山陰人。」「王徽之，字子由。」識鑒篇注：「楊朗，字世彦，弘農人。」賞譽篇注：「蕭輪，字祖周，樂安人。」品藻篇注：「裴康，字仲豫，徽之子。」「蘇愉，字休豫，則之子。」「李志，字温祖，江夏鍾武人。」「孫騰，字伯海，太原人。」規箴篇注：「李陽，字景祖，高尚人，武帝時爲幽州刺史。」排調篇注：「劉許，字文生，涿鹿郡人，惠帝時爲宗正卿。」「荀隱，字鳴鶴，潁川人。」簡傲篇注：「嵇喜，字公穆，歷揚州刺史，康兄也。」紕繆篇注：「任瞻，字育長，樂安人。歷天門太守。」文選贈蔡子篤詩注：「蔡睦，字子篤，爲尚書。」贈馮文羆詩注：「外兵郎馮文羆。」贈顧交阯詩注：「交州刺史顧祕，字公真。」謝平原内史表注：「曹武，字道淵。」勸進表注：「榮劭，字茂世，北平人，爲清河太守。」「郭穆，字最通，爲吴令。」謝詢表注：「張悛，爲太子庶子。」竟陵王行狀注：「尚書令、尚書僕射、六尚書，古爲『八座尚書』。」並引晉百官名選。注省「百」字。

晉武帝百官名卷亡，不著録。

魏志臧霸傳注：「霸子舜，晉散騎常侍，見武帝百官名。此官名不知誰所撰也，皆有題目，稱舜『才穎條暢，識贊時宜』也。」

晉惠帝百官名三卷陸機撰。不著録。

見唐志。

晉武帝太始官名卷亡，不著録。

太平御覽職官部：「晉武帝太始官名曰：『大司馬石苞，開通爽悟，秉意不群。』」

晉懷帝永嘉官名卷亡，不著録。

太平御覽職官部：「晉懷帝永嘉官名曰：『吏部郎温畿，字元輔，世論以其爲人夷曠似玉。』」

元康百官名卷亡，不著録。

通典職官門：「元康百官名曰：『陳慎、戴熊，俱以都水使者領水衡都尉。』」唐六典亦引之。

明帝東宫寮屬名卷亡，不著録。

世説雅量篇注：「明帝東宫寮屬名曰：『羊固，字道安，太山人。』」

晉東宫官名卷亡，不著録。

世説任誕篇注：「張湛，字處度，高平人。」排調篇注：「庾鴻，字伯鸞，潁川人。」並引晉東宫官名。

征西寮屬名卷亡，不著録。

世説言語篇：「毛玄，字伯成，潁川人，仕至征西行軍參軍。」排調篇注：「郝隆，字佐治，汲郡人，仕吴至征西參軍。」並引征西寮屬名。

庾亮寮屬名卷亡，不著録。

世説文學篇注：「按庾亮寮屬名，殷浩爲亮司馬，非爲長史也。」

庾亮參佐名卷亡，不著録。

世説雅量篇注：「按庾亮啓參佐名：『褚裒，時直爲參軍，不掌記室也。』」

齊王官屬名卷亡，不著録。

世説方正篇注：「齊王官屬名曰：『葛旟，字虛旟，齊王從事中郎。』」

大司馬寮屬名卷亡，伏滔撰。不著録。

世説賞譽篇注：「伏滔大司馬寮屬名曰：『趙悦，字悦子，下邳人，歷大司馬參軍、左衛參軍。』」黜免篇注：「鄧遐，字應元，陳郡人。勇力絶人，爲桓温參軍。枋頭之役，温既懷恥忿，且憚遐，因免遐官，病卒。」此引大司馬寮屬名。品藻篇注：「劉奭，字文時，彭城人。」引大司馬官屬名〔六〕。

晉官屬名四卷

唐志同。

晉過江人士目一卷不著録。

見唐志。

晉永嘉流士十三卷衛禹撰。不著録。

見舊唐志。新唐志二卷。

永嘉流人名卷亡，不著録。

世説德行篇注：「胡母輔之，字彦國，泰山奉高人，湘州刺史。」「周鎮，字康時，陳留尉氏人。」文學篇注：「裴徽，字文季，河東聞喜人，仕至冀州刺史。」「王衍，字夷甫，第四女適裴遐。」方正篇注：「謝裒，字幼儒，陳郡人。歷吴國内史。」「梅陶，字叔真。」賞譽篇注：「王澄第四子微。」規箴篇注：「王澄，父乂〔七〕，第三娶樂安任氏女，生澄。」容止篇注：「衛玠，以永嘉六年五月至豫章，六月二十日卒。」傷逝篇注：「衛玠亡，葬南昌許徵墓東。」賢媛篇注：「李康，字玄胄，江夏人，魏秦州刺史。」儉嗇篇注：「衛展，字道舒，河南安邑人，除江州刺史。」並引永嘉流人名。

王朝目録卷亡，不著録。

世説品藻篇注：「王朝目録曰：『裴綽，字仲舒，楷弟也，名亞於楷，歷中書黄門侍郎。』」

愚按：吴志宗室孫匡傳注曰〔八〕：「朗之名位見三朝録」，疑與世説注所引當是一書，然「王朝」、「三朝」，未審孰是。

登城三戰簿三卷不著録。

見唐志。

魏官品令一卷不著録。

見唐志。

晉官品令卷亡，不著録。

初學記職官部：「三公，緑綟綬。」北堂書鈔設官部，司馬官、秘書郎、給事黄門、尚書僕射、五校尉、太子太師，「皇子爲郡王」，「舉秀才、明經傳者入學宫」，「舉秀才，五策皆通，爲郎中」，「舉秀才行義〔九〕，爲一州之俊。」並引晉官品令。或作晉品令，省「官」字。

陳百官簿狀二卷

唐志作太建十一年百官簿狀。

陳將軍簿一卷

唐志同。

新定官品二十卷梁沈約撰。

唐志十六卷。

梁百官人名十五卷不著録。

見唐志。

梁尚書職制儀注四十一卷無撰名。

酉陽雜俎續集貶誤篇：「梁職儀曰：『八座尚書，以紫紗裹手版，垂白絲於首如筆。』」

職令古今百官注十卷〔一〇〕郭演撰。

唐志同。

【校勘記】

〔一〕「魏」，原作「衛」，據南齊書卷一六百官志改。
〔二〕「持班劍焉」，文選卷五八褚淵碑文注所引晉公卿禮秩作「持劍焉」。
〔三〕「顥」，原作「顯」，據南齊書卷五二王逡之附從弟珪之傳改。
〔四〕「悉」，原無，據南齊書卷五二王逡之附從弟珪之傳補。
〔五〕「黄地金縷織成」，原作「黄地織成金縷」，據太平御覽卷三五九兵部所引魏百官名改。
〔六〕「黜免篇注」至「大司馬官屬名」，原爲小字，但此段文字與上文有關聯，應是正文，今改。
〔七〕「乂」，原作「義」，據世説新語箋疏卷中之下規箴篇所引永嘉流人名改。

〔八〕「孫匡」，原作「劉匡」，據三國志卷五一吳書宗室孫匡傳及注改。

〔九〕「舉」，原作「與」，據北堂書鈔卷七九設官部所引晉品令改。

〔一〇〕「職」，原缺，據隋書卷三三經籍志補。

隋經籍志考證卷十一

儀注

漢舊儀刊本或作漢書儀，誤。**四卷**衛敬仲撰。

後漢書儒林傳：「衛宏，字敬仲，作漢舊儀四篇，以載西京雜事。」唐志四卷，宋志三卷，今存一卷，題漢官舊儀，蓋輾轉傳寫，與應劭漢官儀混淆爲一，遂增「官」字於書名中，非其舊也。

晉新定儀注四十卷晉安成太守傅瑗撰。

左傳襄公正義：「魏晉儀注曰：寫章表别起行頭者，謂之『跳出』」。北堂書鈔車部：「晉儀注曰：皇后乘油畫雲母安車，駕六馬。油畫雲母，兩轅也。」

晉尚書儀十卷

唐志有晉尚書儀曹事九卷。

晉尚書儀曹新定儀注四十一卷徐廣撰。不著録。

見唐志。

甲辰儀五卷江左撰。

藝文類聚儲宫部:「皇太子妃、公主、夫人逢持節使者、高車使者,住車相揖。」北堂書鈔禮儀部、太平御覽皇親部語同,並引甲辰儀。唐志作甲辰儀注。唐六典注祕書令史品第八,引魏甲辰儀;輔國將軍品第三,遊擊將軍品第四,引魏甲辰令。

封禪儀六卷

唐志有令狐德棻皇帝封禪儀六卷。

宋儀注十卷,又二十卷

唐志二卷。南齊書輿服志云:「宋明帝泰始四年,更制五輅,議修五冕〔一〕,朝會饗獵,各有所服,事見宋注。」無「儀」字。

宋尚書儀注十八卷本二十卷。

唐志三十六卷。

宋廢帝元徽儀注卷亡,不著録。

通典樂門：「牲出入，奏昭夏。」引宋廢帝元徽二年儀注。「薦毛血，奏嘉薦；降神及迎送，奏昭夏；飲福酒，奏嘉胙；就燎位，奏昭遠；衆官出入，奏肅成。」並引元徽三年儀注。

宋東宮儀記二十三卷 宋新安太守張鏡撰。

南齊書輿服志：「宋元嘉東宮儀記云：『中宮僕御重翟金根車。』」通典禮門亦稱元嘉中東宮儀記。初學記服食部：「宋東宮儀記云：『掌侍臣常食飯二人。』」太平御覽服章部：「張鏡宋東宮儀無「記」字。云：『皇太子遠遊冠翠緌。』」唐志卷同。

徐爰家儀一卷

唐志同。太平御覽時序部：「蜡本施祭，故不賀。其明日爲小歲，賀稱『初歲福始〔二〕，罄無不宜〔三〕。』正旦賀稱『元正首慶〔四〕，百福維新。』小歲之賀，既非大慶，禮止門內。」服用部：「婚迎，車前用銅香爐二枚。」並引徐爰家儀。

東宮新記二十卷 蕭子雲撰。

〔王氏〕子雲「撰東宮新記，奏之，敕賜束帛」。梁書蕭子恪附傳。子雲所著東宮新記二十卷。又。

梁書蕭子雲傳：「子雲著東宮新記二十卷。」唐志作東宮雜事。文選新漏刻銘注：「天監六年，上造新漏，以臺舊漏給官。漏銘云：『咸和七年，會稽山陰令魏丕造。』即會稽內史王舒所獻漏也。」此作蕭子雲東宮雜記。又梁書王僧孺傳：「尚書僕射王晏，〔王氏〕刪「尚書僕射」，「晏」下增「爲丹陽尹，召補郡功曹」。使僧孺撰東宮新記。」

齊永明儀注卷亡，不著録。

通典樂門：「就埋位，齊永明六年儀注奏隸幽。」

梁東宮元會儀注卷亡，不著録。

通典樂門：「梁天監六年，東宮新成，太子於崇正殿宴會。司馬褧議，舊東宮元會儀注，宮臣先入，入時無樂，至上宮客入，方奏樂。又議：『上宮元會，奏大壯武舞、大觀文舞。舊東宮儀注既不奏，問樂府有，綴是舊儀注闕。』」

陳元會儀注卷亡，不著録。

通典樂門：「陳太建六年，徐陵、沈罕奏來年元會儀注。」

宋太廟烝嘗儀注卷亡，不著録。

宋書禮志：「元嘉六年七月，太學博士徐道娱上議曰：『伏見太廟烝嘗儀注。』」

宋藉田儀注卷亡，不著録。

宋書禮志：「大明四年，尚書右丞荀萬秋奏藉田儀注。」

梁五禮藉田儀注卷亡，不著録。

藝文類聚禮部、初學記禮部：「梁五禮藉田儀注曰：『其田東去宮八里，遠十六里，爲千畝。天子耒耜一具，九卿耒耜九具，立方壇以祠先農。』」

晉先蠶儀注卷亡，不著録。

宋書禮志：「皇后安車駕六，以兩轅安車駕五爲副。」又曰：「皇后乘油畫雲母安車，駕六騩馬。」後魏書禮志删「油畫」二字。 又曰：「皇后十二鎭，步摇，大手髻，衣純青之衣，帶綬佩。」通典樂門云：「車駕住，吹小菰；發，吹大菰。菰即笳也〔五〕。」初學記樂部同。 太平御覽樂部云：「笳者〔六〕，卷蘆葉吹之以作樂也。」資産部云：「親蠶前二日，太祝令質明以牢祀，所謂先蠶也。」並引晉先蠶儀注。

晉元康儀卷亡，不著録。

藝文類聚禮部，初學記中宮部、禮部：「晉元康儀曰：『皇后採桑壇在蠶宮西南。』」

皇后親蠶儀注卷亡，不著録。

太平御覽資産部：「皇后親蠶儀注曰：皇后躬桑，始將一條，執筐受桑。」藝文類聚禮部、初學記禮部亦引此三句。將三條，女尚書跪白曰：『可。』止。執筐者以桑授蠶母，蠶母以桑適金室也。」

梁五禮先蠶儀注卷亡，不著録。

藝文類聚禮部、初學記禮部：「梁五禮先蠶儀注曰：『親蠶前二日〔七〕，太祝令質明以太牢祀先蠶。』」此與御覽資産部所引晉先蠶儀注同。

宋南郊親奉儀注卷亡，不著録。

宋書禮志：「大明四年正月，有司奏南郊親奉儀注。」

陳南北郊明堂儀注卷亡，不著録。

通典樂門：「陳宣帝太建五年，詔定南北郊及明堂儀注。」

梁吉禮儀注十卷明山賓撰。

唐志：「明山賓等梁吉禮十八卷，梁吉禮儀注四卷，又十卷。」

〔王氏〕梁書許懋傳：「天監初，吏部尚書范雲舉懋參詳五禮。」

梁賓禮儀注九卷賀瑒撰。

梁書賀瑒傳：「瑒撰〔王氏〕改「瑒撰」作「所著」。賓禮儀注一百四十五卷。」唐志：「賀瑒等梁賓禮一卷、梁賓禮儀注十三卷。」

案：梁明山賓撰吉儀注二百六卷，録二卷。隋亡。

梁書明山賓傳：「山賓著吉禮儀注二百二十四卷。」

嚴植之撰凶儀注四百七十九卷，録四十九卷。隋亡。

梁書嚴植之傳：「植之撰凶禮儀注四百七十九卷。」（王氏）改「植之」作「高祖詔求通儒治五禮，有司奏植之治凶禮」。唐志：「嚴植之梁皇帝崩凶儀十一卷，梁皇太子喪禮五卷，梁王侯以下凶禮九卷，士喪禮儀注十四卷。」

陸璉撰軍儀注一百九十卷，録二卷。隋亡。

唐志：「陸璉梁軍禮四卷。」

司馬褧撰嘉儀注一百一十二卷，録三卷。隋亡。

梁書司馬褧傳：褧（王氏）改「褧」作「父燮，善三禮，仕齊官至國子博士。褧少傳家業，禮文所涉書，略皆遍。天監初，詔通儒治五禮，有司舉褧治嘉禮。是時創定禮樂，褧所議多見施行。褧學尤精於事數，國家吉凶禮，當世名儒明山賓、賀瑒等疑不能斷，皆取決焉。所」「撰嘉禮儀注一百一十二卷。」唐志：「司馬褧梁嘉禮三十五卷，又嘉禮儀注四十五卷。」舊唐志二十一卷。

存者惟士、吉及賓，合十九卷。

愚按：隋志所記梁五禮卷數與梁書不盡合。又梁徐勉傳：「普通六年，上修五禮表曰：『嘉禮儀注，以天監六年五月七日上尚書，合十有二秩，百一十六卷，五百四十六條。賓禮儀注，以天監六年五月二十日上尚書，合十有七秩，一百三十卷，五百四十五條。軍禮儀注，以天監九年十月二十九日上尚書，合十有八秩，一百八十九卷，二百四十條。吉禮儀注，以天監十一年十一月十日上尚書，合二十有六秩，二百二十四卷，一千五條。凶禮儀注，以天監十一年十一月十七日上尚書，合四十有七秩，五百一十四卷，五千六百九十三條。大凡一百二十秩，一千一百七十六卷，八千一十九條。」

梁儀注十卷沈約撰。不著録。

見唐志。

梁祭地祇陰陽儀注二卷沈約撰。不著録。

見唐志。

梁尚書儀曹儀注十八卷，又二十卷不著録。

見唐志。

梁天子喪禮七卷，又五卷不著録。

見唐志。

梁大行皇帝皇后崩儀注一卷不著録。

見唐志。

梁太子妃薨凶儀注九卷不著録。

見唐志。

梁諸侯世子卒凶儀注九卷不著録。

見唐志。

梁陳大行皇帝崩儀注八卷不著録。

見唐志。

皇典二十卷梁豫章太守丘仲孚撰。

梁書丘仲孚傳：「仲孚爲左丞，撰皇典二十卷。」唐志五卷。

政典十卷何胤撰。

唐志有何點理禮儀注九卷。

士喪儀注九卷何胤撰。梁有，隋亡。

唐志有何胤喪服治禮儀注九卷。

雜儀注一百八十卷

舊唐志一百一卷，新志一百卷。

陳吉禮一百七十一卷

唐志：「陳吉禮儀注五十卷，陳雜吉儀注三十卷。」

陳雜儀注六卷不著録。

見唐志。

陳諸帝后崩儀注五卷不著録。

見唐志。

陳雜儀注凶儀十三卷不著録。

見唐志。

陳皇太后崩儀注四卷儀曹撰。不著録。

見唐志。

陳皇太子妃薨儀注五卷儀曹撰。不著録。

見唐志。

陳賓禮六十五卷

唐志有張彦陳賓禮六卷。

後魏儀注五十卷

唐志題常景撰。

北齊吉禮七十二卷趙彦深撰。不著録。

見新唐志。舊唐志作趙彦琛。

北齊皇太后喪禮十卷不著録。

見新唐志〔八〕。

國親皇太子序親簿一卷

唐書柳沖傳：「賈執作姓氏英賢，又著百家譜。傳其孫冠，冠撰梁國親皇太子序親簿四篇。」

隋朝儀禮一百卷牛弘撰。

隋書禮儀志：「高祖命牛弘、辛彦之等採梁及北齊儀注，以爲五禮。」又曰：「開皇初，因牛弘奏徵學者，撰儀禮百卷，悉用東齊儀注以爲準，亦微採王儉禮。」又牛弘傳曰：「奉敕修撰五禮〔九〕，勒成百卷。」

隋吉禮五十四卷高熲撰。不著録。

見唐志。

大漢輿服志一卷魏博士董巴撰。

左傳桓公正義：「冕廣七寸，長二寸。」文選射雉賦、秋興賦、思玄賦注，太沖詠史詩、傅長虞贈何劭王濟詩注，後漢書光武紀、明帝紀注，臧宫傳、宦者傳注，並引董巴輿服志。宦者傳注：「禁門曰黄闥。」初學記職官部同。太平御覽儀飾部引巴志佩綬采組之制，最爲詳悉，有注文，徵引漢官儀。初學記服食部同。巴以魏人，及見胡廣、應劭之書故秦御史服楚冠一事，巴稱太傅胡公説，見御覽服章部。則知注文乃巴自撰。至所言「后謁廟服皆深衣製」注引徐廣曰：「深衣，即單衣。」亦見御覽服章部。徐廣，晉人。此注當是御覽所增，否則胡廣之訛。又御覽服章部：「爵弁，所謂夏收殷冔者也。」注曰：「冔，兇羽反。」初學記服食部作「虚宇反」。注各不同。唐志卷同。

魏晉謚議十三卷何晏撰。

唐志有何晏魏明帝謚議二卷，又晉謚議八卷，晉簡文謚議四卷。

汝南君諱議二卷

通志校讎略曰：「隋志所類，無不當理，然亦有錯收者，謚法三部已見經解類矣，而汝南君謚議又見儀注，何也？」愚案：隋志作「諱議」，不作「謚議」。錢氏考異曰：「三國志張昭傳注云：『汝南主簿應劭議，宜爲君諱，論者互有異同。張昭著論非之。』漢人以郡守爲君也。」

決疑要注一卷摯虞撰。

南齊書禮志曰：「晉初，荀顗因魏代前事，撰爲晉禮，參考今古，更其節文。羊祜、任愷、庾峻、應貞共刪集〔一〇〕，成百六十五篇。後摯虞、傅咸纘續此製，未及成功。今虞之決疑注，是遺事也。」文選西京賦注引「左城右平」語。

車服雜注一卷徐廣撰。

宋書徐廣傳：「義熙初，奉詔撰車服雜注。」晉書廣傳作車服儀注。左傳桓公正義：「古者，貴賤皆執笏，即今手版也。」引廣車服儀制。初學記職官部：「尚書令，軺車墨耳後户。」北堂書鈔武功部：「角，前世書記所不載，羌吹以驚中國之馬。」設官部：「三公，安車駕三；特進，駕二。」並作廣車服儀制。後漢書明帝紀注：「漢明帝案古禮，天子郊廟，衣畫而裳繡。」作廣車服注。宋書禮志亦稱徐廣車服注，無「雜」字。儒林傳序注：「天子朝，冠通天冠。」作廣輿服雜注。書鈔衣冠部公卿祭服、天子釋奠衣，皆引雜注。文選東京賦注：「輕車，置弩於軾上，載以屬車。」北堂書鈔車部：「軾車，前隱膝也。」並作廣車服志。

〔王氏〕宋書徐廣傳：義熙初，高祖使撰車服儀注。

漢禮器制度卷亡，不著録。

儀禮士喪禮疏引：「鄭注淩人曰：『漢禮器制度：大槃廣八尺，長一丈二尺，深三尺，漆赤中。』」續漢禮儀志注同。周禮天官疏曰：「叔孫通前漢時作漢禮器制度，多得古之周制，故鄭君依而用之也。」夏官疏曰：「冕體，周禮無文，叔孫通作漢禮器制度，取法於周，今還取彼以釋之。案彼文，凡冕以版，廣八寸，長尺六寸。」儀禮冠儀疏、左傳桓公正義同引之。續漢禮儀志曰：「太傅胡廣博綜舊儀，立漢制度。」後漢書儒林傳序注：「天子出，有大駕、法駕、小駕。」續漢百官志注：「列侯功德優盛，賜特進。」並引胡廣漢制度。

古今輿服雜事二十卷梁周遷撰。

文選閒居賦注：「步輿方四尺，素木爲之。」士衡挽歌注：「禮，葬有魂車。」初學記武部：

「晉元皇制五牛之旗，設青左，黄在中。」並作周遷輿服雜事記。藝文類聚禮部：「蠶始生，后食之，三灑而止。」作古今輿服雜事。初學記禮部、太平御覽資産部同。餘書引多省「古今」二字。唐志十卷。

晉鹵簿圖一卷

唐志有大駕鹵簿一卷。史記司馬相如傳索隱引中朝鹵簿圖曰：「雲罕駕駟。」隋書禮儀志：「四望車駕牛中道。」太平御覽車部：「象平鼓吹，一部十三人。」獸部：「豹尾車駕，蘭臺符令史載自豹尾後。」並引晉中朝大駕鹵簿。又隋禮儀志曰：「晉氏鹵簿：御史軺車行中道。」

諸王國雜儀注十卷不著録。

見唐志。

雜府州郡儀十卷范汪撰。不著録。

見唐志。

喪服治禮儀注九卷何胤撰。不著録。

見唐志。

冠婚儀四卷不著録。

見唐志。

婚儀祭儀二卷崔皓撰。不著録。

見唐志。

魏氏郊丘三卷不著録。

見唐志。

晉明堂郊社議三卷孔晁等撰。不著録。

見唐志。

晉七廟議三卷蔡謨撰。不著録。

見唐志。

晉雜議十卷荀顗等撰。不著録。

見唐志。隋志刑法類有晉雜議，當是此書。

要典三十九卷王景之撰。不著録。

見唐志。

祀典五卷盧辯撰。不著録。

見唐志。

内外書儀四卷謝玄撰。

唐志有謝允書儀二卷。

書儀二卷蔡超撰。

書儀十卷王弘撰。

太平御覽時序部引書儀曰：「昔賈誼在湘南〔一一〕，六月三庚日有鵂鳥來，南方毒惡，太陽銷鑠萬物，人因避之。」

書筆儀二十一卷謝朏撰。

唐志二十卷。

吊答儀十卷王儉撰。

唐志作吊答書儀。

皇室儀十三卷鮑行卿撰。

唐志作鮑衡卿皇室書儀。南史鮑泉傳：「時有鮑行卿，以博學大才稱，撰皇室儀十三卷。」

皇室書儀七卷不著録。

見唐志。

吉書儀二卷王儉撰。

唐志作吉儀。

〔王氏〕

新儀三十卷鮑泉撰。

泉於儀禮尤明，撰新儀四十卷，行於世。梁書鮑泉傳、南史鮑泉傳作「三十卷」。

女儀卷亡，魏北京司徒崔浩撰。不著録。

太平御覽時序部、服章部：「崔浩女儀曰：『近古，婦以冬至日進履襪於舅姑。』」

書儀十卷唐瑾撰。

周書唐瑾傳：「瑾撰新儀十篇。」唐志有唐瑾婦人書儀八卷。案：隋志別有無名氏婦人書儀八卷，疑唐志誤合。

饋餉儀卷亡，盧公範撰。不著録。

太平御覽時序部：「八月旦，上柏露囊。重陽日，上五色糕，佩茱萸囊。臈日，上頭膏、面脂、口脂。」並引盧公範饋餉儀。又作盧公家範，則「範」字非人名。

【校勘記】

〔一〕「議」，原作「儀」，據南齊書卷一七輿服志改。

〔二〕「始」，原作「起」，據太平御覽卷三三時序部所引徐爰家儀改。

〔三〕「罄」，文淵閣本太平御覽卷三三時序部所引徐爰家儀作「慶」。

〔四〕「首慶」，原作「守慶」，據太平御覽卷三三時序部所引徐爰家儀改。

〔五〕「笳」，原作「茄」，據通典卷一四四樂部改。

〔六〕「笳」，原作「茄」，據太平御覽卷五八一樂部所引晉先蠶儀注改。

〔七〕「蠶」，原作「桑」，據初學記卷一四禮部所引梁五禮先蠶儀注改。

〔八〕「見新唐志」四字原無，據上下文及新唐書卷五八藝文志補。

〔九〕「奉」，原作「奏」，據隋書卷四九牛弘傳改。

〔一〇〕「羊祜」，原作「羊祐」，據南齊書禮志改。

〔一一〕「湘南」，原作「湘東」，據太平御覽卷三一時序部所引書儀改。

隋經籍志考證卷十二

刑灋

律本二十一卷杜預撰。

晉書杜預傳：「預與賈充等定律令，既定，預爲之注解，乃奏之。」通典刑門：「司馬文王秉魏政，命賈充、鄭沖、荀顗、荀勗、羊祜、王業、杜友、杜元凱、裴楷、周雄、郭頎、成公綏、柳軌、榮邵等定法律，就漢九章增十一篇，仍其族類，正其體號，改舊律爲刑名、法例〔一〕，辨囚律爲告劾、繫訊、斷獄〔二〕，分盜律爲請賕、詐僞、水火、毀亡〔三〕，因事類爲衛宮、違制，撰周官爲諸侯律，合二十篇，六百三十條，二萬七千六百五十七言。」唐六典曰：「晉氏受命，命賈充等增損漢、魏律，爲二十篇〔四〕，一刑名，二法例，三盜律，四賊律，五詐僞，六請賕，七告劾，八捕律，九繫訊，十斷獄，十一雜律，十二户律，十三擅興律，十四毀亡，十五衛宮，十六水火，十七厩律，十八關市，十九違制，二十諸侯，凡一千五百三十條。」北堂書鈔刑法部、藝文類聚刑法部：「杜預律序曰：『律以正罪名，令以序事制，二者相須爲用也。』」唐志：賈充、杜預刑法律本二十一卷。

漢晉律序注一卷晉僮長張斐撰。

史記平準書索隱：「釱，狀如跟，著足下以代臏。至魏武改以代刖也。」北堂書鈔刑法部：「贖，罰誤者之試。」又曰：「鄭鑄刑書，晉作執秩。」藝文類聚刑法部又云：「趙制國律，楚造僕區，並述法律之名。申、韓之徒，各自立制。」又曰：「政事之經，萬機之緯。」藝文類聚同。太平御覽刑法部：「張湯制越官律，趙禹作朝會正見律。」又曰：「情者，心也。心戚則情動於中而形於外。故姦人則必心愧而面赤，內怖而色奪〔五〕。」又曰：「徒加不過六，囚加不過五，累笞不過千二百。」又曰：「髡者，刑之威秋凋落之象。」並引張斐律序。又書鈔刑法部：「贖死，金二斤；贖囚，金四兩。諸侯不敬，皆贖，論八議得減，皆收贖。」御覽刑法部：「鉗，重二斤，翹長一尺五寸。」廣韻同。又曰：「諸有所督罰。五十以上鞭如令。平心無私而以事死者，二歲刑。」又曰：「吏犯不孝，雖遇赦，皆除名爲民。」又曰：「除名，比三歲刑。」又曰：「其當除名，而所取飲食、所用之物，非以爲財利者，應罰金四兩以下，勿除名。」又曰：「其年老小篤癃病及女徒，皆收贖。」又曰：「諸應收贖者，皆月入中絹一四，老小女人半之。」並引晉律。又書鈔曰：「梟斬者，令上不及天，下不及地也。」作晉律注。又御覽曰：「髡鉗，五歲刑，笞二百。若詐僞，將吏越武庫垣，兵守逃歸家，兄弟保人之屬，並五歲刑也。四歲刑，若闌上殿間上變事，露泄選舉事，訐發密事，毆兄姊之屬，並四歲刑也。三歲刑，若僞造官印、戲殺人之屬，並三歲刑也。二歲刑，若挾天文圖讖之屬，並二歲刑也。」此引晉律，每句下皆爲注文，而不著張斐注，未知是斐本注否？

雜律解二十一卷張斐撰。

唐志：「張斐律解二十卷。」舊唐志二十一卷。一切經音義：「小曰鐘，大曰鍠。」二語引張斐解晉律。

魏晉律令卷亡，不著録。

唐六典：「魏氏受命，乃命陳群等採漢律爲魏律十八篇，增漢蕭何律，劫掠、詐僞、毁亡、告劾、繫訊、斷獄、請賕、驚事、償贓等九篇也。」通典刑門：「魏文詔陳群、劉劭等定魏新律十八篇，州郡令四十五篇，尚書官令、軍中令合百八十餘篇。」顔師古匡謬正俗：「問曰：『今官曹文案於紙縫上署記，謂之欵縫者，何也？』答曰：『此語言元出魏晉律令。』」太平御覽刑法部：「劉劭律略曰：『删舊科，採漢律爲魏律，懸之象魏。』」時序部引魏武明罰令，兵部引魏武船戰令、步戰令、軍策令、内戒令，職官部引魏武選令。初學記職官部、北堂書鈔設官部引晉官品令。御覽皇親部引晉服制令。又時序部引有祠令言：「季夏土王日，祀黄帝；迎氣日，祀中霤；立秋，祀白帝；立秋後，祀靈星〔六〕；季冬藏冰，祭司寒之神。」又車部引鹵簿令，言天子玉輅、金輅、象輅，皇太子金輅，王公象輅，及指南車、記里車、辟惡車、安車、羊車、玉鉞車十餘事〔七〕，皆不著明魏晉，附此存考。唐志有劉劭律略論五卷。

齊永明律八卷宗躬撰。不著録。

見唐志。通典曰：「齊武帝令删定郎王植之集注張、杜舊律，合爲一書，凡千五百三十條。事未施行，其文殆滅。」唐六典曰：「宋及南齊律之篇目及刑名之制略同晉氏。」南齊書東昏侯紀：「永泰元年冬，詔删省科律。」

晉宋齊梁律二十卷蔡法度撰。

唐志作條鈔晉宋齊梁律二十卷。

梁律二十卷梁義興太守蔡法度撰。

梁書武帝紀：「天監二年夏，尚書删定郎蔡法度上梁律二十卷。」通典曰：「梁武時，蔡法度能言齊王植之律，於是使損益舊本，以爲梁律。天監初，又令王亮等定爲二十篇，凡定罪二千五百二十九條。」唐六典曰：「梁命蔡法度、沈約等十人增損晉律，爲二十篇，一刑名，二法例，三盜劫，四賊叛，五詐僞，六受賕，七告劾，八討捕，九繫囚，十斷獄，十一雜獄，十二户獄，十三擅興，十四毀亡，十五衛宫，十六水火，十七倉庫，十八廄律，十九關市，二十違制。其刑名之制加晉律。」陳書沈洙傳曰：「梁代舊律，測囚之法，日一上，起自晡鼓，盡於二更。」唐志同卷。酉陽雜俎續集貶篇引梁朝雜律：「凡囚未斷，先刻面作『劫』字。」

〔王氏〕武帝紀：天監元年八月「丁未，詔中書監王瑩等八人參定律令。」

後魏律二十卷

通典曰：「後魏正平初，令胡方回、游雅改定律制，唐六典曰：「太武帝命崔浩定刑名於漢魏以來律。」凡三百七十條。文成帝太安中，人增律七十九章。孝文太和初，又令高閭修改舊文，隨例增減，凡八百三十二章。」唐六典曰：「後魏初，命崔浩定令，後命游雅等成之，史失篇目。」

北齊律十二卷目一卷。

唐志：「趙郡王叡北齊律二十卷。」通典曰：「北齊文宣受禪後，議造齊律，積年不成。其決獄猶依魏舊式。武成河清三年，尚書令趙郡王叡等，奏上齊律十二篇。」唐六典曰：「凡定罪九百四十九條，大抵採魏晉故事。至武帝，又造刑書要制，與律兼行。宣帝廣刑書要制爲刑經聖制，謂之『法經』。」

麟趾格四卷文襄帝時撰。不著録。

見唐志。北齊書李渾傳〔八〕：「渾删定麟趾格。」崔暹傳：「暹主議麟趾格。」封述傳：「天平中，增損舊事，爲麟趾新格，其名法科條皆述删定。」

陳律九卷范泉撰。

陳書高祖紀：「永定元年，立删定郎，詔定律令。」王沖傳：「沖參撰律令。」沈洙傳：「梁代舊律，測囚之法，日一上，起自餔鼓，盡於二更。及比部郎范泉删定律令，以舊法測立時久，非人所堪。」通典曰：「陳武令删定郎范泉參定律令，又令徐陵等知其事，制律三十卷。」唐六典：「范泉、徐陵定律三十卷。」唐志：「范泉，九卷。」

周律二十五卷

周書武帝紀：「保定三年二月，初頒新律。」通典曰：「周文秉西魏政令，有司斟酌今古變通，修撰新律。革命後，武帝保定三年，司憲大夫拓拔迪奏新律，謂之大律，舊唐志稱周大律。凡二十五篇。」唐六典曰：「後周命趙肅、拓拔迪定令，史失篇目。」新唐志：「趙肅等周律二十五卷。」

周大統式三卷

周書文帝紀：「魏大統元年，太祖以戎役屢興，民吏勞弊，乃命所司斟酌今古，參考變通，可以益國利民便時適治者，爲二十四條新制，奏魏帝行之。七年，太祖奏行十二條制，恐百官不勉於職事，又下令申明之。十年，魏帝以太祖前後所上二十四條及十二條新制，方爲中興永式。乃命蘇綽更損益之，總爲五卷，頒於天下。於是搜簡賢才，以爲牧守令長，皆依新制而遣焉。」唐六典注曰：「綽損益爲五卷，謂之大統式。」唐志：「蘇綽，三卷。」

隋律十二卷

通典：「隋文帝初，令高熲等更定新律。後又敕蘇威、牛弘等更定新律，凡十二卷。」唐六典、唐志卷同。

隋大業律十一卷

通典曰：「煬帝敕修律令，三年新律成，凡五百條，爲十八篇，謂之大業律。」唐志十八卷。

晉令四十卷

唐六典曰：「晉命賈充等撰令四十篇，一户，二學，三貢士，四官品，五吏員，六俸廩，七服制，八祠，九户調，十佃，十一復除，十二關市，十三捕亡，十四獄官，十五鞭杖，十六醫藥疾病，十七喪葬，十八雜上，十九雜中，二十雜下，二十一門下散騎中書，二十二尚書，二十三三臺祕書，二十四王公侯，二十五軍吏員，二十六選吏，二十七選將，二十八選雜士，二十九官衛，三十贖〔九〕，三十一軍戰，三十二軍水戰，三十三至三十八皆軍法，三十九、四十皆雜法。」愚按：南齊書輿服志云：「晉服制令，冠十三品。」通典禮門云：「晉喪葬令：『長吏卒官，吏皆以喪服理事，若代者至，皆除之。』」唐六典云：「晉官品令，游擊將軍四品。」初學記、北堂書鈔引晉官品令，御覽引晉服制令。此晉令分篇之可見者，餘所引多統稱晉令。御覽又引有祠令，或即八祠分篇。　唐志卷同。

梁令三十卷録一卷。

唐六典曰：「梁初，命蔡法度撰梁令三十篇，一户，二學，三貢士贈官，四官品，五吏員，六服制，七祠，八户調，九公田，十醫藥疾病，十一復除，十二關市，十三劫賊水火，十四捕亡，十五獄官，十六鞭杖，十七喪葬，十八雜上，十九雜中，二十雜下，二十一宫衛，二十二門下散騎中書，二十三尚書，二十四三臺祕書，二十五王公侯，二十六選吏，二十七選將，二十八選雜士，二十九軍吏，三十軍賞。」梁書武帝紀天監二年，蔡法度上梁令三十卷。唐志卷同。〔王氏〕武帝紀天監二年夏四月癸卯，尚書删定郎蔡法度上梁令三十卷。唐六典雜號將軍、寧遠將軍，並引梁官品令。

梁科三十卷

梁書武帝紀：「天監二年，蔡法度上梁科四十卷。」南史同。唐六典曰：「梁易故事爲梁科三十卷。」唐志二卷。

北齊令五十卷

唐六典曰：「北齊趙郡王叡等撰令五十卷，取尚書二十八曹爲其篇。」唐志八卷。

北齊權令二卷

通典曰：「北齊河清中，有司奏上齊律，其不可爲定法者别爲權令二卷，與之並行。」

陳令三十卷范泉撰。

唐志同。

陳科三十卷范泉撰。

通典曰：「陳武帝令徐陵等制科三十卷。」唐志卷同。

隋開皇令三十卷目一卷。

唐六典曰：「隋開皇，命高熲等撰令三十卷，一官品上，二官品下，三諸省臺職員，四諸寺職員，五諸衛職員，六東宮職員，七行臺諸監職員，八諸州郡縣鎮戍職員，九命婦品員，十祠，十一户，十二學，十三選舉，十四封爵俸廩，十五考課，十六宮衛軍防，十七衣服，十八鹵簿上，十九鹵簿下，二十儀制，二十一公式上，二十二公式下，二十三田，二十四賦役，二十五倉庫廄牧，二十六關市，二十七假寧，二十八獄官，二十九喪葬，三十雜。」太平御覽車部引鹵簿令。唐志：「牛弘等隋開皇令三十卷。」舊唐志作「裴正等」〔一〇〕。

漢建武律令故事二卷梁有，隋亡。

唐六典曰：「編録當時制敕，永爲法則，以爲故事。漢建武有律令故事，上中下三篇，皆刑法制度也。」唐志三卷。

晉故事三十卷賈充等撰。不著録。

唐六典曰：「晉賈充等撰律、令，兼删定當時制、誥之條，爲故事三十卷，通典卷同。與律、令並行。」

集定張杜律注二十卷齊孔稚圭等撰。不著録。

南齊書孔稚圭傳：「江左相承用晉世張杜律二十卷，世祖留心法令，詔獄官詳正舊注。先是七年，删定郎王植撰定律章表奏之，曰：『臣尋晉律，文簡辭約，旨通大綱，事之所質，取斷難釋。張斐、杜預同注一章，而生殺永殊〔一〕。自晉泰始以來，惟斟酌參用，是則吏挾威福之勢，民懷不對之怨。陛下發德音，删正刑律，敕臣集定張、杜二注。謹削其煩害，録其允衷。取張注七百三十一條，杜注七百九十一條。或二家兩釋，於義乃備者，又取一百七條。其注相同者，取一百三條。集爲一書，凡一千五百三十二條，爲二十卷。請付外詳校。』至九年，稚圭上表曰：『臣與公卿八座共删注律，司徒臣子良，創立條緒。臣宋躬、臣王植等，抄撰同異。其中洪疑大議，聖照玄覽，斷自天筆，就成律文二十卷，録序一卷。』」

漢朝議駮三十卷應劭撰。

後漢書應劭傳：「初，安帝時河間人尹次、潁川人史玉皆坐殺人當死，次兄初及玉母軍並詣官曹求代其命，因縊而物故。尚書陳忠以罪疑從輕，議活次、玉。劭後追駮之，據正典刑，有可存者。劭凡爲駮議三十篇，皆此類也。」文心雕龍議對篇曰：「漢世善駮，則應劭爲首。」唐志卷同。又故事類有劭漢朝駮無「議」字。三十卷，自是重出。

律略論五卷應劭撰，梁有，隋亡。

唐志作「劉劭」。太平御覽刑法部引劉劭律略。

晉雜議十卷

唐志入故事類。

晉彈事十卷

唐志九卷。

南臺奏事二十二卷

唐志重出，刑法類二十二卷，故事類九卷。玉海曰：「順帝永建元年初，令尚書、三公入奏事。」通志校讎略曰：「按漢朝駮議、諸王奏事、魏臣奏事、魏臺訪議、南臺奏事之類，隋人編入刑法者，以隋人見其書也。若不見其書，即其名以求之，安得有刑法意乎？唐志見其名爲奏事，直以爲故事也，編入故事類。是之謂見名不見書。」愚按唐志，諸王奏事、魏臣奏事、魏臺訪議入故事類，漢朝駁議、南臺奏事則兩類重出。又諸王奏事非隋志所載。

漢名臣奏事三十卷

唐志二十九卷，又有陳壽漢名臣奏事三十卷。史記惠景侯者年表集解引杜業奏；漢書揚雄傳注張衡奏；初學記天部蔡邕奏，政禮部唐林奏，服食部大司空朱游奏；藝文類聚祥瑞部丞相薛宣對；北堂書鈔設官部張禹奏、翟方進奏；後漢書張衡傳注蔡邕言渾天，蔡邕傳注張文上疏；文選晉紀總論注陳風對問；太平御覽皇親部杜業奏，職官部丞相薛宣奏，又曹褒上書，又張禹奏，禮儀部黃瓊上言，百穀部丞相薛宣奏，資産部太尉屬應劭、司農屬孫嵩、司空掾孔伷等議〔一二〕，唐武后臣軌上引，並稱漢名臣奏。隋志總集類重出。玉海引中興書目言孔光奏一卷，唐林奏一卷。今孔光奏未見。

魏王奏事十卷〔一三〕

文選古詩十九首注：「出不由里門面大道者，名曰『第』。」太平御覽居處部云：「侯食邑不滿萬户，不得作第，其舍在里中不稱宅。」並引魏王奏事。史記韓信盧綰傳集解：「魏武帝奏事云：『今邊有小警，輒露檄插羽，飛羽檄之意也。』」漢書高帝紀注，後漢書光武紀、西羌傳注，文選關中詩注並引之。

漢諸王奏事十卷不著録。

見唐志故事類。

魏武制度卷亡，不著録。

太平御覽居處部：「魏武制度奏曰：『三公、列侯，門施外内塾，方三十畝。』」

魏名臣奏事四十卷目一卷，陳壽撰。

唐志入故事類，三十卷，脱陳壽名。魏志明紀注引散騎常侍何曾表，三少帝紀注太尉華歆表，公孫度傳注中領軍夏侯獻表，張魯傳注董昭表，王朗傳注朗節省奏，蘇則傳注文帝令問雍州刺史張既並既答，崔林傳注安定太守孟達薦王雄表，又侍中辛毗奏，高柔傳注柔上殺鹿疏，徐邈傳注黄門侍郎杜恕表，毌丘儉傳注雍州刺史張既表；初學記歲時部大司農董遇議；藝文類聚禮部蔣濟奏，樂部王朗表；北堂書鈔儀飾部中書監劉放奏；太平御覽時序部太尉司馬懿奏，地部執金吾龐延奏，職官部黄門杜恕奏，禮儀部秦静議、高堂隆議，服用部高堂隆奏，獸部郎中黄觀上疏，並引魏名臣奏。隋志總集類又有陳長壽魏名臣奏三十卷，當是重出，「長」字誤增。

〔王氏〕魏志文帝紀注：「魏郊祀奏中，尚書盧毓議祀厲殃事。」據此，魏名臣奏或分類於郊祀即其一也。

魏臺雜訪議三卷高堂隆撰。

唐志儀注、故事兩類重出。宋書禮志曰：「前後但見讀春夏秋冬四時令，至於服黃之時，獨闕不讀，不解其故。」文選謝惠連擣衣詩注：「玉簪，以玉爲笄也。」後漢書牟長傳注：「物故之義，高堂隆答曰：『物，無也。故，事也。』」史記匈奴傳索隱同。藝文類聚歲時部：「王肅對，用未社丑臘義。」初學記歲時部：「高堂隆對，用未祖丑臘義。」御覽時序部同。服食部：「弁柢，有笄無纓。」太平御覽時序部：「華歆常以臈日宴子弟，王朗慕之，其法由來漸矣。」並引魏臺訪議。

〔王氏〕蜀志劉焉附傳注：「魏臺訪『物故』之義，高堂隆答曰：『聞之先師：物，無也；故，事也。言無復所能於事也。』」

魏廷尉決事十卷

唐志二十卷，又故事類重出。北堂書鈔酒食部：「張柱私賣胡餅。」御覽飲食部亦引之。太平御覽文部：「廷尉上廣平趙禮冒名渡津，議一歲半刑。」刑法部：「河內太守上民張大有狂病發，殺母弟，應梟首，遇赦不除，梟首如故。」器物部：「廷尉上民傳晦詣民籍牛場上盜黍，爲牛所覺，斧擲斫晦脚。物故。監議：『晦既夜盜，牛本無殺意，宜減死一等。』」並引廷尉決事。

晉駮事四卷

唐志同。

廷尉駮事十一卷不著録。

見唐志。

後魏職令卷亡，不著録。

太平御覽職官部：「光禄少卿，第四品，用肅勤明敏、兼識古典者。宗正少卿，第四品，用懿清沖和、識參教典者。廷尉少卿，第四品，用思理平斷、明刑識法者。鴻臚少卿，第四品，用雅學詳明、當樞達理者。司徒少卿，第三品，用勤有能幹者。太府少卿，第四品，用勤篤有幹、細務無滯者。」並引後魏職令。

【校勘記】

〔一〕「法例」，原作「法律」，據通典卷一六三刑法門改。

〔二〕「辨」，原作「辦」，據通典一六三刑法門改。

〔三〕「分」，原作「爲」，「賕」，原作「贓」，均據通典卷一六三刑法門改。

〔四〕「二十篇」，原作「一十篇」，據唐六典卷六刑部改。

〔五〕「怖」，原作「悼」，據太平御覽卷六三九刑法部所引律序改。

〔六〕「靈星」，原作「炅星」，據太平御覽卷二五時序部所引祠令改。

〔七〕「辟惡車」，原作「辟惡」，據太平御覽卷七七五車部所引鹵簿令補。

〔八〕「李渾」，原作「王渾」，據北齊書卷二九李渾傳改。

〔九〕「贖」，原衍作「十贖」，據唐六典卷六刑部典删改。

〔一〇〕「裴正」，原作「斐正」，據舊唐書卷四六經籍志改。

〔一一〕「殊」，原作「除」，據南齊書卷四八孔稚珪傳改。

〔一二〕「孔伷」，原作「孔曲」，據太平御覽卷八二七資産部所引漢名臣奏改。

〔一三〕「魏王」，原作「魏主」，據隋書卷三三經籍志改。

隋經籍志考證卷十三

雜傳

三輔決録七卷漢太僕趙岐撰，摯虞注。

後漢書趙岐傳：「岐著三輔決録傳於時。」章懷注引決録序曰：「三輔者，本雍州之地，世世徙公卿吏二千石及高貲者，以陪諸陵。五方之俗雜會，非一國之風，不但繫於詩秦、豳也。其爲士好高尚義，貴於名行。其俗失則趨勢進權，唯利是視。余以不才，生於西土，耳聞故老之言，目見衣冠之疇，心識其賢愚。嘗以玄冬，夢黄髮之士，姓玄名明，字子真，與余寤言，言必有中，善否之間，無所依違，命操筆者書之。近從建武以來暨於斯，其人既亡，行乃可書，玉石朱紫，由此定矣，故謂之決録矣。」晉書摯虞傳：「虞注解三輔決録。」史通書志篇曰：「譜牒之作，盛於中古。漢有趙岐三輔決録，晉有摯虞族姓記，江左有兩王百家譜，中原有方司殿格，蓋氏族之事，盡在是矣。」補注篇曰：「若摯虞之三輔決録，陳壽之季漢輔臣，周處之陽羨風土，常璩之華陽士女，文言美詞列於章句，委曲叙事存於細書。」愚按：岐撰決録，據其自序並昔人徵引逸篇，其書不類譜牒。至摯虞之注與陳壽等三書，亦不相侔，史通所考未精也。文選王文憲集序注引決録曰：「長安劉氏，惟有孟公，談者取則。」後漢書蘇竟傳注引摯虞注曰：「惟有孟公論可觀者。班叔皮與郭季通書言：『劉孟公藏器於身，用心篤固，實瑚璉之器，宗廟之寶也。』」曹世叔妻傳注引決録曰：「齊相子穀，頗隨時俗。」摯虞注曰：「曹成，壽之子也。司徒掾察孝廉，爲長，母爲太后師，徵拜中散大夫。子穀，即成之子也。」此岐録與虞注，大抵簡者爲録，詳者爲注。又岐録多取韻語，如顔氏家訓勸學篇所引「堂堂乎張，京兆田郎」，及書證篇「前隊大夫范仲公，鹽豉蒜果共一筩」，後漢書隗囂傳注「平陵之王，惠孟鏘鏘，激昂囂、述，困於東平」，北堂書鈔藝文部「五經紛綸井大春」，太平御覽人事部「道德彬彬馮仲文」，此即史通所謂文言美句也。但諸書徵引録與注不盡分晰，惟初學記獸部引：「五門子孫，凡民之伍。注曰：「門今在河南四十里，馬氏兄弟五人，共居此，作客舍，主養豬賣豚。」民爲語曰：『苑中三公，鉅下二卿。五門嚄嚄，但聞豚聲。』」此於虞注別作細書，最爲分明。御覽資産部、人事部並引之，而俱作大字，又不增「注曰」二字，即易混讀。但初學記以「民爲語曰」五句，並入細書，亦恐有誤。至如文選蕭揚州薦士表注引竇攸知鼴鼠事，與竇氏家傳同。太平廣記神部引何比干天賜策事，與何氏家傳同。舊唐志七卷，新唐志十卷。

海内先賢傳四卷魏明帝時撰。

舊唐志四卷，新唐志五卷。世説德行篇注：「潁川先輩爲海内所師者，定陵陳穉叔、潁川荀淑、長社鍾皓。」北堂書鈔政術部：「陳寔爲海内高名〔一〕，在位之臣，歸以公相位。」並引海内先賢傳，其書所紀多東漢先賢。太平御覽職官部引董卓議廢帝，盧植正色不順事。稱魏明帝先賢傳，省「海内」二字。

〔王氏〕「蟠在家側致甘露、白雉，以孝稱。」後漢書申屠蟠傳注。

海内士品一卷

無撰名。唐志：魏文帝，三卷。藝文類聚服飾部、北堂書鈔儀飾部、太平御覽服用部並引海内士品曰：「徐孺子，嘗事江夏黄公，卒，孺子往會葬。無行資，賫磨鏡具，賃磨取資，然後得達，祭畢而還。」

四海耆舊傳一卷

新唐志著題韋氏，舊唐志作李氏。群輔録注公沙孚事，引北海耆舊傳。「北」字疑誤。

海内先賢行狀三卷

唐志著題李氏。世説德行篇注引荀淑、鍾皓、陳紀三事，稱先賢行狀。他書所引亦多省「海内」二字，惟太平御覽人事部引王烈、戴良、徐孺子、仇覽四事，稱海内先賢行狀。職官部引故宗正南陽劉奉先爲督郵事，稱漢魏先賢行狀。

徐州先賢傳一卷

金樓子説蕃篇曰：「劉義慶爲荆州刺史，在州八年，撰徐州先賢傳，奏上之。」新唐志：「王義度徐州先賢傳九卷，又一卷。」愚按：唐志「王義度」，乃「臨川王劉義慶」誤删「臨川劉」三字，又訛「慶」作「度」。隋志、舊唐志並脱落撰名。初學記地部：「范蠡扁舟浮五湖。」文選謝靈運廬陵王墓詩注云：「楚老者，彭城之隱人也。」並引徐州先賢傳。

徐州先賢傳贊九卷劉義慶撰。

唐志八卷。太平御覽人事部：「徐盛，瑯琊莒人也，客居吴。以敦直勇氣聞，孫權每選出戰者，盛常在前。」此引劉義慶徐州先賢贊。

〔王氏〕宋書臨川王道規附傳：「義慶撰徐州先賢傳十卷，奏上之。」

兖州先賢傳一卷

舊唐志有仲長統兖州山陽先賢讚一卷，新唐志作山陽先賢傳，無「兖州」二字。據元和姓纂稱晉太宰參軍長仲穀著山陽先賢傳。則唐志「仲長統」誤。

海岱志二十卷齊前將軍記室崔慰祖撰。

南齊書文學傳：「崔慰祖著海岱志，起太公迄西晉人物，爲四十卷，半未成。臨卒，與從弟緯書云：『常欲更注遷、固二史，採史、漢所泥南史作「漏」。二百餘事，在厨簏，可檢寫之，以存大意。海岱志良未周悉，可寫數本，付護軍諸從事人一通，及友人任昉、徐寅、劉洋、裴揆。』」句下南史有「令後世知吾微有素業也」句。唐志十卷。

交州先賢傳三卷晉范瑗撰。

唐志四卷。

益部耆舊傳十四卷陳長壽撰。

晉書陳壽傳：「壽撰益部耆舊傳十篇。」唐志亦作「陳壽」。隋志誤作「長壽」。常璩西州後賢志曰〔二〕：「益部自建武後，蜀郡鄭伯邑、大尉趙彦信及漢中陳申伯、祝元靈、廣漢王文表，皆以博學洽聞，作巴蜀耆舊傳。陳壽以爲不足經遠，乃並巴漢撰爲益部耆舊傳十篇。散騎常侍文立表呈其傳，武帝善之。」又序志後語曰：「陳君承祚，别爲耆舊，始漢及魏，焕乎可觀。」漢中士女志曰：「有陳術，字申伯，作耆舊傳。」陳壽，蜀志李譔傳亦云：「陳術，字申伯，博學多聞，著益部耆舊傳及志。」梓潼士女志曰：「依漢書、國志，陳君所載凡士女二百四十八人。」愚案：裴松之、顔師古注史，皆引陳壽益部耆舊傳，他書所引，多不著名。無引陳術者。其書所載列女，水經江水注「僰道張真妻黄氏女」，初學記服食部「揚子拒妻劉懿公女」，太平御覽地部「犍爲苻和氏女，名光雄」，人事部蜀郡史賢妻張昭儀、廣漢德陽王上妻袁氏女、犍爲王鳳珪妻陳氏女、犍爲南安周縉紀妻曹氏女、廣漢新都使敬妻王氏女、蜀郡廣都公乘士會妻張氏女、廣漢廖伯妻殷氏女及閬中三貞，共引十二事，餘所載多漢魏耆舊，不能具録。

益州耆舊傳雜記二卷不著録。

見新唐志，無撰人名。蜀志劉焉傳注、先主傳注、楊洪傳注、楊戲傳注，並引益州耆舊雜記。初學記人部「張松，爲人短小，而放蕩不理節操」二語，稱益部雜記，省「耆舊」二字。

〔王氏〕案：蜀志姜維傳注引孫盛雜記，未識即此書否，俟考。

續益部耆舊傳二卷

梓潼士女志：「常寬續陳壽耆舊，作梁益篇。」

諸國清賢傳一卷

唐志「清」作「先」。

魯國先賢傳二卷晉大司農白褒撰。

通志氏族略曰「晉有白褒」。兩唐志十四卷。舊唐志雜傳類總目稱「褒先賢耆舊三十九家」，乃因白褒而誤割裂爲書名也。藝文類聚職官部：「申公爲詩，號魯詩。」雜文部：「孔翊爲洛陽令，得屬託書，皆投水中。」初學記人事部：「魯有恭士，名氾行，年七十，其恭益甚。」北堂書鈔帝王部：「帝思舊恩同席書，封陽都侯。」設官部：「孔仲淵爲司空，以地震免。」太平御覽封建部：「桓帝詔曰：『鮑吉與朕有龍潛之舊，其封西鄉侯。』」職官部：「二世問諸臣盜賊，賜叔孫通衣帛，拜爲博士。」兵部：「黄伯仁龍馬頌。」人事部：「東門奐貪濁，謡曰：『東門奐，取吴半。』」珍寶部：「叔孫通爲奉常，賜金五百斤。」並引魯國先賢傳。「傳」或作「志」。太平寰宇記河南道「鹿門有兩井」，引白裒魯記。

楚國先賢傳贊十二卷晉張方撰。

新唐志無「贊」字，舊唐志作「先賢志」，題楊方撰。愚按：文選應璩百一詩注引「應休璉作百篇詩，譏切時事」，藝文類聚禮部引「先王日祭、月享、時類、歲祀」語，並稱張方楚國先賢傳，「楚國」，類聚作「魯國」，乃刊誤。無稱楊方者。世説德行篇注：「百里奚，字井伯，楚人，仕虞。晉欲假道，奚諫不聽，乃去。」初學記居處部：「熊宜僚，隱居市南，不屈於時。」太平御覽鱗介部：「宋玉對楚王曰：『神龍朝發崑崙之墟，暮宿於孟諸。』」據此所記，乃上及春秋戰國。裴松之、章懷注史所引，則皆漢、魏、晉時事。

汝南先賢傳五卷魏周斐撰。

唐志同。史通外篇注作汝南先賢行狀。世説注諸書所引皆稱「傳」，惟太平御覽人事部引胡定在喪，雪覆其屋事，作「行狀」。

〔王氏〕後漢書周舉傳：「舉稍遷并州刺史」至「使還温食」，章懷太子注云：「其事見桓譚新論及汝南先賢傳。」

陳留耆舊傳二卷漢議郎圈稱撰。

唐志圈稱陳留風俗傳三卷，地理類又見。無「耆舊」之目。隋志則地理類作風俗傳，此作耆舊傳。據元和姓纂祇言圈稱著風俗傳，然風俗宜入地理。唐志雜傳類係重出，隋志「耆舊」名疑有誤。史通雜述篇曰：「若圈稱陳留耆舊、周斐汝南先賢、陳壽益部耆舊、虞預會稽典録，此之謂郡書者也。」四語配詞，則「陳留風俗」乃不與「益部耆舊」犯複。

陳留耆舊傳一卷魏散騎侍郎蘇林撰。

唐志三卷。魏志高柔傳注引高靖高祖父固、固子慎、慎子式事。後漢書吴祐傳注：「太守泠宏舉祐孝廉。」又：「祐處同僚無私書之問，上司無牋檄之敬。」初學記居處部：「范丹學通三經，嘗自賃灌園。」並引陳留耆舊傳，不著蘇林名。惟太平御覽職官部引「仇香年四十，召爲縣主簿」，稱蘇林廣舊傳，「廣舊」，當是「耆舊」之訛。而不著陳留地名。

陳留先賢像贊一卷陳英宗撰。

唐志作先賢傳像讚。

陳留志十五卷東晉剡令江敞撰。

舊唐志作江微，新唐志作陳留人物志。續漢郡國志注所引皆記地理，世説賞譽篇注清河太守阮武，賢媛篇注衛尉卿阮共，水經渠注開封令阮簡，文選求立太宰碑注齊國内史阮略，史記留侯世家商山四皓，並引陳留志，多記人物。初學記人部引雍丘婁望、平丘李銓事，皆著江微名。太平御覽人事部同引之。

濟北先賢傳一卷

唐志同。後漢書吴祐傳注：〔王氏〕增「宏字元襄。至」。「戴宏爲郡督郵，府君異其對，教署主簿。」此引濟北先賢傳。群輔録曰：「盧范昭、戴祈剛、徐晏、盧夏隱、劉夏隱，右濟北五龍，見濟北英賢傳。」

盧江七賢傳二卷

唐志一卷。藝文類聚寶玉部：「陳翼爲魯陽尉，號『魯陽金尉』。」獸部：「陳衆辟州從事，號『白馬從事』」。太平御覽兵部：「陳翼對漢武鄉名不覽，佩刀生毛。」學部：「文黨投斧高木，至長安受經。」並引盧江七賢傳，「七賢」二字未詳。

東萊耆舊傳一卷王基撰。

唐志同。

襄陽耆舊記五卷習鑿齒撰。

唐志作耆舊傳，宋志作記。郡齋讀書後志曰：「記五卷，前載襄漢人物，中載山川城邑，後載牧守。觀其記録，叢雜非傳體也，名當從隋志。」愚案：續漢郡國志注：「蔡陽有松子亭，下有神陂。」引襄陽耆舊傳。文選南都賦注同引之，則稱耆舊記。劉昭生處梁代，其所見在隋志前，則知稱「傳」之名其來已久。三國志注多省文，稱襄陽記，水經注、後漢書注亦同省文。其載董恢教費禕對孫權語：「臣松之案：漢晉春秋所載，不云董恢所教，辭亦小異。二書俱出習氏，而不同若此。」

〔王氏〕「戎號周成王，義稱臨江王。」岑彭傳注。

會稽先賢傳七卷謝承撰。

初學記人事部：陳業送郡守蕭府君喪，揚波出戶，「業兄渡海傾命，骨爛不辨，業割血洒骨。」設官部：「沈勳拜尚書令，名冠百僚。」太平御覽職官部：「茅開爲督郵，平決厭衆心。」人事部：「闞澤，夢見名字炳照在月中。」又：「淳于長通，年十七，鄉黨號曰聖童。」服用部：「董昆爲大農帑丞〔三〕，坐無完席。」並引會稽先賢傳。唐志卷同。

會稽先賢像讚五卷

舊唐志入集部，作先賢讚四卷；新唐志雜傳記類，作先賢傳像讚四卷，並題賀氏撰。北堂書鈔設官部三引會稽先賢讚，皆言董昆清貧守約，署上計吏一事。

會稽後賢傳記二卷鍾離岫撰。

元和郡縣志：「鍾離岫撰會稽後賢傳。」無「記」字，唐志同。通志氏族略曰：「鍾離岫，楚人。」世說方正篇注：「孔群有智局，仕至御史中丞。」品藻篇注：「丁潭與孔愉齊名，仕至光禄大夫。」初學記職官部：「孔坦遷廷尉卿，躬執辭狀，小大以情。」藝文類聚鱗介部：「孔愉封餘不亭侯，鑄印龜首迴屈。」太平御覽人事部：「吴求謝貞女充後宫，女炙面，服醇醨，取黄瘦，得免。」服用部：「丁潭以光禄大夫還第，詔賜床帳席褥。」並引會稽後賢傳。

廣州先賢傳七卷陸胤撰。不著録。

見舊唐志，胤名新唐志作胤志。初學記人事部引羅威事母至孝，異果珍味隨時進前事，稱陸徹廣州先賢傳，「徹」與「胤」字以相似易訛。「胤」避廟諱作「允」，原字與「徹」近似。太平御覽人事部引「太守終寵下車，尹牙以德進幹任喉舌」，又徐徵爲人短小、果敢二事，稱陸胤廣州先賢傳，他所引多不著名。

廣州先賢傳七卷劉芳撰。不著録。

見新唐志。

青州先賢傳卷亡，不著録。

後漢書史弼傳注：「陶丘洪，〔王氏〕增「字子林，清達博辯」。文冠當代，舉孝廉，不行，辟太尉府。」〔王氏〕增「年三十卒」。藝文類聚人部：「陳仲舉昂昂如千里驥，周孟玉瀏瀏如松下風。」並引青州先賢傳。

會稽典録二十四卷虞預撰。

晉書虞預傳：「預著會稽典録二十篇。」史通採撰篇曰：「郡國之記，譜牒之書，務欲矜其州里，誇其士族，如江東五儁，始自會稽典録；潁川八龍，出於荀氏家傳。苟不别加研覆，何以詳其是非？」雜述篇曰：「若圈稱陳留耆舊、周斐汝南先賢、陳壽益部耆舊、虞預會稽典録，此之謂郡書者也。」愚按：吴志虞翻傳注引山陰朱育對太守濮陽興述，初平末年王府君問士於虞仲翔，仲翔具答其言，會稽人士最詳。至江東五儁，逸篇中未見徵引。

吴先賢傳四卷吴左丞相陸凱撰。

新唐志：「陸凱吴國先賢傳五卷。」

吴國先賢讚三卷不著録。

見舊唐志，新志作「像讚」，俱無撰名。

吴都錢塘先賢傳五卷梁吴均撰。不著録。

見唐志。梁書吴均傳：「均著錢塘先賢傳五卷。」

南海先賢傳卷亡，不著録。

北堂書鈔政術部：「劉盛作令，布被菜食，州郡表列，授九真太守。」設官部：「董政，字伯和，南海人。有令姿，舉孝廉。」並引南海先賢傳。

武昌先賢志三卷郭緣生撰。

兩唐志皆作「先賢傳」。太平御覽人事部：「郭緣生武昌先賢傳曰：『郭翻，字長翔。爲人非己耕不食，非妻織不衣。』」

武陵先賢傳卷亡，不著録。

水經延江水注：「潘京爲郡主簿，答太守趙偉：續漢郡國志注作「趙厥」。『郡本名義陵，光武時改名武陵焉。』」北堂書鈔設官部：「王坦爲中庶子，有鸑來翔，坦被令爲賦。」藝文類聚歲時部：「潘京爲州辟，進謁，舉板答曰：『今爲忠臣，不得復爲孝子。』」並引武陵先賢傳。

東陽朝堂像讚一卷晉南平太守留叔先撰。

唐志作畫讚。

豫章烈士傳二卷徐整撰。

初學記人事部：「舒令施陽，爲人沈重謐静，清白絶俗。」北堂書鈔政術部：「孔恂爲别駕從事，言車屏星不可去。」通典職官門注同。「羊茂爲功曹，病，被不覆軀。」設官部：「周騰爲侍御史，桓帝當郊，騰曰：『中宿及策馬星悉不動，上明不出。』」太平御覽資産部：「施陽經江夏，遇賊劫陽物。賊聞知陽，悉還其物。」並引豫章烈士傳。

豫章舊志三卷晉會稽太守熊默撰。

唐志有徐整撰八卷，無熊默。續漢郡國志注引新吴、上蔡、永修縣，江淮南昌縣，建城縣葛鄉，昌邑城慨口四事。又匡俗事，以世説規箴篇注、水經廬江注所引爲詳。後漢書馮衍傳注：「周生豐爲豫章太守，清約儉惠。」藝文類聚祥瑞部：「太守孔竺臨郡三月，白雀出南昌〔四〕。」夏侯嵩臨郡六年，白雀見女羅。」鳥部：「太守李儀臨郡二年，白鳥見南昌。」並引豫章舊志。王象之輿地碑記目，一卷。

豫章耆舊傳卷亡，不著録。

北堂書鈔歲時部：「龍碩，字顯先。大皇幸尋陽，遊獵諸郡，碩作章陳理，候駕於道〔五〕，叩頭流血成冰。」引豫章耆舊志。太平御覽天部：「太守陳蕃臨郡二年，甘露降。」引豫章耆舊傳。案：書鈔作「志」，疑係豫章舊志誤增「耆」字。御覽雖稱傳，然陳蕃事正與孔竺、夏侯嵩事相類，恐係一書。

零陵先賢傳一卷

唐志同。三國志注所引零陵先賢傳，皆記劉、曹時事。藝文類聚祥瑞部引周不疑作白雀頌，亦係魏人。惟水經湘水注「鄭産爲白土嗇夫，上言除民口錢」事，乃漢末先賢。

長沙舊傳讚三卷晉臨川王郎中劉彧撰。

水經洛水注：「祝良爲洛陽令，祈雨感應。」北堂書鈔禮儀部、太平御覽天部同。「桓楷爲趙郡太守，路有遺囊，行人莫取。」初學記天部、藝文類聚天部「文虔補户曹掾，零雨廢民業，虔在社齋戒，夢見白頭翁」事，並引長沙耆舊傳。隋志脱去「耆」字。新唐志四卷，舊唐志三卷，並訛作舊邦傳讚。「劉彧」，舊唐志作「劉成」。

會稽太守像讚二卷賀氏撰。不著録。

見兩唐志，舊志入集部。

荆州先賢傳三卷高範撰。不著録。

北堂書鈔政術部：「周瑜以龐統有重名，召爲功曹。」又：「吕乂爲尚書令，節儉自守。」又：「費禕使吴，應機輒對。」太平御覽地部：「羅獻守巴東，對吴人曰：『城中土一撮不可得。』」並作荆州先德傳。書鈔政術部：「董正舉孝廉，負笈單步上還舉板。」藝文部：「龐士元師事司馬德操，與共談，移日忘飧。」樂部：「羅獻守巴東，賦詩使人歌，以慰城中人。」藝文類聚儀飾部：「羅獻以泰始三年假節，增鼓吹棨戟。」御覽人事部：「馬氏五常，白眉最良。」俱並引荆州先賢傳。

廣陵烈士傳一卷華隔撰。不著録。

見唐志。北堂書鈔設官部：「劉儁爲郡主簿，郡將爲賊所得，儁乞代之。」御覽職官部同。太平御覽人事部：「劉瑜舉方正，人呼爲『長鬚方正』。」又：「吴武篤學好古，師事陳仲弓。」並引廣陵烈士傳。

蜀文翁學堂像題記二卷

元和郡縣志劍南道：「成都文翁學堂，李膺記曰：『堂構制雖古而巧異特奇，壁上悉圖古之聖賢，梁上則刻文宣及七十弟子。齊永明，劉瑱更圖焉。朱齡石平譙縱，勒宋武檄文於石壁之上。代王更以丹青增飾古畫，仍加豆盧辨、蘇綽之像。』」藝文類聚禮部、太平御覽禮儀部：「任豫益州記曰：『文翁學堂在大城南，昔經火災，蜀郡太守高勝脩復繕立，皆圖畫聖賢古人之像。』」王象之輿地碑記目曰：「漢文翁學生題名，可見者凡一百十二人，碑在益州。」唐志：「益州文翁學堂圖一卷。」歐陽修集古録跋：「文翁學生題名，凡一百有八人，文學、祭酒、典學、從事各一人，司儀、主事各二人，左生七十三人，右生三十人。」董逌廣川書跋周公禮殿記跋曰：「文翁講堂石室，左温故，右時習。」又曰：「太守陳留高眹原注：隸釋作「眹」。修立，增二石室。昔人疑『眹』非臣下制名可稱，流俗謂爲高勝。余嘗至其處，求字畫得之，實爲『眹』字。」

漢末名士録卷亡，不著録。

魏志袁紹傳注：「胡母班八人，世謂之『八厨』。」後漢書袁紹傳注同。劉表傳注：「表與汝南陳翔等爲『八友』。」荀攸傳注：「袁術數何顒三罪。」並引漢末名士録。

逸人高士傳八卷習鑿齒撰。不著録。

見唐志。太平御覽禮儀部：「習鑿齒逸民高士傳曰：『董威輦不知何許人，忽見於洛陽白社中。』」

江表傳二卷虞溥撰。不著録。

見唐志，又雜史類重出五卷。晉書虞溥傳：「溥撰江表傳，子勃上於元帝，詔藏於秘書。」魏志三少帝紀注云：「鄱陽内史虞溥著江表傳，粗有條貫。」邵博聞見後録曰：「予官長安時，或云鄠杜民家有江表傳，因爲外臺言之，亟委官以取，民驚懼，焚之，世今無此書矣。」愚按：此書逸篇裴松之徵引最多，皆述魏、蜀、吴事，而吴事尤詳。

聖賢高士傳贊三卷嵇康撰，周續之注。

晉書嵇康傳：「康撰上古以來高士，爲之傳贊，欲友其人於千載也。」宋書周續之傳：「續之常以嵇康高士傳得出處之美，因爲之注。」南史同。唐志作上古以來聖賢高士傳。

〔王氏〕魏志王粲傳注引康傳：「撰録上古以來聖賢、隱逸、遁心、遺名者，集爲傳贊，自混沌至於管寧，凡百一十有九人，蓋求之於宇宙之内，而發之乎千載之外者矣。故世人莫得而名焉。」

〔又〕「安丘望之」至「爲巫醫於人間」。後漢書耿弇傳注。

高士傳六卷皇甫謐撰。

今存本三卷。

逸士傳一卷皇甫謐撰。

晉書皇甫謐傳：「謐撰逸士傳。」魏志武紀注引汝南王儁事。荀彧傳注：「許子將言『慈明外朗，叔慈内潤。』」世説品藻篇注尤詳。文選反招隱詩注、演連珠注、七啓注、陶徵士誄注、郭有道碑文注，並引逸士傳巢父一事。世説排調篇注同。唐志卷同。

桂陽先賢畫讚一卷吴左中郎張勝撰。

唐志五卷。水經汝水注：「張熹爲平輿令，天旱禱雩感舊。」北堂書鈔酒食部：「程曾七歲母亡，鄰人哺之，知有肉，吐不食。」藝文類聚百穀部：「成武丁爲郡主簿，能達鳥鳴。」太平御覽兵部：「成武丁疾終，其友從臨武縣來，道與相逢。」人事部：「朱陽羅陵，果而好義。」藥部：「蘇耽，種藥後園梅樹下，可治百病。」並引桂陽先賢傳。蘇耽種藥事，類聚作先賢記。張熹禱雩事，書鈔作先賢傳。朱陽羅陵事，御覽再見，作「傳」。

逸民傳七卷張顯撰。

水經潁水注：「卞隨，投洞水而死。」太平御覽逸民部：「曹子臧，以國致成公爲君。周黨徵議郎，以病辭。」並引張顯逸民傳。唐志作逸人三卷。

逸人傳卷亡，孫盛撰。不著録。

初學記人事部引孫盛逸人傳丁蘭刻木事。御覽人事部同。

高士傳二卷虞槃佐撰。

唐志同。通志校讎略曰：「虞槃佐作孝子傳，又作高士傳。高士與孝子自殊，如何唐志因所作之人，而合爲一？」太平御覽逸民部皇甫士安、朱沖、劉兆、伍朝、郭文舉共五事，伍朝事，原注曰：王隱晉書同。引虞槃佐高士傳。人事部：「宗少文清心簡務，宋高祖聽其高談，曰：『不知體倦，乃覺心明。』」此稱虞敬叔高士傳。文選蕭公行狀注：「何點常躡草屩〔六〕，時乘柴車。」此作虞孝敬高士傳。

至人高士傳讚二卷晉廷尉卿孫綽撰。

水經潁水注稱孫綽之敘高士傳，文選太沖詠史詩注引孫綽嵇中散傳。

續高士傳七卷周弘讓撰。

新唐志八卷。

高隱傳十卷阮孝緒撰。

梁書〔王氏〕增「處士」。阮孝緒傳：「孝緒著高隱傳，上自炎黄，終於天監之末。斟酌分爲三品，凡若干卷。」南史孝緒傳曰：「言行超逸、名氏勿傳爲上篇，始終不耗、姓名可録爲中篇，挂冠人世、栖心塵表爲下篇。」

高士傳卷亡，魏隸撰。不著録。

藝文類聚人部引魏隸高士傳廣成子、黄帝小童、善卷、伯成子高、魯連、閭丘先生、田生、鄭仲虞、韓福、班嗣、尚子平、巢父、許由、壤父、子支伯、披裘公、段干木、莊周十八事。

真隱傳二卷袁淑撰。不著録。

宋書隱逸傳序曰：「陳郡袁淑，集古來無名高士，以爲真隱傳。」藝文類聚人部鶡冠子、鬼谷先生，太平御覽逸民部蘇門先生、鄭長者、南公，六國時野老、獻魚楚人、河上丈人、狐丘先生，「客有候孔子者，孔子曰：『宵兮泛兮，吾不測也。』」共引真隱傳十事。唐志二卷。

高僧傳六卷虞孝敬撰。

唐志入子部道家。

止足傳十卷

唐志有宗躬止足傳，又齊竟陵文宣王子良止足傳，皆十卷。

孝子傳讚三卷王韶之撰。

唐志：「傳十五卷，讚三卷。」藝文類聚鳥部：「李陶母終，群鳥銜塊助成墳。」初學記天部：「竺彌父生時畏雷，每天陰，輒至墓悲哭。」北堂書鈔衣冠部：「竺彌父母亡，冬不衣襦袴。」太平御覽人事部、刑法部：「周青女姑誣青害殺公姑，縣刑青於市，血緣幡竿上天。」並引王韶之孝子傳。「韶」，初學記作「歆」。

孝子傳十卷晉輔國將軍蕭廣濟撰。

世説德行篇注王祥；初學記人事部閔損、鄧展勤、殷惲、杜孝；藝文類聚人部嫣皓，産業部郭原平，獸部蕭固，鳥部蕭芝，鱗介部陳元；太平御覽地部三州人，兵部魏陽，人事部五郡孝子、邢渠、隗通、辛繕、文讓、申屠君遊、宿倉舒、王鷲、伏恭、朱百年、郭世道、何子平、施延，並引蕭廣濟孝子傳。唐志十五卷。

孝子傳十卷宋員外郎鄭緝之撰。

世説德行篇注：「吴隱之遭母喪，每哭，韓康伯母輒輟事流涕。」法苑珠林忠孝篇：「丁蘭妻誤燒木母面，即夢見母痛。鄰人用刀斫木母，流血，蘭造服行喪。」又：「吴逵兄弟嫂從十有三喪，逵晝傭書〔七〕，夜作磚，朞年辦七墓十三棺。」又：「蕭固遭喪六年，雉鵲遊狎，麞鹿入其門牆。」並引鄭緝之孝子傳。唐志作「傳讚」。

孝子傳八卷師覺授撰。

南史孝義傳：「宋師覺授，南陽涅陽人也。以琴書自娱。於路忽見一人持書一函，題曰『至孝師君苫前』，俄而不見。捨車奔家，聞家哭聲，一叫而絶，良久乃蘇。後撰孝子傳八卷。」元和姓纂言覺授入宋書孝義傳，蓋誤以南史爲宋書。初學記人事部：「趙徇，年五六歲時，得甘美物，先以哺父。父歿，思慕不異成人。」藝文類聚人部：「程曾，年七歲喪母，祖母嚼肉食之，覺有味，便吐去。」鳥部：「吳叔和，母歿，負土成墳，有赤烏巢門。」災異部：「魏連，事父至孝，拜昌邑令，大蝗連熟。」太平御覽時序部王祥，兵部仲由子子崔，人事部老萊子、閔損、北宮女嬰兒子，並引師覺授孝子傳。唐志卷同。愚按元和姓纂，覺授一名昺，姓帥，在入聲，質部。據此則「師」乃「帥」字之誤。然諸書皆作「師」。

〔王氏〕宋書宗炳傳：「炳外弟師覺授亦有素業，以琴書自娛。臨川王義慶辟爲祭酒，主簿，並不就，乃表薦之，會病卒。」

孝子傳三卷宋躬撰。

法苑珠林忠孝篇吳中書郎咸沖、廬陵王虛之、吳郡陳遺，初學記服食部、太平廣記感應類，並引陳遺事。藝文類聚人部吳坦之、張景胤、華寶、何子平，太平御覽地部宗承，人事部丘傑、韓靈珍、夏侯訢、韋俊、伍襲、繆斐、紀邁、王靈芝、賈恩、孫棘、郭巨、桑虞，並引宋躬孝子傳。舊唐志十卷，新唐志二十卷，「宋」作「宗」。

孝子傳三卷徐廣撰。不著録。

見唐志。史通雜述篇曰：「若劉向列女，梁鴻逸人，趙采忠臣，徐廣孝子，此之謂別傳者也。」

孝子傳略二卷無撰名。

唐志有亡名雜孝子傳二卷。按：初學記諸書所引孝子傳，有不著名者，疑是省文，未必即此二卷之句。

孝子傳卷亡，周景式撰。不著録。

藝文類聚山部：「管寧避地遼東，過海遇風，船人皆叩頭悔過。寧自思咎失，言嘗入廁不冠而已，即便悔言，風尋息。」御覽地部、居處部同。木部：「古有兄弟，意欲分異，出見三荆同株，接葉連陰。歎曰：『木猶欣聚，況兄弟哉？』遂還，相爲雍和矣。」初學記人事部，御覽人事部、木部同。太平御覽獸部：「余嘗至綏安縣，逢途逐猴。猴母負子没水，水雖深而清，乃以戟刺之，自脇以下斷，脊尚連，抄著船中，子隨其旁，以手捫子而死。」三事並引周景式孝子傳。初學記獸部：「蝯，寓屬也，或黄或黑，通臂好吟，雌爲人所得，終不徒生。」此稱周索氏孝子傳。御覽獸部亦引此事，秖稱孝子傳，不著撰名。

孝子圖卷亡，劉向撰。不著録。

文苑英華許南容、李令琛對策並言：「梁鴻作逸人傳，劉向修孝子圖。」法苑珠林忠孝篇：「郭巨，河内温人，父殁，供養母。妻生男，慮防供養，乃抱兒掘地，欲埋之，於土中得一釜黄金，有券云『賜孝子郭巨』。」又：「丁蘭刻木作母，供養如生。鄰人所假借，母顔和即與，不和則不與。」又：「董永父終，自賣於富公以供喪事。道逢一女，願爲永妻，助償債。」又：「大舜至孝，父目失明，在家貧厄，近市而居。舜父夜卧，夢見一鳳凰，自名爲雞，口銜米以哺己。視黄帝夢書，言子孫當有貴者。舜前舐之，目霍然開見。」舜父一事，珠林原本似有譌舛，文句多有不可通。今約略其易明者録之。四事並稱劉向孝子傳。太平御覽人事部引郭巨、董永二事，作劉向孝子圖。洪氏隸續載武梁祠畫像記中有董永事。

孝子傳三十卷梁武帝撰。不著録。

見新唐志。

孝德傳三十卷梁元帝撰。

梁書元帝紀：「帝著孝德傳三十卷。」藝文類聚人部引梁元孝德傳有皇王篇贊、天性篇贊，初學記人事部引天性篇贊。又引傳序曰：「天經地義，聖人不加，原始要終，莫踰孝道。」金樓子著書篇曰：「孝德傳三秩。金樓合衆家孝子傳成此。太平御覽逸民部：「繆斐避地海濱，不以遯世爲悶，浣衣濯冠，以候導氣。」學部：「張楷喪親哀毁，每讀詩至素冠『棘人』，未嘗不淹泣焉。」太平廣記神類：「魏陽雍種菜得白璧。」共引孝德傳三事。

孝友傳八卷無撰名。

唐志題申秀孝友傳八卷。後魏書韓顯宗傳：「顯宗撰孝友傳十卷。」

忠臣傳三十卷梁元帝撰。

梁書元帝紀：「帝著忠臣傳三十卷。」金樓子著書篇曰：「忠臣傳三秩。金樓自爲序。」藝文類聚人部引忠臣傳有記託篇贊、初學記人事部作受託篇。諫争篇贊、初學記同。執法篇贊、死節篇序，又諫争篇序，又傳總序曰：「孝子、烈女、逸民，咸有別傳。至於忠臣，曾無述製，今將發篋陳書，備加論討。」又元帝上忠臣傳表、王筠答湘東王示忠臣傳牋。初學記文部：「劉弘與晉武帝同年，少同硯書。」引忠臣傳一事。

顯忠録二十卷梁元帝撰。

後魏書清河王懌傳：「懌以忠而獲謗，乃鳩集古昔忠烈之士，爲顯忠録二十卷，以見意焉。」韓子熙傳：〔王氏〕改「子熙」作「麒麟附」。「清河〔王氏〕改兩字作「王」。之忠誠款篤，〔王氏〕增「節義純貞，非但藴藏胸襟，實乃」。形於文翰，搜括史傳，撰顯忠録，區目之〔王氏〕改作「十」。篇，分卷二十。」唐志題「元懌顯忠録」，隋志作「梁元帝」，誤。

〔王氏〕頌蔚案：元帝所撰乃忠臣傳。

英藩可録二卷張萬賢撰。

唐志題「殷系英藩可録事。」原注：「一云張萬賢撰。」

高才不遇傳四卷後齊劉晝撰。

北齊書劉晝傳：「晝撰高才不遇傳三篇。」北史曰：「晝求秀才，十年不得，發憤著高才不遇傳。」後漢書鄭玄傳注引晝論鄭玄曰：「辰爲龍，巳爲蛇，歲至龍蛇賢人嗟，玄以讖合之，蓋謂此也。」唐志卷同。

〔王氏〕案：此知晝書傳後有論。

丹陽尹傳十卷梁元帝撰。

梁書元帝紀：「帝著丹陽尹傳十卷。」金樓子著書篇曰：「丹陽尹傳一秩。金樓爲尹京時自撰。」藝文類聚職官部：「丹陽尹傳序曰：左氏云『大夫受郡』，漢書云『尹者，正也』。廣漢和顔接下，子高自輔經術，孫寶行嚴霜之誅，袁安留冬日之愛。每念忝位京河，兹焉四載。入安石之門，思勤王之政；坐真長之室，想清談之風。求瘼餘晨，頗多暇景，今綴采英賢，爲丹陽尹傳。」唐志卷同。

良吏傳十卷鍾岏撰。

梁書〔王氏〕增「文學」。鍾嶸傳：「嶸兄岏，字長岳，官至府參軍、建康令，著良吏傳十卷。」元和郡縣志亦言：「鍾岏著良吏傳。」唐志卷同。太平御覽職官部，王堂爲汝南太守，桓虞爲南陽郡守，高玩除南陽令，司馬儁補洛陽令，陳登爲東陽長，袁彭爲南陽太守，吴隱之轉廣州刺史，鄭純爲永昌太守，並引鍾岏良吏傳。

正始名士傳三卷袁敬仲撰。

世説文學篇曰：「袁彦伯作名士傳成，見謝公。謝公笑曰：『我嘗與諸人道江北事，特作狡獪耳。』彦伯遂以著書。」注曰：「宏以夏侯太初、何平叔、王輔嗣爲正始名士，阮嗣宗、嵇叔夜、山巨源、向子期、劉伯倫、阮仲容、王濬仲爲竹林名士，裴叔則、樂彦輔、王夷甫、庾子嵩、王安期、阮千里、衛叔寶、謝幼輿爲中朝名士。」方正篇注引：「夏侯玄被收，鍾毓爲廷尉，執玄手曰：『太初何至於此？』玄正色曰：『雖復刑餘之人，不可得交。』」孝標按：郭頒爲魏晉世語，事多詳覈。孫盛之徒皆采以著書，並云玄距鍾會。而袁宏名士傳最後出，不依前史，以爲鍾毓，可爲謬矣！」玉海：「中興書目曰：『正始名士傳三卷，其中卷竹林名士三逸，上卷增荀粲，下卷增阮修。』」宋志二卷。愚按：水經清水注引共伯山仙一事，文選顔延年五君詠注：「阮籍爲步兵校尉，劉伶爲建威參軍，阮咸官止始平太守。」又：「阮咸哀樂至到，過絶於人。」沈休文遊沈道士館詩注：「王烈服食養性。」褚淵碑文注：「山濤淳深慎默，莫見其際。」並稱袁彦伯竹林名士傳。世説注所引祇稱名士傳。宏，字彦伯。隋志作「敬仲」，蓋誤以袁宏爲衛宏。

江左名士傳一卷劉義慶撰。

世説賞譽篇注：「杜乂清標令上。」「謝鯤通簡有識。」品藻篇注：「王承言理比南陽樂廣。」又「劉真長曰：『杜弘治膚清，衛叔寶神清。』」容止篇注：「杜弘治可方衛玠。」共引江左名士傳五事。

竹林七賢論二卷戴逵撰。

群輔録曰：「竹林七賢，袁宏、戴逵爲傳，孫統爲贊。」世説注引竹林七賢論二十餘事，藝文類聚諸書亦引之，或作七賢傳。任誕篇注引「阮籍、劉伶共飲步兵厨中，並醉而死。」孝標謂：「此好事者爲之言，籍景元中卒，而劉伶太始中尚在。」太平御覽人事部：「袁宏七賢序曰：阮公瓌傑之量，不移於俗，然獲免者，豈不以虚中舉節，動無過則乎？中散遺外之情，最爲高絶，不免世禍，將舉體秀異，直致自高，故傷之者至也。山公中懷體默，易可因任，平施不撓，在衆樂同，遊刃一世，不亦宜乎！」唐志卷同。史通雜述篇稱戴逵竹林名士，

「名士」宜作「七賢」。

七賢傳五卷孟氏撰。

唐志作「孟仲暉，七卷。」

文士傳五十卷張隱撰。

新唐志作「張騭」，舊唐志作「張隱文林傳」。鍾嶸詩品曰：「張騭文士，逢文即書。」玉海：「中興書目五卷，載六國文人，起楚芈原，終魏阮瑀。崇文目十卷，終謝靈運。」文選注、後漢書注諸所徵引文士傳，或作「張騭」，或又作「隱」。魏志王粲傳注曰：「張騭假僞之辭，不覺其虛之自露也。凡騭虛僞妄作，不可覆疏。」

〔王氏〕魏志劉表傳注：「張璠漢紀曰：表與同郡人張隱、薛郁、王訪、宣靖、公褚恭、劉祇、田林謂之『八交』，或謂之『八顧』。」案：傳所載大抵三國時事爲多，則□即表同郡之張隱也。

〔又〕惟案初學記有引束晳一條，則又不合。

列士傳二卷劉向撰。

後漢書申屠剛傳注羊角哀、左伯桃；〔王氏〕增「二人爲死友」至「下而從之。」文選盧子諒覽古詩注朱亥，鄒陽獄中上書注徐衍、鮑焦；藝文類聚天部荆軻，人部田光，服飾部魏公子無忌，鳥部同。木部延陵季子；北堂書鈔武功部專諸，衣冠部馮諼；太平御覽居處部慶忌，兵部莫耶，人事部干將子、孔融，並引列士傳。或作「烈士」。唐志卷同。

〔王氏〕申屠剛傳注引作烈士傳。

陰德傳二卷宋光禄大夫范晏撰。

太平御覽禮儀部引范晏陰德傳陳翼殯長安魏少公事，與廬江七賢傳所載同，而語較詳。唐志卷同。

悼善傳十一卷

唐志有悼善列傳四卷。

雜傳三十六卷任昉撰，本一百四十七卷，亡。

梁書任昉傳：「昉撰雜傳二百四十七卷。」唐志一百二十卷。文選王文憲集序注：「任昉雜傳魏德公謂郭林宗曰：『經師易獲，人師難遭。』」

東方朔傳八卷

漢書東方朔傳曰：「凡劉向所録朔書俱是矣，世所傳他事皆非也。」注曰：「謂如朔別傳，皆非實事。」愚按：藝文類聚諸書引朔別傳，類皆奇言譎語，惟文選報任少卿書注引朔對武帝刑不上大夫之言最爲莊論。太平御覽兵部引朔上書，人事部朔形容公孫丞相、倪大夫等語，與漢書本傳同。世説規箴篇注引朔南陽步廣里人，本傳稱平原厭次人，此可考異。唐志卷同。

毌丘儉記三卷

魏志明帝紀注：「毌丘儉志記云：『時以儉爲宣王副也。』」唐志卷同。

管輅傳三卷管辰撰。

魏志管輅傳注：弟辰撰輅别傳，有辰序言。臣松之取閻續伯纘所補綴遺脱數事。又云：「前長廣太守陳承祐口授城門校尉華長駿語云：『昔其父爲清河太守時，召輅作小吏，駿常與同載周旋，具知其事。云諸要驗，三倍於傳。辰既短才，又年眇〔王氏〕改「眇」作「緜」。小，又多在田舍，故益不詳。』」〔王氏〕增「辰仕宦至州主簿、部從事，太康之初物故。」世説注諸書皆引輅别傳。唐志一卷。

〔王氏〕方技管輅傳注：劉侯云：「甚多此類，辰所載纔十一二耳。」劉侯云：「辰，孝廉才也。」

李固别傳七卷不著録。

見唐志。太平御覽職守部：「益州及司隸辟固，皆不就。」人事部：「固被誅，弟子郭亮詣闕上書，乞收固屍。」禮儀部：「梁冀誅固，露屍四衢。」並引固別傳。

梁冀傳二卷不著録。

見唐志。通典職官門：「元嘉二年，加冀禮儀。」引梁冀別傳。

何顒傳一卷不著録。

見唐志。太平御覽人事部、疾病部引何顒別傳〔八〕：「顒有人倫鑑，謂張仲景將爲名醫，卒如其言。」

曹瞞傳一卷不著録。

見唐志。魏志武紀注稱吴人作曹瞞傳。愚按：傳名曹瞞，又係吴人所作。其言操少好飛鷹走狗，遊蕩無度，又佻易無威重，好音樂，及遣華歆入宫收伏后事，語皆質直，不爲魏諱。故世説注、文選注爲袁紹檄豫州注引操破梁孝王棺事。所引皆稱操名。藝文類聚、太平御覽所引，亦或稱「操」。惟魏志注多稱太祖，自係裴松之所改，他書亦有稱「曹公」，稱「太祖」，然不盡改其舊。非吴人原本。

荀彧別傳　荀勗別傳　鄭玄別傳〔王氏〕後漢書鄭玄傳注：鄭玄別傳言：「年十一二」至「願也」。　邴原別傳　程曉別傳　孫資別傳　嵇喜爲康傳　吴質別傳　潘尼

別傳　潘岳別傳　劉廙別傳　郭泰別傳〔王氏〕後漢書郭太傳注引云：「泰名顯，士爭歸之。」　盧諶別傳　謝鯤爲樂廣傳　任嘏別傳　鍾會爲其母傳　又生母傳

何劭爲王弼傳　華佗別傳　趙雲別傳　費禕別傳　孫惠別傳　陸機顧譚傳

虞翻別傳　陸機雲別傳

已上見三國志注。

楊孚董卓傳　鍾離意別傳

已上見續漢志補注。

郄鑒別傳　王乂別傳　桓彝別傳　王丞相別傳　阮光禄別傳　劉尹別傳

范宣別傳　王獻之別傳　王恭別傳　司馬徽別傳　向秀別傳　衛玠別傳

顧和別傳　王含別傳　孫放別傳　庾翼別傳　桓温別傳　顧凱之別傳

王長史別傳　王中郎傳　郄超別傳　王胡之別傳　王司徒傳　鍾雅別傳

陸玩別傳　江惇傳　殷浩別傳　王珉別傳　王敦別傳　謝鯤別傳　王述別傳　謝玄別傳　樊英別傳　左思別傳　郭璞別傳　諸葛恢別傳　周顗別傳　孔愉別傳　蔡司徒別傳　王彪之別傳　羅府君別傳　祖約別傳

阮孚別傳　羊曼別傳　王劭王薈別傳　石勒傳　王彬別傳　王舒傳　王澄別傳　王邃別傳　卞壼別傳　虞光禄傳　郄愔別傳〔九〕　陳逵別傳　賀循別傳　桓沖別傳　桓豁別傳　周處別傳　賈充別傳　郄曇別傳　范汪別傳　蔡充別傳　司馬晞傳　王雅別傳　荀粲別傳　司馬無忌傳　高坐別傳　浮圖澄別傳　支遁傳

已上見世説注。

明先生別傳　陳寔別傳

已上見文選注。

李郃傳　夏仲御別傳　孟嘉別傳　葛仙公別傳　劉根別傳　陳武別傳

孫登別傳　王廙別傳　許遜別傳　郭翻別傳　諸葛恪別傳　許邁別傳

曹毗曹肇傳〔一〇〕　蔡琰別傳　王藴別傳　王濛別傳　張載別傳　禰衡別傳

張華別傳　蒲元傳　羅含別傳　裴楷別傳　婁承先傳　馬融別傳　胡綜別傳〔一一〕　衝波傳　杜蘭香別傳　孔融別傳　荀采傳　魯女生別傳　陶侃傳　董正別傳　王威別傳

已上見藝文類聚。

王嘏別傳　桓楷別傳　傅宣別傳　孟宗別傳　許肅別傳　庾衮別傳　袁宏山濤別傳　趙穆別傳

已上見初學記。

庾亮別傳　顔含別傳　王湛別傳　傅咸別傳　王允別傳　盧植別傳　葛洪別傳　鄒衍別傳　蔡邕別傳　孫略別傳　邊讓別傳　杜祭酒別傳　吴猛別傳

已上見北堂書鈔。

石虎別傳　雷煥別傳　徐邈別傳　羊祜別傳　張純別傳　桓石秀別傳
祖逖別傳　江祚別傳　陸績別傳　管寧別傳　何晏別傳　傅嘏別傳　何禎別傳　趙至別傳　智瓊傳　潘勗別傳　諸葛亮別傳　張衡別傳　曹植別傳　李陵別傳　王祥別傳　江濛別傳　趙岐別傳　李燮別傳　潘京別傳　曹肇傳　楊彪別傳　張蕪別傳　馬鈞別傳　賈逵別傳　桓譚別傳
徐延年別傳

〔王氏〕

趙牱傳

宋書大且渠蒙遜傳：「茂虔奉表獻趙牱傳並甲寅元曆一卷。」

已上見太平御覽。凡别傳一百八十四家。隋、唐志皆不著録，無從考其卷數。據昔人徵引撰名可見者，嵇喜爲康，鍾會爲母，謝鯤爲樂廣，何劭爲王弼，楊乎爲董卓，曹毗爲杜蘭香，袁宏爲山濤。其逸篇多者，華佗、趙雲、虞翻、鍾離意、鄭玄、邴原、荀彧、孫資、蔡邕。三國志注諸書所見篇目，太平御覽備匯其全，初學記等亦或各互見。又如蔡邕、郭泰、鍾離意、鄭玄、董卓别傳，後漢書注亦引之，今録從簡略，故不重載。水經清水注稱孫綽别作登傳，此他書所未見。藝文類聚舟車部：「孔子使子貢，久而不來，占之遇鼎。顔回曰：『鼎無足，乘舟而來矣。』」御覽禮儀部：「宰我謂：『三年之喪，日月既周，星辰既更，於期可矣。』顔淵曰：『子雖美辨，豈能破堯舜之法，除周公之禮哉！』」二事並引衝波傳。「衝波」二字，未詳其義。後漢書注引蔡邕别傳言：「邕作漢記十意，有律曆意、禮意、樂意、郊祀意、天文意、車服意。」是史志之新名，可補史通書志篇之闕。

雜傳四十卷賀蹤撰，本七十卷，亡。

雜傳十一卷無撰名。

唐志有雜傳六十九卷，舊唐志六十五卷。又四十卷，又九卷，俱無撰名。

雜傳十九卷陸澄撰。

南齊書陸澄傳：「澄所撰有雜傳。」

桓玄傳二卷不著録。

見唐志。

玄晏春秋三卷皇甫謐撰。

晉書皇甫謐傳：「謐撰玄晏春秋，重於世。」唐志二卷。史記匈奴傳索隱引「士安讀漢書，不詳撑犁孤塗之言。」北堂書鈔武功部：「謐年十七，未通經史〔二二〕，編荆爲盾，執枝爲戈。」藝文類聚菓部、初學記服食部：「謐與衛倫言及於味。」太平御覽人事部云：「十二月乙丑夕，夢至京師。」學部云：「十七年，余長七尺四寸。」疾病部：「夏四月，余瘧於河南。」並引玄晏春秋。觀此書體例，似用編年法，如後世年譜之類。

孔子弟子先儒傳十卷

唐志：「孔子弟子傳五卷。」别有先儒傳五卷，列次鍾岏良吏傳下，當即一書而誤分爲二。

諸葛亮隱没五事一卷郭沖撰。不著録。

見唐志。魏志注引郭沖五事。

李氏家傳一卷

世説賞譽篇注：「李氏家傳云：膺岳峙淵清，峻貌貴重，華夏稱曰『潁川李府君，頵頵如玉山。』」太平廣記名賢類又引有李膺家録。

揚雄家牒卷亡，不著録。

藝文類聚禮部、太平御覽禮儀部：「揚雄家牒曰：子雲以天鳳五年卒，弟子侯芭負土作墳，號曰『玄塚』。」史通雜述篇曰：「若揚雄家牒、殷敬世傳、孫氏譜記、陸宗系曆，此之謂家史者也。」

桓氏家傳一卷

北堂書鈔設官部：「延康元年，初置散騎之官，遷桓範爲散騎侍郎。」又：「魏太子始立，桓範以文學舉爲舍人。」太平御覽職官部：「桓範爲兖州刺史謝表〔一三〕。」並引桓氏家傳。

王朗王肅家傳一卷

魏志王朗傳注朗除會稽秦始皇舊祀，又朗與沛國名士劉陽交二事，引朗家傳。

太原王氏家傳二十三卷

唐志二十一卷。無「太原」二字。世説品藻篇注：「王禕之，少知名，仕至中書郎，未三十而卒。贈散騎常侍。」此作王氏世家。據晉書，禕之固太原王氏。

褚氏家傳一卷褚覬等撰。

唐志：「褚結撰，褚陶注。」舊唐志入譜牒類。世説賞譽篇注：「褚氏家傳曰：『陶聰惠絶倫，年十三，作鷗鳥、水碓二賦。仕至中尉。』」史記孝武紀索隱：「韋稜之云：褚少孫，宣帝代爲博士，號爲『先生』，續太史公書。」此作褚覬家傳。

薛常侍家傳一卷

唐志二卷。

江氏家傳七卷江祚等撰。

舊唐志江統撰，新唐志江饒撰。愚按：藝文類聚職官部、北堂書鈔設官部並引江氏家傳，言江統，庾子嵩「雅敬君德」，東海王越「請君爲別駕，與君書」。稱統爲君，則傳非統所撰。太平御覽人事部引「江蕤年十三，棄五木之戲。」方術部：「江統諫愍懷禁土之令。」工藝部：「江偉善書，人得其手疏，莫不藏之。」飲食部：「江蕤年七歲，葬父，有酒肉，斂容不食。」又：「江統上疏諫西園賣醯菜。」共引家傳五事。

庾氏家傳一卷庾斐撰。

唐志：「漢南庾氏家傳三卷，庾守業撰。」

裴氏家傳四卷裴松之撰。

世說文學篇注：「裴榮，有風姿才氣，撰語林數卷，號曰裴子。」任誕篇注：「裴頠〔一四〕，娶王戎長女。」並引裴氏家傳。梁書裴子野傳：子野續裴氏家傳二卷〔一五〕。唐志：「松之裴氏家記三卷。」

裴氏家記卷亡，傅暢撰。不著録。

蜀志孟光傳注：傅暢裴氏家記載裴潛弟儁、儁子越事。

虞氏家記五卷虞覽撰。

藝文類聚居處部：「虞潭爲右衛將軍，起堂養親，作詩言志。」北堂書鈔政術部：「虞潭爲南康内史，年荒，出私米賑敝。」太平御覽禮儀部：「虞潭母大夫人薨，給徘徊車，謁者送喪，禮儀光備。」並引虞氏家記。唐志作家傳。

曹氏家傳一卷曹毗撰。

唐志同。太平御覽職官部：「曹氏傳曰：『左擁起於碎吏，武帝以爲殿中侍御史。』」

王氏江左世家傳二十卷王褒撰。

世説品藻篇注引王氏世家王禕之事，乃太原王氏。其稱「世家」，又與此相合。

崔氏五門家傳二卷崔氏撰。

北堂書鈔設官部：「崔瑗上疏曰：『察舉孝廉，限年三十，恐失賢才之士也。』」太平御覽職官部：「崔寔除五原太守，民號曰神惠。」又：「崔瑗爲汲令，開溝澮，造稻田，民賴其利。」人事部座右銘，並引崔氏家傳。無「五門」二字。唐志作崔氏世傳七卷，題崔鴻撰。愚按：崔瑗爲汲令事，御覽人事部又載之，題崔鴻崔氏家傳。則隋志注「崔氏撰」，當改「崔鴻」。

明氏世録六卷梁信武記室明粲撰。

舊唐志五卷，新唐志六卷。

陸史十五卷

失撰名，唐志題陸煦撰。

諸王傳一卷不著録。

見唐志。

暨氏家傳一卷

唐志同。

爾朱家傳二卷王氏撰。

唐志：「王劭爾朱氏家傳二卷。」

令狐氏家傳一卷

失撰名，唐志令狐德棻撰。

新舊傳四卷

子部雜家亦載之。

何氏家傳三卷

後漢書何敞傳注引何氏家傳載：「何比干爲丹陽都尉，獄無冤囚。正和三年三月，天大陰雨，有老嫗求寄避雨，雨止出門，謂比干曰：『公有陰德，天賜君策，子孫佩印綬，當如此算。』本始元年，自汝陰徙平陵，世爲名族。」三輔決録亦載此事。魏志劉劭傳注引：「何禎識胡康性質不端，必有負敗。後果以過見譴。臣松之案：魏朝自微而顯者，不聞胡康，疑是孟康。」

此題廬江何氏家傳。唐志有何妥家傳二卷。

袁氏家傳卷亡，不著録。

世説文學篇注：「袁喬有文才。」言語篇注：「喬父瓌，光禄大夫。喬歷尚書郎、益州刺史。」任誕篇注：「袁耽魁梧爽朗，仕至司徒從事中郎。」北堂書鈔設官部：「袁勗爲參軍，督刑獄，多所赦免。」並引袁氏家傳。

袁氏世紀卷亡，不著録。

魏志袁渙傳注引袁氏世紀載袁渙爲太祖所嚴憚，及渙四子侃、寓、奥、準事。世説文學篇注亦引袁準事。

荀氏家傳十卷荀伯子撰。不著録。

見唐志。舊唐志入譜牒類。魏志荀攸傳、荀彧傳注引荀氏家傳；世説德行篇注荀巨伯，排調篇注荀隱亦引之，而云：「世有此書，尋之未得。」然文選與鍾大理書注荀宏，元長曲水詩序注荀勗，安陸王碑注荀彧，通典職官門注荀爽白衣登三公，藝文類聚禮部荀爽對策之言，太平御覽禮儀部引之尤詳，是知此書至宋尚存。

嚴氏家傳卷亡，不著録。

北堂書鈔設官部：「嚴氏家傳曰：『嚴奏爲大皇車騎掾，委以書記。』」按：此與御覽職官部殷氏家傳所載殷泰相類，必有一誤。

殷氏家傳三卷殷敬撰。不著録。

見新唐志。舊唐志作殷敬等撰。藝文類聚人事部：「殷裒，爲滎陽令，廣築學館，民知禮讓。」北堂書鈔政術部：「殷裒，穿渠入河，民賴其利。」御覽地部、職官部同。太平御覽職官部：「殷亮講學，勝，賜重席至八九。」又：「殷泰爲大皇車騎掾，委以書記。」人事部、資産部：「殷裒見鄭廉，拜其父於市，廉由是顯名。」百穀部：「殷謏遭世喪亂，埋穀數百石。後爲賊所執，具以穀告之。」並引殷氏家傳。又「殷亮到陽城遇兩虎争一羊，亮按劍斬羊腹，虎各得其半去」一事。御覽人事部再引之。或稱商氏世傳。「殷亮」作「商亮」，蓋宋人避宣祖諱，如殷芸小説，改稱「商芸」之類，特御覽體例未及畫一，故殷、商並稱。

燉煌張氏家傳二十卷張太素撰。不著録。

見唐志。藝文類聚菓部：「扶風孟佗以葡萄酒遺張讓，即擢涼州刺史。」太平御覽人事部：「張禧除燉煌令，有鶴負矢，禧留養，瘡愈飛去。月餘，啣赤玉珠樹二枝，置禧廳前。」並引燉煌張氏家傳。

邵氏家傳十卷不著録。

見唐志。北堂書鈔設官部：「邵疇爲郡功曹，詔圖形明堂。」太平御覽職官部：「邵訓爲陳留太守，詔賜刀劍衣物。」人事部：「虞都尉邵夫人義姬少而寡，獨處一室，非祭祀墳墓不出。」又：「邵孝信爲執法都尉，露板諫吴主遊獵。」文部：「邵仲金好賑施，臨卒，取其貸錢書券焚之。」方術部：「邵信臣東向潄酒，滅南陽之火，雨中酒香。」火部：「邵貞性詳審，或落生炭於君履，君不回顧。」並引邵氏家傳。吴志孫皓傳注引稱會稽邵氏家傳。

陶氏家傳卷亡，不著録。

藝文類聚地部：「陶汪爲宣城内史，廣開學舍，百姓歌之。」北堂書鈔設官部：「陶覆之爲太常丞，凡宗廟疑議，多所決定。」又：「陶侃遷太子中庶子，善談論，尤明詩、易。」又：「陶遽爲龍陽長，杜絶請謁，計日受俸。」又：「陶清爲荆州刺史，旌顯所知三十餘人，皆當世異行。」太平御覽職官部：「陶猷爲右軍長史，每當朝日，宿興就路，輒先衆僚。」陶覆之、陶侃事並同書鈔。並引陶氏家傳。

嵇氏世家卷亡，不著録。

北堂書鈔設官部：「嵇氏世家曰：『嵇倉爲中書郎，書檄雲集，初不立草。』」太平御覽職官部、文部同。

陳氏家傳卷亡，不著録。

太平寰宇記河南道：「陳氏家傳曰：『紀、諶以下八十六墓，三十六碑，並在長葛縣陘山之陽，又有廟存。』」

竇氏家傳卷亡，不著録。

藝文類聚獸部：「竇氏家傳曰：竇攸治爾雅，舉孝廉爲郎，世祖大會靈臺，得鼠，身如豹文。群臣莫知，唯攸對曰：『名鼮鼠，見爾雅。』詔諸侯子弟從攸受爾雅。」三輔決録同。

沈氏家傳卷亡，不著録。

太平寰宇記江東南道：「沈氏家傳曰：『後漢沈戎，居郡烏程縣餘不鄉。』」

祖氏家傳卷亡，不著録。

元和姓纂：「祖氏家傳曰：『祖崇之，娶東陽無旋女。』」

孫氏世録卷亡，不著録。

文選爲蕭揚州薦士表注：「孫氏世録曰：『孫康家貧，常映雪讀書，清介，交遊不雜。』」

孔氏家傳五卷

世説言語篇注、後漢書孔融傳注、太平御覽人事部並引孔融家傳，皆記融事。藝文類聚雜器物部引融「坐上客常滿，樽中酒不空」語，北堂書鈔酒食部：「融每旦以饘一盛、魚一首以祭。」並作孔融别傳。

謝車騎家傳卷亡，不著録。

世説言語篇注：「謝車騎家傳曰：玄神理明俊，善微言。叔父太傅嘗問：『武帝任人，至於賜予，不過斤合，當有旨不？』玄答：『有辭致也。』」

顧愷之家傳卷亡，不著録。

世説夙悟篇注：「張敷，滔然有大成之量，仕至著作郎，二十三卒。」藝文類聚人部：「顧愷之見謝萬，謂曰：『仙者之乘，或羊或鹿，使君當乘何物？』使君曰：『卿輩即轅中客也。』」並引顧愷之家傳。

顏延之家傳卷亡，不著録。

藝文類聚雜文部：「顏延之家傳銘曰：『曠彼琅邪，實惟海宇。誰其來遷，時惟遠祖。

青州隱秀，爰始真居。內辭鼎府，外秉邦閭。建節中平，分竹黃初。形清齊石，政偃營區。葛嶧明懿，平陽聰理。式薦公庭，或登宰士。列美霸朝，雙風千里。華萼之茂，於昭不已。』」

琅邪王氏録卷亡，不著録。

文選王文憲集序注：「琅邪王氏録曰：『其先出自周王子晉，秦有王翦、王離，世爲名將。』」

童子傳二卷王瑱之撰。

金樓子聚書篇曰：「隱士王瑱之經餉書，如童子傳之例是也。」初學記人事部：「近代有樂安任嘏者，十二就師，學不再問，一年通三經。」太平御覽人事部：「魯國孔林，十歲詣臺，魯相劉公稱其辯。」並引王瑱之童子傳。

幼童傳十卷劉昭撰。

梁書劉昭傳：「昭著幼童傳十卷。」初學記天部：「晉明帝年數歲，對元帝問『長安近日近』語。」人事部：「梁國楊氏子，九歲答孔君平楊梅孔雀語。」北堂書鈔天部：「潁川庾天祐，三歲在牕下戲，霹靂擊簷樹，此兒晏然。」後漢書蔡琰傳注：「邕夜鼓琴，絃絶。琰曰：『第二絃。』邕故斷一絃問之，琰曰：『第四絃。』並不差繆。」太平御覽人事部：「漢昭帝，年五六歲，壯大。武帝云：『類我。』甚奇之。」又：「魏太祖，年十歲，浴於譙水，有蛟來逼，擊蛟退，畢浴而還。」又：「秦舞陽，年十二，人犯必殺之，莫敢迕視〔一六〕。」又：「張玄，年八歲，齔齒，答狗竇戲語。」又：「謝瞻，五歲能屬文，通玄理。」並引劉昭幼童傳。

懷舊志九卷梁元帝撰。

梁書元帝紀：「帝著懷舊志。」周書顏之儀傳：「父協爲湘東王府記室參軍，梁元帝後著懷舊志，稱贊其美。」南史齊蕭賁傳：「賁讀湘東王檄，至『偃師南望，無復儲胥露寒；河陽北臨，或有穹廬氈帳。』迺曰：『聖制此句，非爲過似，如體目朝廷，非關序賊。』王聞之大怒，收付獄，以餓終。又著懷舊傳，「傳」字疑。以謗之，極言詆毀。」藝文類聚人部：「元帝懷舊志序曰：『中年承乏，攝牧神州。蔭真長之弱柳，觀茂弘之舞鶴。長安群公，爲其延譽；扶風長者，刷其羽毛。日月不居，零露相半；獨軫魂交，情深宿草。故備書爵里，陳懷舊焉。』」唐志卷同。

知己傳一卷盧思道撰。

唐志同。胡應麟甲乙剩言曰：「余從都下得隋盧思道知己傳二卷，上自伊尹，下至六代。由君相、父子、妻子、友朋以及鬼神、禽畜，涉於知己者皆録。第諸葛孔明與先主最相知，以爲有『君自取之』一語爲大不知己，不録。蓋有激乎其言之也。」按：此則是書明時尚存。宋史志不載，自屬闕漏。但應麟謂此書惟志有之，自唐以下不復有也。亦失考。

全德志一卷梁元帝撰。

梁書元帝紀：「帝著全德志。」金樓子著書篇曰：「全德志一秩一卷。金樓自撰。」藝文類聚人部元帝全德志序曰：「老子言『全德歸厚』，莊子言『全德不刑』，呂覽稱『全德之人』，故以全德創其名也。此志陸大夫爲首，伊人有學有辯，不夭不貧，既令公侯距掌，復使要荒蹍角，入室生光，豈非盛矣。若乃河宗九策，事等神鉤；陽雍雙璧，理歸玄感。南陽樊重，高閣連雲；北海公沙，門人成市。洛此八龍，各傳一藝；夾河兩郡，家有萬石。人生行樂，止足爲先，寧與孟嘗聞琴，承睫淚下，中山聽樂，悲不自禁，同年而語也。」又論曰：「物我俱忘，無貶廊廟之器；動寂同遺，何累經綸之才。或出或處，並以全身爲貴；優之遊之，咸以忘懷自適。若此衆君子，可謂得之矣。」唐志卷同。

同姓名録一卷梁元帝撰。

今存。

列女傳十五卷劉向撰，曹大家注。

今存七卷，續傳一卷。

列女傳七卷趙母注。

唐志同。

列女傳頌一卷曹植撰。

唐志同。文選新刻漏銘注：「曹植列女傳頌曰：『尚卑貴禮，來世作程。』」

列女傳序讚一卷孫夫人撰。不著録。

見唐志。舊唐志集部重出。

列女後傳十卷項原撰。

唐志作項宗。後漢書曹娥傳注曰：「娥投衣於水，祝曰：『父屍所在，衣當沈。』衣隨流至一處而沈，娥隨衣而没。『衣』字或作『瓜』。見項原列女傳。」無「後」字。藝文類聚食物部吴光禄勳孟宗母；太平御覽地部吴郡許昇妻吕縈，人事部劉仲敬妻桓氏、曹文叔妻夏侯氏、吴沈伯陽妻顧照君、丹陽華穆妻劉桃樹、吴孫奇妻范姬、珠崖二義、酒泉龐孝婦趙娥、潁川孫氏女河、會稽翟氏女素，百穀部東平衡農妻，共十二事，引列女後傳，皆不著項原名。

列女傳六卷皇甫謐撰。

晉書皇甫謐傳：「謐撰列女傳。」藝文類聚人部會稽翟索及婢青遭賊害事；初學記人部亦引之。太平御覽人事部衛義姬、邵陽任延壽妻、長安大昌里人妻，共引皇甫謐列女後傳。初學記無「後」字。又御覽人事部漢中趙嵩妻張氏、丹陽羅勤女静、蜀景奇妻羅氏、犍爲相登妻周氏、廣漢馮季宰妻李氏、廣漢王輔妻彭氏、沛國劉長卿妻桓氏、沛國公孫去病妻戴氏、梁夏文生妻劉娥、天水姜叙母楊氏、下邳陳惿妻、歷陽留子直妻、戎士陳南妻，並引謐列女傳。無「後」字。唐志卷同。

列女傳八卷劉熙撰。不著録。

見新唐志。

列女傳七卷綦毋邃撰〔一七〕。

唐志同。元和姓纂云：「江左有綦毋邃，爲邵陽太守。」

女記十卷杜預撰。

晉書杜預傳：「預撰女記讚。」史通外篇曰：「杜元凱撰列女記，博採經籍前史，顯録古老明言，而事有可疑，猶闕而不載。斯豈非理存雅正，心嫉邪僻者乎？」太平御覽人事部漢安國侯王陵母、淑昺二寡婦、陳緱氏女緱玉、〔一八〕光武帝姊新野公主，共引杜預女記四事。新唐志作列女記。舊志無「列」字。

后妃記四卷虞通之撰。不著録。

見唐志。

妒記二卷虞通之撰。

宋書后妃〔王氏〕增「孝武文穆王皇后」。傳：「宋世諸主，莫不嚴妒，太宗每疾之。湖熟令袁慆妻以妒忌賜死，〔王氏〕改「熟」爲「孰」。使近世虞通之撰妒婦記。」〔王氏〕改「世」爲「臣」。南史王藻傳亦載此言。世説賢媛篇注桓温妻南郡主，輕詆篇注王丞相曹夫人，藝文類聚人部謝太傅劉夫人、京邑士人婦、泰元中荀婦庾氏、諸葛玄直妻劉氏，菓部武陰女嫁阮宣，並引妒記。太平御覽所引略同。唐志卷同，郡齋讀書志曰：「古有妒記，久已亡之。」

名僧傳三十卷釋寶唱撰。

唐志入子部道家。

衆僧傳二十卷裴子野撰。

梁書裴子野傳：「子野撰衆僧傳二十卷。」隋志子部雜家重出。唐志子部道家有子野名僧録十五卷。

高僧傳十四卷僧惠皎撰。不著録。

見大藏目録。唐志同。

續高僧傳三十二卷〔一九〕僧道宗撰。不著録。

見新唐志。舊唐志三十卷，作「道宣」，大藏目録亦作「道宣」。

薩婆多部傳五卷釋僧祐撰。

唐志道家有薩婆多師資傳四卷。

梁故草堂法師傳一卷

無撰名，唐志道家有陶弘景草堂法師傳一卷，蕭回理草堂法師傳一卷。文選北山移文注：「梁簡文帝草堂傳曰：汝南周顒以蜀草堂寺林壑可懷，乃於鍾嶺雷次宗學館立寺，因名草堂，亦號山茨。」

尼傳二卷皎法師撰。

大藏目録有比丘尼傳四卷，僧寶唱撰。唐志同。

列仙傳讚三卷劉向撰，鬷續，孫綽讚。

今存二卷。

神仙傳十卷葛洪撰。

今存。

養性傳二卷

唐志入子部道家。

漢武内傳三卷

今存。

王喬傳一卷

唐志同。太平御覽時序部：「漢永和元年十二月夜，王喬墓上採薪者見人冠衣，曰：『我王喬也，汝莫取我墓樹。』忽不見。」此稱蔡邕王喬録。

太元真人東鄉司命茅君内傳一卷

唐志：「李遵撰。」藝文類聚、太平御覽引之，或稱「茅君」，或稱「茅盈」，亦著李尊撰名。

清虚真人王君内傳一卷弟子華存撰。

唐志同。太平御覽地部有太素真人王君内傳。

清虚真人裴君内傳一卷

舊唐志題鄭子雲撰，新唐志作鄭雲千，十卷。御覽道部引之。

正一真人三天法師張君内傳一卷

唐志題王長撰。

太極左仙公葛君内傳一卷

唐志題吕先生撰。靈佑宫道藏目録有太極葛仙公傳一卷。

仙人馬君陰君内傳一卷

唐志題趙昇等撰。御覽地部引陰君内傳。

紫陽真人周君傳一卷華嶠撰。不著録。

見唐志。藝文類聚靈異部、太平御覽道部引真人周君傳。

關令内傳一卷

唐志題鬼谷先生撰，四皓注。藝文類聚、太平御覽多引之，或稱尹喜内傳。

南岳夫人内傳一卷

唐志作紫虚元君南岳夫人，題范邈撰。藝文類聚菓部引之。

紫虚元君魏夫人内傳一卷項宗撰。不著録。

見唐志。

仙人許遠遊傳一卷

唐志有王羲之許先生傳一卷。已上自王喬傳。新唐志並入子部道家。

李先生傳卷亡，不著録。

太平御覽天部：「李先生名廣，字祖和，南陽人。劉備遣軍欲取先生，先生起霧半天，備騎自相殺。」又菜部：「喬翻於羊渚遇神人〔二〇〕，付書一牒，曰：『問李先生，當知我。』」並引李先生傳。

顔脩内傳卷亡，不著録。

太平御覽地部：「顔修内傳曰：『橋順，字仲産，有二子，曰璋，曰琮，師事仙人盧子基於棲霞谷。』」

靈人辛玄子自序一卷

唐志入子部道家。

集仙傳十卷

太平廣記引之。

洞仙傳十卷

唐志題見素子撰，入子部道家。太平廣記引之。

蘇君記一卷周季通撰。

唐志入子部道家。

嵩高寇天師傳一卷

唐志：「宋都能嵩高少室寇天師傳三卷。」入子部道家。

華陽子自序一卷

唐志，茅處玄撰，入子部道家。

道學傳二十卷

舊唐志作學道傳，新唐志作馬樞學傳，脱落「道」字。入子部道家。太平御覽人事部、道部引道學傳，共數十事。文選江文通雜體詩注：「夏禹撰真靈之玄要，集天官之寶書。封以金英之函，檢以玄都之印。」與御覽道部所引同。初學記道釋部：「茅山南洞有崇玄觀、金陵觀、玄曜觀、玄明觀。」此事御覽所無。

宣驗記十二卷劉義慶撰。

太平御覽、廣記並引宣驗記。「宣」又作「冥」。初學記鳥部、藝文類聚鳥部引鸚鵡救火、天神嘉感一事。與御覽羽族部同。

冥祥記十卷王琰撰。

唐志入子部小説。太平廣記多引冥祥記。御覽兵部引「何敬叔奉佛，製旃檀像」，蟲豸部「沙門安能門，見蜈蚣三尺，自屋墮地，旋迴而去」二事。

感應傳八卷王延秀撰。

唐志入子部小説。

古異傳三卷宋永嘉太守王壽撰。

唐志入子部小説。

甄異傳三卷晉西戎主簿戴祚撰。

唐志入子部小説。太平御覽地部歷陽謝允、服用部沛郡秦拊、疾病部吴興張安、器服部吴縣張君才、木部沛國張伯遠，果部吴縣張牧，太平廣記夢類劉沙門，並引甄異傳。藝文類聚樂部：「吴郡陳緒家有神寄住。」菓部：「譙郡夏侯規亡後，見形還家。」御覽服用部：「樂安章沈病死，將殯而蘇。」妖異部：「徐州人吴清殺雞，置雞頭在拌中，忽然而鳴。」並作甄異記。

述異記十卷祖沖之撰。

唐志入子部小說。初學記人部：「苻健皇始四年，有長人見，身長五丈。」武功部：「豫章人漆澄，乘船釣魚，有物出水，鱻鱗，黑色，長十丈。」太平御覽人事部：「晉元興末，魏郡陳氏女，名琬，值盧循之亂被害。」又：「陳留周氏婢，名興，入山取樵，見髑髏目中生草，拔之。」並引祖沖之述異記。任昉亦有述異記，故諸書所引，其不著名祖沖之者不採入。

異苑十卷宋給事劉敬叔撰。

今存。

搜神記三十卷干寶撰。

今存。

搜神後記十卷陶潛撰。

今存。

列異傳三卷魏文帝撰。

隋志序曰：「魏文帝作列異，以序鬼物奇怪之事。」後漢書光武紀注：「秦文公〔王氏〕增「十三頁。『時梓樹化爲牛』至。」置旄頭騎。」〔王氏〕下增「使先驅」。初學記服食部：「吴選曹令史劉卓病，夢人以白越單衫與之。」並引魏文帝列異傳。他書所引，多不著魏文名。魏志華歆傳注引歆爲諸生寄宿事，「臣松之案：晉陽秋魏舒少時寄宿事，亦如之。」

録異傳卷亡，不著録。

初學記禮部：「會稽賀瑀，曾得疾死，三日蘇。」書鈔禮儀部語小異。北堂書鈔儀飾部：「吴郡吴泰筮會稽盧氏，失博山香爐。」又：「嘉興倪彦思，忽見鬼魅入其家。」衣冠部：「馬成病死，一日半復得生。」酒食部：「周時尹氏貴盛，會食數千人。」藝文類聚天部：「大雪積地，洛陽令案行至袁安門，見安僵卧。」初學記天部亦引之。寶玉部：「隗炤善易，臨終書板授其妻。」御覽方術部、珍寶部並同。並引録異傳。太平御覽所引亦皆叙鬼物事，惟尹氏、袁安二事與録異似不相涉。袁安事汝南先賢傳亦載之。隗炤事晉書藝術傳取之。史記秦本紀正義引秦置旄頭騎事，稱録異傳。御覽時序部同。藝文類聚獸部作列異傳。

初學記人部「廬陵商人過彭澤湖，見青洪君乞如願」事，稱録異傳。御覽人事部同作「傳」。御覽時序部作録異記。

靈鬼志三卷荀氏撰。

世説方正篇注明帝初謡歌，容止篇注明帝末謡歌，傷逝篇注文康鎮武昌民謡，忿狷篇注桓石民爲荆州鎮民謡，並引靈鬼志謡徵，似謡徵乃志中分篇。太平御覽兵部：「泰元中，有道人從外國來，多術法。嘗行見一人擔小籠子，語擔人：『欲寄君擔。』」方術部亦引之。人事部：「濡須口有大舶覆在水中，漁人夜宿其傍，聞絃管之音。」方術部：「石虎時，有道人驅驢於深山中，爲鬼所奪。」疾病部：「滎陽郡有廖姓〔二〕，累世爲蠱。」雜物部：「有鄒姓坐齋中，忽有人通刺詣之，題云舒甄仲。」獸部：「陳安嘗乘一駿馬死，雙赤蛇出其鼻。」此所引靈鬼志，皆記怪異，惟兵部引關中歌陳安曰：「隴上健兒字陳安，面狹頭細腹中寬，丈八蛇矛左右盤。」藝文類聚軍器部、北堂書鈔武功部並同。此與志鬼不類。

志怪二卷祖台之撰。

晉書祖台之傳：「台之撰志怪，書行於世。」唐志四卷，入子部小説。史通雜述篇曰：「若祖台志怪、干寶搜神、劉義慶幽明録、劉敬叔異苑，此之謂雜記者也。」

志怪四卷孔氏撰。

文苑英華顧況戴氏廣異記序稱孔慎言神怪志。世説方正篇注：「盧充與崔少府女幽婚。」巧藝篇注：「荀勗以寶劍付妻。」又：「荀勗畫巧妙之極。」排調篇注：「干寶母葬寶父，推婢藏中。經十年，開墓而蘇。」初學記州郡部：「義興白額獸、溪渚蒼蛟並周處爲三害。」世説自新篇「白額獸」作「邪足虎」。鳥部：「楚文王好田，有一人獻一鷹，能制大鵬鶵。」藝文類聚木部：「會稽盛逸晨興見柳樹上有人，長二尺餘，以舌舐葉露。」太平御覽鱗介部：「會稽吏謝宗〔二三〕，赴吴中，有女子來船，欲市佳絲，因求寄載。船人掩之，得一物，大如枕。」又：「沙門竺僧瑶得神符，治廣陵王家女病邪。」並引孔氏志怪，不著慎言名。唐志亦稱「孔氏」，入子部小説。

志怪卷亡，曹毗撰。不著録。

初學記地部、太平御覽地部並引曹毗志怪，言：「漢武鑿昆明池，極深，悉是灰墨，無復土。東方朔曰：『可問西域人。』至後漢明帝時，外國遣人入洛，試問之，答曰：『經云：「天地大劫將盡，則劫燒。此劫燒之餘。」』」

神録五卷劉之遴撰。

唐志入子部小說。

齊諧記七卷宋散騎侍郎東陽無疑撰。

今存。

續齊諧記一卷吴均撰。

今存。

幽明録二十卷劉義慶撰。

此書見引甚多，「幽明」或作「幽冥」。史通言唐修晉書，多取幽明録。今考太平御覽所引，如人事部石勒問佛圖澄擒劉曜兆，謝安石夢乘桓温輿行見白雞而止，魏武帝夢三馬食一槽，王茂弘夢人以百萬錢買大兒長豫，此類皆晉書所取資。唐志三十卷，入子部小說。

補續冥祥記一卷王曼穎撰。

唐志十一卷，入子部小說。

漢武洞冥記一卷郭氏撰。

今存。

嘉瑞記三卷陸瓊撰。

陳書陸瓊傳：「初，瓊父雲公奉梁武帝敕，撰嘉瑞記，瓊述其旨而續之，自永定迄於至德，勒成一家之言。」

〔王氏〕

瑞命記，晉安王子勳所署黄門侍郎顧昭之撰。一作「照之」。

宋書鄧琬傳：「琬乃稱説符瑞」至「撰爲瑞命記」。

祥瑞記十卷

無撰名，唐志子部雜家有顧野王祥瑞圖十卷。别有符瑞圖十卷。「祥」作「符」，字訛。

符瑞記十卷許善心撰。

唐志子部雜家有許善心皇隋瑞文十四卷。

靈異記十卷

隋書許善心傳：「煬帝嘗言及高祖受命之符，因問鬼神之事，敕善心與崔祖濬撰靈異記十卷。」按此與志相符，志脱撰名。

研神記十卷蕭繹撰。

唐志同。

旌異記十五卷侯君素撰。

北史李文博傳：「同郡侯白，字君素，著旌異記十五卷。」隋書附陸爽傳。太平御覽釋證部引侯君素旌異記「高齊初，沙門寶公從林慮山向白鹿山，因迷失道，趨見石趙時佛圖澄法師所造靈隱寺」事。太平廣記釋證類同。唐志入子部小說。

近異録二卷劉質撰。

唐志入子部小說。

鬼神列傳一卷謝氏撰。

太平御覽兵部引謝氏鬼神列傳：「下邳陳超，爲鬼君弼所逐。」唐志入子部小說。

志怪記三卷殖氏撰。

北堂書鈔帝王部「客星通座」，又「宗正卿會稽謝謨夜飲，忽見人被髮求飲」二事，並引志怪記，而不著殖氏。又衣冠部「建康小吏曹著爲廬山使君，所迎配以文婉」事，稱志怪録。太平御覽人事部「石季倫母喪，王戎入臨殯，見鬼攘臂行搥鑿」，禮儀部「陶侃微時遭喪，逢老公指牛眠處作墓」二事，並稱志怪集。

周氏冥通記一卷

靈佑宫道藏目録洞真部：「周氏冥通記四卷。」

集靈記二十卷顔之推撰。

唐志十卷，入子部小説。太平御覽服用部引集靈記琅邪王諿亡後數年見形於妻事。

寃魂志三卷顔之推撰。

今存本稱還寃志。

皇隋靈感志十卷王劭撰。不著録。

唐志入子部小説。北史王劭傳：「劭採民間歌謡，引圖書讖緯，依約符命，捃摭佛經〔二三〕，撰爲皇隋靈感志隋書劭傳作開皇隋靈感志。三十卷。」

漢時阮倉作列仙圖。

後漢光武詔南陽撰作風俗，故沛、三輔有耆舊、節士之序。

文苑英華：策問「『京兆耆舊之篇起於何代，陳留神仙之傳創自何人？』」許南容對：「『京兆耆舊，光武創其篇；陳留神仙，阮倉述其事。』」李令琛對：「『京兆耆舊之篇，創於光武；陳留神仙之傳，起自阮倉。』」

【校勘記】

〔一〕「寔」，原作「實」，據補編本、北堂書鈔卷三三政術部所引海内先賢傳改，下同。

〔二〕「璩」，原作「據」，據補編本改。

〔三〕「帑丞」，原作「孥」，據太平御覽卷七〇九服用部所引會稽先賢贊改補。

〔四〕「南昌」，原作「南宫」，據藝文類聚卷九九祥瑞部所引豫章舊志改。

〔五〕「候」，原作「侯」，據補編本、北堂書鈔卷一五六歲時部所引豫章耆舊志改。

〔六〕「常」，原作「當」，據文選卷六〇齊竟陵文宣王行狀所引虞孝敬高士傳改。

〔七〕「晝」，原作「畫」，據法苑珠林卷四九忠孝篇改。

〔八〕「顒」，原作「頌」，據太平御覽卷四四四人事部、卷七三九疾病部所引何顒別傳改。

〔九〕「郄愔」，原作「郄惜」，據世説新語箋疏卷中之下引郗愔別傳改。

〔一〇〕「曹毗曹肇傳」，原作「曹肇曹毗傳」，據藝文類聚卷三三寵幸改。

〔一一〕「胡綜」，原作「故綜」，據補編本及藝文類聚卷七〇服飾部改。

〔一二〕「經史」，原作「經史經史」，據北堂書鈔卷一二一武功部删重文。

〔一三〕「兖州」，原作「交州」，據太平御覽卷二五五職官部所引桓氏家傳改。

〔一四〕「裴頠」，原作「裴穎」，據世説新語任誕篇注所引裴氏家傳改。

〔一五〕「二卷」，原作「三卷」，據梁書卷二四裴子野傳改。
〔一六〕「迮視」，原作「幟視」，據太平御覽卷四三六人事部所引幼童傳改。
〔一七〕「綦毋」，原作「綦母」，據元和姓纂卷二綦毋改，下同。
〔一八〕「緱氏」，原作「侯氏」，據太平御覽卷四四一人事部所引杜預女記改。
〔一九〕「傳」，原無，據新唐書卷五九藝文志三補。
〔二〇〕「喬翻」，原作「郭翻」，據太平御覽卷九七七菜茹部所引李先生傳改。
〔二一〕「廖」，原作「瘳」，據補編本、太平御覽卷七四二所引靈鬼志改。
〔二二〕「吏」，原作「史」，據太平御覽卷九三一鱗介部所引志怪改。
〔二三〕「捃」，原誤作「據」，據北史卷三五王劭傳改。

徵引書目

清阮元：十三經注疏，中華書局影印本，一九八〇年版
梁顧野王：大廣益會玉篇，中華書局影印本，一九八七年版
宋陳彭年：鉅宋廣韻，上海古籍出版社影印本，一九八一年版
西漢司馬遷：史記，中華書局點校本修訂本，二〇一三年版
東漢班固：漢書，中華書局點校本，一九六二年版
南朝宋范曄：後漢書，中華書局點校本，一九六五年版
晉陳壽：三國志，中華書局點校本，一九五九年版
唐房玄齡：晉書，中華書局點校本，一九七四年版
梁沈約：宋書，中華書局點校本修訂本，二〇一八年版
梁蕭子顯：南齊書，中華書局點校本修訂本，二〇一七年版
唐姚思廉：梁書，中華書局點校本修訂本，二〇二〇年版
唐姚思廉：陳書，中華書局點校本，一九七二年版

北齊魏收：魏書，中華書局點校本修訂本，二〇一七年版
唐李百藥：北齊書，中華書局點校本，一九七二年版
唐令狐德棻：周書，中華書局點校本，一九七一年版
唐魏徵、長孫無忌：隋書，中華書局點校本修訂本，二〇一八年版
唐李延壽：南史，中華書局點校本，一九七五年版
唐李延壽：北史，中華書局點校本，一九七四年版
後晉劉昫：舊唐書，中華書局點校本，一九七五年版
宋歐陽脩、宋祁：新唐書，中華書局點校本，一九七五年版
宋司馬光：資治通鑑，中華書局點校本，一九五六年版
漢宋衷注，清秦嘉謨等輯：世本八種，商務印書館，一九五七年版
晉常璩撰，劉琳校注：華陽國志校注，巴蜀書社，一九八四年版
唐李吉甫：元和郡縣圖志，中華書局點校本，一九八三年版
宋樂史：太平寰宇記，中華書局點校本，二〇〇七年版
宋王象之：輿地紀勝，四川大學出版社點校本，二〇〇五年版

北魏酈道元撰，清王先謙校：合校水經注，中華書局影印本，二〇〇九年版
唐李林甫：唐六典，中華書局點校本，一九九二年版
唐杜佑：通典，中華書局點校本，一九八八年版
宋鄭樵：通志二十略，中華書局點校本，一九九五年版
宋晁公武撰，孫猛校證：郡齋讀書志校證，上海古籍出版社，一九九〇年版
宋陳振孫：直齋書録解題，上海古籍出版社點校本，一九八七年版
唐劉知幾撰，清浦起龍釋：史通通釋，上海古籍出版社，一九七八年版
唐林寶：元和姓纂，中華書局點校本，一九九四年版
北魏楊衒之撰，周祖謨校釋：洛陽伽藍記校釋，上海書店，二〇〇〇年版
梁蕭繹撰，許逸民校箋：金樓子校箋，中華書局，二〇一一年版
北齊顔之推撰，王利器集解：顔氏家訓集解（增補本），中華書局，一九九三年版
晉崔豹：古今注，商務印書館影印本，一九五六年版
唐張彦遠：歷代名畫記，人民美術出版社點校本，二〇〇四年版
唐歐陽詢：藝文類聚，上海古籍出版社排印本，一九八二年版

唐虞世南：北堂書鈔，中國書店影印本，一九八九年版
唐徐堅：初學記，中華書局排印本，一九六二年版
宋李昉：太平御覽，中華書局影印本，一九六〇年版
宋王欽若：册府元龜，中華書局影印本，一九六〇年版
宋王應麟：玉海，廣陵書社影印本，二〇一六年版
南朝宋劉義慶撰，余嘉錫箋疏：世説新語箋疏，中華書局，一九八三年版
唐段成式：酉陽雜俎，中華書局點校本，一九八一年版
宋李昉：太平廣記，中華書局點校本，一九六一年版
唐釋道世撰，周叔迦、蘇晉仁校注：法苑珠林校注，中華書局，二〇〇三年版
梁釋慧皎撰，湯用彤校注：高僧傳，中華書局，一九九二年版
唐瞿曇悉達：開元占經，九州出版社，二〇一二年版
梁蕭統編，唐李善注：文選，中華書局影印本，一九七七年版
宋李昉：文苑英華，中華書局影印本，一九六六年版
梁劉勰撰，詹鍈義證：文心雕龍義證，上海古籍出版社，一九八九年版